THINKING FRAGMENTS IN THE PAST

赵培杰 著

过往的辨思

中国社会科学出版社

图书在版编目（CIP）数据

过往的辨思／赵培杰著．—北京：中国社会科学出版社，2018.4

ISBN 978 - 7 - 5203 - 2499 - 1

Ⅰ.①过⋯　Ⅱ.①赵⋯　Ⅲ.①时事评论—中国—文集

Ⅳ.①D609.9 - 53

中国版本图书馆 CIP 数据核字（2018）第 088605 号

出 版 人	赵剑英	
责任编辑	王 茵	孙 萍
责任校对	夏慧萍	
责任印制	王 超	

出　　版	中国社会科学出版社
社　　址	北京鼓楼西大街甲 158 号
邮　　编	100720
网　　址	http://www.csspw.cn
发 行 部	010 - 84083685
门 市 部	010 - 84029450
经　　销	新华书店及其他书店

印　　刷	北京明恒达印务有限公司
装　　订	廊坊市广阳区广增装订厂
版　　次	2018 年 4 月第 1 版
印　　次	2018 年 4 月第 1 次印刷

开　　本	710 × 1000　1/16
印　　张	19.75
字　　数	256 千字
定　　价	85.00 元

自　序

　　众多前辈和大家经常会用"清算"一词向自己的往昔岁月告别，或与旧时代的思想活动划清界限，抑或对与他人的论辩和争鸣做出了断。

　　自 1987 年到 2016 年，我曾先后在中国社会科学院哲学研究所、院党组办公室（研究室）、政治学研究所、院办公厅、文化研究中心工作。1987 年从院研究生院毕业，进入哲学研究所工作，除了在该所马克思主义哲学史研究室约一年时间外，绝大部分时间是在科研组织处工作，先后任外事秘书和从未以书面形式确认的"科研处负责人""所学术秘书"。这是为科研人员服务的差事。1989 年，我被评为助理研究员，1994 年被评为副研究员。在科研处工作期间，我还与其他同事一起兼职编辑《中国哲学年鉴》和《世界哲学年鉴》。大约在 1998 年，根据院领导指示，我的工作关系留在哲学研究所，人到院民主问题研究课题组，一开始负责课题组简报的整理和撰写，后来参与有关书稿的撰写和修改。在课题组工作的几年里，虽然常常不分白天黑夜连续数十天住在宾馆里或在京外出差，但有若干机会与院内外不少学科领域的前辈在一起，向他们学到了许多为人为学的道理。时至今日，有的前辈已经故去，有的已迈入耄耋之年。虽不曾再次协作，也时常忧郁凄伤，但仍觉得那可能是我这一生中最值得回忆的时光。

大约在 2001 年，我的工作关系正式转到院党组办公室（研究室），主要从事相关文件和领导讲话稿的起草撰写工作。其间，我的工作关系曾经转到政治学研究所，名义上是该所政治理论研究室的人，实际上仍在院机关工作。后来，党组办公室（研究室）并入办公厅，人也随之成为办公厅的人。一直到 2016 年正式离开，无论是作为党组办公室（研究室）正处级学术秘书，还是有办公厅研究室主任的名头，十几年的主要工作甚至说唯一的工作，就是每年百余个上级领导机关、院党组、院领导交办文稿的起草和撰写。在主持或参与起草撰写的文稿中，自觉有不少文稿的学理性还是比较强的，但往往被大多数研究单位或专家学者排除在学术成果的范畴之外。此外，在院党组办公室（研究室）和办公厅工作期间，除了承担繁重的文稿起草撰写工作，我还是《思想理论动态简报》和《理论与决策参考》两个内刊的主要编辑之一。

中国社会科学院文化研究中心是我彻底离开院机关后的去处。该中心虽然是中国社会科学院设立的一个半实体研究机构，但自成立起至今一直是由哲学研究所管理的。所以，去文化研究中心，也就是回到了哲学研究所，回到了自己学术梦想开始的地方。在该中心履行"执行主任"的职责不过一年多的时间，还没有清晰了解那里的情况，也尚未被那里的各位先进真正接纳和认可，在完成几个上级交办课题后我又再次离开，到中国社会科学杂志社工作。

到中国社会科学院工作是我走上社会的第一站，也是目前唯一的一站，恐怕也是此生的最后一站。数十年来，我虽身处中国哲学社会科学的"最高殿堂"之中，但绝大多数时间是作为一名学术旁观者存在的，辜负了老师，辜负了父母，也辜负了自己。虽然始终认为读书才是自己的正道，也一直仰慕"学者"这一称号，但实事求是地说，自己至多是半个学者，只不过没有断了学术的情结而已。除去这一半，另一半是什么，连我自己都说不清楚。不过，完全可以说清楚的是，自己走了一条本不属于自己的路。万幸的是，我没有在这条不属于自己的路上一直走下去，还是给自己留下了一些重温年轻时怀抱的学术梦想的时间。

　　如果要做一个划分，收入这本书的文章包括两个部分，一部分我自大地称为"学理探索"，一部分被人读作"时政点评"。有的曾经公开发表过，有的则是第一次变成"铅字"，但我大抵遵照了"原文照排"的原则。需要指出的是，其中有几篇文章系与其他领导或同事共同署名，为了保持完整与全貌，本次全文收入，未作各自承担内容的精细切割与划分。

　　2007 年以来，我为《人民日报》、人民日报社主管主办的《人民论坛》和《大地》杂志及其他报刊撰写了一些小文章，从"半个学者"的视角对有关时政问题发表自己的看法。其中一些文章被多家媒体转载，产生较大的社会影响，确实是我意料之外的，因为写这些东西毕竟不是自己的专长。我虽然对自己说出去的每一句都敢于负责也应该负责，但也担心某些观点和言论给编辑们招惹什么是非。记得《解读"个性官员"现象》一文在《人民论坛》发表后，有位领导同志向杂志社查问作者"肖木"何许人也。据时任杂志编辑康培先生说，杂志社做出的可以理解的第一反应，就是组织人员认真审读了几遍该文，但总也看不出其中存在什么比较严重的政治问题。这位领导同志又向社科院的领导查问"肖木"的具体工作单位，但因为是"笔名"，而且我也不曾对谁提起过，结果当然只能是"查无此人"。最后，还是《人民论坛》杂志社觉得有些对不起我似的"披露"了我的"真名"。不久，我接到电话通知，有幸到那个令诸多官员肃然起敬的领导机关，聆听了领导同志关于我那篇文章的批示，也做了那个机关内部刊物的特约评论员。但是，我确实枉为"特约评论员"这个称号，因为没有为人家做什么有价值的事情。

谁都不能假设历史，也不可更改历史。之所以自称"过往的辨思"，只是希望把自己作为一名学术旁观者的只言片语汇集在一起，跟自己的往昔岁月告别，但确实没有资格使用"清算"一词。无论是与非、对与错，无论平和与激进、全面与偏狭，只能留待感兴趣的读者去评判。

是为序。

目　　录

时政点评

解读"个性官员"现象 …………………………………… （3）

制度保障才能防止"官场秀" ………………………… （8）

人民没给你这个权力 ………………………………… （12）

认真履行特约评论员的职责 ………………………… （14）

领导机关和领导干部要带头过"苦日子" …………… （17）

灾变之后的反思 ……………………………………… （20）

让网络政治更具"中国特色" ………………………… （23）

直面并不虚拟的网络世界 …………………………… （25）

公务员正常退出机制：忧虑与期待 ………………… （31）

官员问责：制度建设比风暴效应更重要 …………… （36）

严查"小节"体现问责底线下移 ……………………… （40）

新定位再出发

　　——县委书记的责任和使命 …………………… （45）

为百姓解难为国家分忧 ……………………………… （48）

离任时,读出高官的品格

　　——解读官员的离任感言 ……………………… （50）

在更高起点上推进福建科学发展跨越发展 ………… （55）

目　录

坚持党管人才　迈向人才强国 ……………………………（60）

构建和谐劳动关系的乳山探索 ……………………………（63）

制度创新的"龙游"亮点 ……………………………………（67）

当代中国共产党人的思想和行动指南 ……………………（69）

学理探索

只讲"对立"还不够 …………………………………………（79）

跨世纪青年人才工程的战略意义 …………………………（84）

构建社会主义和谐社会要正确处理的若干重大关系 …………（91）

解放思想是实现民族振兴的利器 …………………………（109）

科技发展的伦理约束和科学家的道德责任 ………………（118）

树立科学的马克思主义观 …………………………………（123）

什么是中国人民所需要的民主 ……………………………（129）

树立科学的马克思主义民主观 ……………………………（133）

自觉划清中国特色社会主义民主同西方资本主义民主的

　界限 ………………………………………………………（147）

找回城市的个性与灵魂 ……………………………………（159）

中国文化的重建及"最后的学者" …………………………（166）

人,虚静与恬淡地生存

　——老庄哲学对现代生活的矫正 ………………………（180）

国外知名学者和政治家对全球金融危机的反思 …………（192）

关于民主的"东西"之争 ……………………………………（240）

文化个性与国家品牌战略 …………………………………（255）

品牌创新与文化生态

　——国家品牌建设的文化驱动力 ………………………（281）

时政点评

解读"个性官员"现象*

> ——我们不能把国家和民族发展的希望寄托在一个或几个"个性官员"身上，而是要积极探索建立良好的、行之有效的制度。

近些年，越来越多极富个性色彩的政坛官员逐渐进入人们的视线，在媒体热议的"个性官员"中，人们比较熟悉的，有敢于在审计风暴中将国家部委和大型金融机构的严重违规问题向社会公开披露、自称"国家财产的'看门狗'"的铁面审计长李金华；有敢于"说狠话"、被誉为"灭火部长"的国家安监总局局长李毅中；有敢于"乱世用重典"、数次在中国大地上刮起"环保风暴"、自认"仗义"和"霸道"的国家环保总局副局长潘岳；有敢于在教育部例行新闻发布会上公开怒斥教育乱收费问题、点名痛批天津等八省市落实贫困生助学贷款政策不力的原国家教育部副部长张保庆。此外，还有一批主政一方的基层和地方官员，如敢于让舆论监督的矛头直接指向主政地党政机关干部的山西省长治市原市委书记吕日周；敢于改革"惯性制度"、掀起党内基层民主政治改革风暴的四川省巴中市委书

---

* 原载《人民论坛》杂志（政论双周刊，人民日报社主管主办）2007 年第 18 期，署名"肖木"。

记李仲彬；敢于"起沉疴、下猛药"整肃陈腐的地方吏治的湖北咸宁市咸安区原区委书记宋亚平；敢于发出"另类"声音、誓言把房价压下去的广州市市长张广宁；等等。

现在，我们尚无从考证"个性官员"一词的最早发明者和使用者。大概在两年多前，它开始进入当代中国政治学的词库，成为海内外各类媒体谈论中国官员时使用频率甚高的词汇和范畴。被归入"个性官员"之列的省部级或地方官员，虽然在不同的社会阶层中也因出于不同的利益考虑而遭到一定程度的非议，但他们大多受到普通干部和群众的赞赏与好评。

是个性，还是应有的本性和秉性？

综合人们对这些"个性官员"的界定，不难看出他们具有如下这样或那样的"个性"：或者敢于挑战官场的所谓"显规则"或"潜规则"，立场鲜明，仗义执言，敢做敢当；或者敢于突破传统施政思维，锐意改革创新，努力为经济社会发展营造良好的制度环境；或者敢于触犯部门和局部既得利益，关注民生，为国家和人民的利益振臂高呼；或者敢于揭露政治领域中的敏感问题，直击社会时弊，把官位和乌纱置之度外。笔者以为，与其说这是上述官员的"个性"，毋宁说是或应当成为各级党政领导干部的"本性"或"秉性"。

其实，我认为，这些"个性官员"本不想被媒体和社会推向舆论的风口浪尖，本不想成为被罩之以各种耀眼光环下的什么英雄，他们只不过是说了自己作为人民公仆应该说的话，做了处在他们那个职位应该做的事。从大的方面说，他们捍卫的是党和政府的权威，维护的是制度和法律的尊严。囿于传统的、既有的官场规则，他们在中国庞大的官员队伍中仍属少数，甚至可以说是凤毛麟角。这也许正是人们称其为"个性官员"的一个重要原因。

"共性"到"个性"的突围

有人以为，这些官员虽然得到了广大人民群众的认可和赞同，但他们的行为在某种意义上触犯和挑战了事关政治生命和前途的官场潜规则，违背了数千年来几乎无人对此提出质疑的官场共识。

在数千年的文化发展历程中，我们的先人不断创造出诸如"枪打出头鸟""木秀于林，风必摧之""行高于人，众必非之"等"至理名言"。千百年来，这些都被尊为做官或从政的座右铭。即使在当下的中国，行走于"官道"之上的众多有"理想"或"抱负"者，甚至一些刚刚涉足"官场"的政治幼童，也都热心于研习、掌握最基本的为官常识和行为准则：言多必失，沉默是金；察言观色，谨言慎行；不苟言笑，老成持重；难得糊涂，回避是非；低调为人，循规蹈矩；不求有功，但求无过；等等。

也许正是由于数千年遭受儒家思想浸润和陶冶而形成的中国官场文化，人们对这样一些官场规则和官员"共性"已经习以为常，李金华、潘岳和张保庆他们才显得如此卓尔不群和弥足珍贵，社会才把他们说当说之话和做当做之事，看作对官场规则的挑战和突围。

代表了中国政治的良心

这些真正体现人民公仆秉性的所谓"个性官员"，以他们在阔大的中国政治舞台上卓越的表现，感动着期盼吹来政治清风的每一个人，感动着整个中国。

李金华担任国家审计署领导职务 20 多年来，一再推出爆炸性的审计报告；潘岳走上国家环保总局副局长的位置，不仅主导了在全国刮起的三次较大规模的环保风暴，而且极力坚持和推行绿色 GDP 和可持续发展观念，为全面转变经济发展方式做出重要贡献；张保庆在教育部新闻发布会上的冲冠一怒，给予若干党政部门、教育机构和金融机构的负责人重重一击，无疑加快了贫困学生助学贷款问题的解决；李毅中在全国各地近乎奔命般的行走，终于唤起了各级党政官员和全社会对安全问题的起码重视……他们的所作所为让人民群众增强了对党和政府的信心。正是他们，才真正代表了中国政治的良心。

只有建立起好的制度，"本性干部"才会越来越多

有诸多媒体或评论认为，"个性官员"的出现是中国政治文明进步的重要表现，是中国政治走向成熟的重要标志。但是，从另外的意义上来看，我们已经进入21世纪，正在推进社会主义民主政治建设，依法治国、建设社会主义法治国家，已被确立为一项基本国策。考虑到"个性官员"产生的这样一些时代条件，这一现象也许正显示出我们在制度方面存在着某种缺失。

在长达两千多年的封建社会中，在被专制和等级压得透不过气来的政治环境之下，人们往往期盼明君贤臣的出现，期待海瑞和包公那样的"好官"，而很少对制度提出质疑，很少把注意力放在制度或体制的变革之上。这也许正是中国封建社会持续时间如此之长的一个内在的深层次原因。

我国的社会发展没有经历过比较完整和成熟的资本主义阶段，我们的社会主义建设也不过50多年，因此反对并不断涤除封建专制时代的残余影响，仍将是中华民族一项长远的历史任务。在已经进入21世纪的当代中国，"个性官员"的出现无疑推动了现实社会生活中许多积重难返的重大问题的解决，但我们不能把国家和民族发展的希望寄托在一个或几个甚至几十个像李金华、潘岳、李毅中和张保庆这样的"个性官员"身上，而是要积极探索建立良好的、行之有效的制度，依靠制度解决问题。与所谓"个性官员"相比，制度更重要、更根本，更具有稳定性和长期性。

邓小平同志早在20世纪80年代就已经指出："制度好使坏人无法任意横行，制度不好使好人无法充分做好事，甚至会走向反面。"

没有好的制度，纵有千百个李金华、张保庆们这些"个性官员"也无法施展自己的政治才能。只有建立起好的制度并不断完善这些制度，李金华、潘岳、李毅中和张保庆们才会有施展自己才华的良好环境，才会更率真、更畅快地展现作为人民公仆的本性和秉性；只有建立起好的制度，人民期望和需要的"本性干部"才会越来越多地涌现出来；也只有建立起好的制度，某些对封建时代的"人治"仍恋恋不舍的官员损害法律和制度的恣意膨胀的"个性"才会受到制约和限制。

制度保障才能防止"官场秀"*

　　我们党不仅肩负着领导人民建立良好的社会经济制度、创造更高的生产力水平的历史任务，而且还必须领导人民建立起良好的政治制度，创造出比资产阶级政党及其他一切政党更高的政治效率。经过60年的不懈探索，我们已经建立起较为完善的符合中国国情的根本政治制度和基本政治制度。在此框架内，有关选举产生和监督制约行政官员的制度机制、法律法规不断建立和健全，党内关于选任、监督各级领导干部的制度纪律也进一步丰富和完善。

　　选好人，用好人，必须以制度创造更高政治效率

　　制度问题更带有根本性、全局性、稳定性和长期性。改革开放后，邓小平同志深刻总结党和国家在民主政治建设问题上的经验教训，把制度建设放在尤为突出的位置。他指出：制度问题"关系到党和国家是否改变颜色，必须引起全党的高度重视"；"制度好可以使坏人无法任意横行，制度不好可以使好人无法充分做好事，甚至会走向反面"。在选拔任用领导干部问题上也是如此。我们所说的更高的政治效率，是指我们的政治制度包括干部制度能够使党和国家各级领导机关的运转更顺畅，能够保障更强的执政能力和更高的执政水平，

　　* 原载《人民论坛》2008 年第 6 期，署名"肖木"。收入《官场生态》，人民论坛杂志社编，华文出版社 2009 年版。

能够更好地适应发展中国特色社会主义的需要。

近年来，中央相继发布并实施了一系列严格的制度、条例和规定，有关法律法规也不断健全和完善，但在一些地方和部门，跑官要官、买官卖官、许官送官、拉票贿选等违背人民民主和党内民主原则、败坏党风政风、侵害人民群众根本利益的现象还不同程度地存在，甚至有极个别党政领导干部摇身一变成为"官帽"批发公司的"老板"。面对这样一些屡禁不止的违规违法行为，有必要从更深层次全面检视已经实施和推行的法律法规、制度纪律，从杜绝和革除选人用人制度积弊沉疴的目的出发，进一步加以修正和完善。对符合社会主义民主政治原则、实践证明行之有效的制度和措施，要真正坚持下去。与此同时，要根据党的十七大提出的新任务新要求，继续加大制度建设和创新力度，不断完善党的建设和党内生活的制度机制。要根据新情况新变化，切实把民主集中制更好地落实到党的领导制度、组织制度、选举制度、工作制度和监督制度等各个方面，努力实现党的干部制度和干部政策与人民代表大会制度的有效链接。只有这样，才能使我们的政治制度具有更强的竞争力和更高的政治效率。

选拔任用领导干部的探索和尝试必须纳入正常轨道

随着各级党组织和人大、政府、政协五年一度大换届工作的进行，各地在选拔和任用领导干部方面都有一些新的探索和尝试，引起社会各界乃至国际社会的广泛关注，成为海内外各类媒体热烈讨论的话题。

从各地的具体做法看，无论是实行三级联合公选、面向基层选贤任能、选拔干部注重情商，还是实名推荐领导干部、全面公示干部政绩、唯才是举、不拘一格，作为一种探索和尝试，作为一种改革和创新，毕竟是值得肯定的。问题的关键在于，无论是怎样的探索和创新，都不能脱离我国根本政治制度和基本政治制度的框架，都必须符合党的十七大提出的干部人事制度改革的基本要求，都要纳入正常的民主和法制建设轨道。否则，就很可能演变成一种劳民伤财的"官场秀"，因而也就不可能真正把那些政治上靠得住、工作上有本事、作风上过得硬、人民群众信得过的干部选拔到各级领导岗位上来。

探索和创新是为了建立起更好的制度。我们从已经公开的材料中，不难看出一些地方存在的局限和不足。例如，按照宪法和法律规定，行政首长的选举和任用是各级人大的权力，相应的工作程序必须由各级人大去履行和完成。但是，我们在某些地方"公推公选"行政官员的材料中，自始至终看不到"人大"两个字。

选拔任用领导干部必须把群众满意作为唯一标准

党的执政地位来自人民，党和国家的一切权力来自人民。坚持群众满意是我们党的安身立命之本，是共产党人区别于其他任何政党的一个显著标志。

实践证明，选好用好一个领导干部，组织配备好一个领导班子，直接关系到一个部门的工作或一个地区的发展。如果人民群众满意，那么这个领导干部或领导班子就有号召力，就会很快树立起自己的威信，充分调动起人民群众的积极性和创造性。相反，如果人民群众不满意，那么也就谈不上什么号召力，无论你说得怎样天花乱坠，无论你采取怎样的强力高压手段，人民群众也不会跟你走，弄不好还会造成严重的对立情绪。

选拔任用什么样的领导干部，体现用人导向，关乎党风民意，关系事业发展。在用人问题上，各级党组织、人大、政府必须切实坚持德才兼备、注重实绩、群众公认的原则，把群众满意作为选拔任用各层级领导干部的根本标准和唯一标准。群众满意的领导干部，是那些坚决贯彻执行党的路线方针政策、善于领导科学发展的优秀干部；是那些一心为公、为民，能够干出一番事业、造福一方百姓的优秀干部；是那些甘于在艰苦条件下工作、努力开拓进取的优秀干部；是那些身处基层工作第一线、长期与人民群众一起摸爬滚打的优秀干部；是那些老老实实做人、踏踏实实干事、兢兢业业工作的老实人。对群众不满意的人，无论他来自党内还是党外，都既不能提拔任用，也不能介绍推荐，以免损害党和政府的形象。

当前，党和国家各项事业都处在一个新的历史起点上。我们面对的时代条件不同，面临的国际国内环境不同，肩负的任务和使命不同，当然应该有不同的干部标准和尺度。以胡锦涛同志为总书记的新一代中央领导集体，已经为全党树立起了选拔、任用、考核、监督各级领导干部的新标杆。我们必须以这个新的标杆为基准，认真总结经验，不断开拓进取，以改革创新的精神状态、改革创新的思想作风和改革创新的工作方法，切实加强领导干部队伍建设，为党领导的发展中国特色社会主义的伟大事业提供可靠的组织保证和干部支撑。

人民没给你这个权力[*]

——各级党政领导机关是为人民群众服务的机构，各级党政领导干部是人民群众的勤务员，应当把所掌握的每一分钱用到人民群众身上，用到为人民群众谋利益上。

近年来，伴随着经济的快速发展，一座座亮丽的建筑物如雨后春笋般矗立大地。然而，一些党政机关的豪华办公楼或党政领导干部的专有别墅，一些大型或超大型的标志性文化建筑，成为一道道异样的风景，引起群众的广泛议论，甚至海外媒体的特别关注。

一些地方，尤其是一些经济还不怎么发达甚至仍然处于贫困状态的地区，竟然动辄花费数千万元甚至超过亿元的巨额资金，建造起连西方发达国家的政府机构都自愧不如的办公楼，这实在让人心痛。更为可怕的是，在同一个城市或地区，某些部门之间也似乎在暗暗展开着办公楼奢华和气派的竞赛。

有些地方在"挖掘"本地历史文化方面着实下尽功夫，不论那个地方的历史积淀到底有多深厚，总要借开辟新的旅游资源之名，投巨资为某些历史文化名人造像。有些地方甚至还举起弘扬中华民族传统

---

* 原载《人民日报》2008 年 5 月 13 日，署名"肖木"。

文化的大旗，修造起什么中国第一或亚洲第一甚至世界第一的超级文化景观。

人们不禁要问，在一些党政机关纷纷搬进豪华办公楼的同时，本地的教育、文化等公用设施建设得怎样？本地普通人民群众的住房问题解决得怎样？党政机关用于建造豪华办公楼或地方政府投入大型或超大型"文化景观"的巨额资金来自哪里？项目规划是否经过了法定的批准程序？这一笔笔预算是否合理？

我们有理由相信中国经济还将持续快速发展。但是，也应该记住，中国是一个拥有13亿人口的发展中大国，按人均GDP计算，我们仍然排在很多国家之后；我们还有2000多万贫困人口；城乡之间、地区之间发展还很不平衡。要步入世界发达国家行列，我们还有很长的路要走。即使达到全面建设小康社会的各项目标，那也只是党领导的建设中国特色社会主义这一新的长征的第一步。

胡锦涛总书记在西柏坡学习考察时，向全党发出了牢记毛泽东同志当年倡导的"两个务必"，大力发扬艰苦奋斗的作风的号召，在今天依然有着重要的指导意义。各级党政领导机关是为人民群众服务的机构，各级党政领导干部是人民群众的勤务员，应当成为艰苦奋斗的表率，应当把所掌握的每一分钱用到人民群众身上，用到为人民群众谋利益上。

我们还要过紧日子，我们没有理由崇尚奢华，我们没有资格追求超出法律和制度规定的部门利益或个人利益，因为人民根本就没有给你这个权力！

认真履行特约评论员的职责[*]

　　《组工通讯》创办于党和国家实现伟大历史转折的重要时刻。三十年来，《组工通讯》与我们党领导的改革开放和社会主义现代化建设事业一道前行，走过了不平凡的发展历程。在中国特色社会主义事业发展的每个重要时期，在我们党推进自身建设的每个历史阶段，《组工通讯》都做出了积极的贡献。从党的思想路线、政治路线和组织路线的拨乱反正，到党和国家工作重点的战略转移；从全党全国思想解放运动的有力推进，到新时期党的路线方针政策的宣传阐释等，可以说，《组工通讯》都功不可没。当前，我国正处于改革发展的关键阶段，党的自身建设也面临许多新的课题和新的挑战。我们有理由相信，有着 30 年办刊经验的丰厚积累，面对改革发展关键阶段的新形势新任务，《组工通讯》一定会有更大的作为，发挥更大的作用。

　　今年 1 月，我有幸成为《组工通讯》的一名特约评论员。作为一名党员理论工作者，我深深感到，这是中央组织部领导给予我的莫大荣誉，也是组织上赋予我的神圣职责。

　　近半年来，我认真阅读学习每一期《组工通讯》，对其办刊方针、

---

　　* 2008 年 6 月 6 日，中央组织部召开纪念《组工通讯》创刊 30 周年座谈会，本文是笔者作为《组工通讯》特约评论员在座谈会上的发言。《中国人事报》2008 年 6 月 11 日公开发表。

指导作用等有了更多的认识，对其学风和文风有着更深的感受。从去年12月到今年4月，《组工通讯》连续刊发了《让"显规则"取代"潜规则"》《切实严肃换届纪律》《从基层一线培养干部》《坚持民主公开竞争择优的改革方向》《让选人用人权在阳光下运行》《提高人民群众对干部选拔任用的满意度》《用进一步改革的办法解决改革中出现的问题》等文章，针对多年来组织工作特别是干部换届工作中存在的一些突出问题，对党的干部政策做了充分、及时和有说服力的阐释，对于当时在全国开展的各级领导班子换届工作具有重要的指导作用，对于以改革创新精神做好组织工作具有重要的推动意义。《组工通讯》虽然定位是"党内文件"，但又不同于通常自上而下逐级传达贯彻的党内文件，更异于某些专事理论研究的学术期刊。它既有对党的路线方针政策的宣传和阐释，又有来自党的组织工作实践的生动鲜活的群众语言和典型事例，因而其言论提出和阐发的观点更加贴近领导干部的思想和工作实际，更易在党的各级基层组织和领导干部中产生共鸣，发挥其他文件难以发挥的作用。

我个人建议，《组工通讯》在继续加强党的路线方针政策的宣传和阐释的同时，还应更多关注党的建设过程中一些亟待解决的重大理论和现实问题，把理论引导和现实指导结合起来。对党的建设和组织工作中一些引起广泛关注的热点、焦点和难点问题，可逐度展开讨论，在加强正确引导的基础上形成党内更广泛的共识。应进一步拓宽视野，注意总结和吸取世界上一些政党治党理政的经验教训，使广大党的领导干部具有更强的世界眼光。应不断加强时代感、现实感，扩大在党内和社会上的影响力，更加贴近实际、贴近干部、贴近党员、贴近群众，可通过开辟专栏等多种形式，更多反映基层党组织和普通党员的意见和建议。

作为一名党员理论工作者，我将珍惜《组工通讯》特约评论员这份荣誉，珍惜这份工作和任务。我要更加努力地学习党的重要文献，密切关注中央关于党的建设的重大部署，发挥自己的特长和优势，在深入的理论研究的基础上，适时提出选题建议，积极撰写有关文章，认真完成交办任务，为进一步办好《组工通讯》贡献自己的智慧和力量。

领导机关和领导干部要
带头过"苦日子"*

近年来，在一些地方和部门，在一些领导干部中间，奢华之风日盛，浪费问题严重，引起社会普遍非议。有的花费数千万元到上亿元不等的巨额资金，营造党政机关豪华办公楼，建设超大规模的广场、剧院或标志性文化建筑，开发具有国际水准的高尔夫球场和超一流的休闲度假区。有的择选人文和自然环境俱佳的黄金地段或风水宝地，为领导机关和领导干部建造超标准豪华住宅。有的领导干部遵奉"新官不坐旧轿"的官场"潜规则"，每遇交流或升迁即换新车，甚至超标准配车。有的每年用于吃喝接待、出国考察等方面的公费支出达数十万元甚至数百万元。在不少领导机关和领导干部中兴起的奢华之风，不仅给国家财政造成了巨大损失和浪费，而且引起人民群众的强烈不满，严重损害了党和政府的形象。

在奢华之风的刮起者和追逐者中，有不少领导机关和领导干部认为自己思想解放、观念创新、意识超前。有的以为，经过30年改革开放，国家经济实力大大增强，把办公楼盖得气派和豪华一些，有利于树立党和政府的威严，有助于塑造本地区本部门的对外形象。有的

---

* 原载中共中央组织部《组工通讯》，是笔者作为特约评论员提交该刊的几篇文章之一。

以为，既然要"为官一任，造福一方"，就总得留下几件经历数十年也能让别人记得住自己的"大手笔"。有的以为，搞大规模豪华工程建设，可以拉动内需，促进当地经济社会发展。有的以为，经济发展了，财政收入增加了，自己也有组织领导之功，花钱上大方一些没什么，享受多一点也应该。正是由于这样一些错误和有害的认识，一些领导机关和领导干部弃简朴、尚奢华，名目繁多的违规项目屡禁不止，行政成本不断增加，人民群众负担越来越重。

改革开放 30 年取得了举世瞩目的辉煌成就，但我们必须懂得，这只是党领导人民建设中国特色社会主义这一新的伟大长征的第一步。我国还是一个拥有 13 亿人口的发展中大国，城乡之间、地区之间发展还很不平衡。从经济总量看，我国排名世界第四，接近世界第三，但按人均 GDP 计算，却仍然排在世界一百位之后。我们还有两千多万人没有解决温饱问题，还有不少地方的教育、医疗等经费没有着落。我国是一个地理环境复杂、自然灾害频发的国家，还会不时遭遇冰雪、洪涝、干旱、地震等不测事件。世界经济形势波诡云谲，国家和地区间竞争日趋激烈，我国经济持续快速发展的压力不断加大。实现全面建设小康社会的奋斗目标，我们还有许多事情要做；步入世界发达国家行列，我们还有很长的路要走。我们没有任何理由陶醉于已有成绩而坐享其成，没有任何理由故步自封而不思进取，没有任何理由肆意挥霍党领导人民历经艰辛创造和积累的财富。在复杂多变的国际国内形势下，我们宁可把可能面对的困难和曲折估计得更充分些，把可能遭遇的风险和挑战估计得更大些，把应当肩负的责任和使命估计得更艰巨些，做好长期艰苦奋斗、过"苦日子"的思想准备。

艰苦奋斗是我们党的优良传统和作风，是我们党得以成长壮大的政治本色，也是一个领导干部应有的人生态度和思想境界。提倡艰苦奋斗、过"苦日子"，不是要人们去过清教徒或苦行僧式的生活，也不是否定合理的物质利益和物质享受，而是为了使我们党特别是各级领导机关和领导干部始终崇尚简朴、艰苦创业的政治品格。历史和现实都表明，越是经济发展、国家和人民走向富裕的时候，越要弘扬艰苦奋斗的精神。各级领导机关和领导干部要始终铭记胡锦涛总书记反复重申的"两个务必"，牢固树立正确的世界观、人生观、价值观和科学的发展观、政绩观、群众观。要自觉抵制拜金主义、享乐主义和极端个人主义的侵蚀，严格执行党和国家的有关方针政策，坚决反对铺张浪费和奢侈之风。要集中财力办大事，勤俭节约创大业，为民族的自立自强、国家的发展进步、党的兴旺发达尽心竭力，做出更大贡献。

灾变之后的反思[*]

　　这次发生在四川的强烈地震，是进入 21 世纪以来整个中华民族遭受的一场苦难，是中国共产党面对的一次挑战，也是中国政府经历的一次考验。通过这样一次天灾，中国共产党向世人证明了其领导执政的能力，中国政府向世人展现了其应对灾难、处理紧急问题的能力，中华民族向世人显示了其欲摧弥坚、历难弥强的凝聚力和向心力。

　　人们通常说，在大灾大难面前，最能看出某个执政党或政府的能力和水平。而各级党委和政府在地震中的表现已经证明，中国共产党和中国政府向世人交出了一份合格的考卷。这次地震也使中华民族经受了一次道德的检验和灵魂的洗礼。无论是震区的受灾者还是全国各地乃至世界各地积极投身和参与抗震救灾的炎黄子孙，他们通过自己的一言一行展露出的这个民族的善良，感动了我们的国家，也感动了整个世界。

　　灾难已经发生，灾难也几近过去。现在我们需要总结，需要反思，但更需要向前看。科学发展到今天，国家发展到今天，已经使我们具备了比历史上任何时候都更强大的减灾抗灾的能力和手段，但在

　　* 原载《大地》杂志（人民日报社主管主办）2008 年第 13 期，是笔者在该刊举办座谈会上发言的部分内容。见该期刊发的张顺平先生撰写的《灾后重建 中国布局》。

像海啸、强震等重大自然灾害面前，人类的力量依然渺小，还不可能做到未卜先知、未雨绸缪。天灾不等于人祸，但如果应对不力或应对不及时，天灾就有可能演变成为人祸。无论国际国内，在这方面都有不少的惨痛的教训。所以，我们必须有所作为，也完全能够有所作为，努力把自然灾害造成的损失减少到最低限度。

通过对这次地震及近年发生在我国的其他一些较大的自然灾害的总结和反思，我个人以为，我们在制度设计等方面有很多可做也能够做到的事情。国家已经制定了"十一五"综合减灾规划，但关键是要把这个规划中提出的具体措施落实到位。我国是世界上自然灾害最为严重的国家之一，灾害种类多、分布地域广、发生频率高、造成损失重。应从国家经济社会发展全局考虑，进一步完善灾害管理体制、机制，加快相关救灾减灾法律的补充、修改和完善。应以法律形式赋予国家减灾委员会以必要且必须的权力，或将其转变为实体部委，成为国家常设的权力运行机关，专门负责减灾防灾规划的制定和具体措施的监督执行，参与相关法律法规的制定和修改。应组建一支能够在第一时间做出快速反应的防灾减灾部队。该部队日常接受防灾减灾的专业训练，拥有先进的救灾减灾装备，部署在自然灾害较频繁发生的地区，而战争时期则是整个作战部队的有机组成部分，承担特殊任务和职责。应认真总结国内外减灾救灾经验教训，进一步完善减灾救灾物资储备体系，充实已经建立的中央级救灾物资储备库；在多灾易灾地区，根据可能发生的自然灾害的特点，强制设立地方救灾物资储备库，及时满足救灾减灾需求，降低救灾减灾成本。应加快建立和完善我国慈善和救济制度，充分发挥社会力量在救灾减灾中的重要作用。要进一步完善相关立法，鼓励企业、个人等社会力量积极参与慈善和救济事业。可通过设立慈善基金会等形式，广泛吸收社会捐款甚至海外捐款，减轻中央及地方政府负担。

这次地震也告诉我们，应该好好反思怎样"过日子"的问题。经过 30 年改革开放，我国经济社会发展取得世人瞩目的巨大成就。但是，我们仍然没有什么值得骄傲的资本。我们都快成世界第三大经济体了，但在世界上的人均 GDP 排名还在 100 位之后。全国这么多省，地区之间发展还很不平衡。我们是一家人，仅仅广东、浙江、上海、江苏、山东富了，不能说整个中国都富了。还是要倡导过苦日子，无论从个人来讲，还是从家庭来讲，从一个政府、一个国家来讲，都应该有这种精神。我们这个大家庭真正富裕起来，真正在经济上，在拥有的财富上，与世界发达国家平起平坐，还有很长的路要走！把困难想得严重一点、多一点，对我们没有坏处。大家冷静地想一想，少吃点、少喝点、多节约一些，多想一些比自己困难的个人、群体、地区、省市，对国家的振兴和民族的崛起是有好处的，是国家振兴和民族崛起所必需的一种基本的素养。这也是这次地震中所重新唤起或充分展现的我们中华民族曾经延续几千年的积极的光彩的东西。

让网络政治更具"中国特色"[*]

中央政府力主深入到人民群众之中，广泛听取人民群众意见，凝聚人民群众的智慧，解决人民群众的实际问题，是中国共产党治国理政的基本要求和根本目的。党的十六大以来，一些关系民生问题的重要方针政策的制定，一些关系百姓衣食住行的重要措施的出台，都曾通过网络广泛征集人民群众的意见和建议；我国经济社会发展中的许多重要事件，往往是通过网络在第一时间报道和反映，在网民的积极参与之下引起党和政府的重视，并最终得到解决。党和政府充分认识到，网络已经成为我国民意表达的一个重要渠道和平台，成为推动决策科学化、民主化的重要途径和手段，成为加强学习、丰富知识的重要方法和工具。

近日，最高法即表示要求充分利用互联网等建立民意表达机制。之前，中央及各级政府也在运用网络搜集民意、网络行政等方面进行过积极地实践与探索，网络无疑是一种更便捷、更廉价、收益更高的行政工具。

我们过去把互联网叫作"信息高速公路"。其实，这个比喻仍然没有过时。这条"高速公路"是西方人倡导和主建的，上面跑的大

---

　　* 原载《人民论坛》杂志 2008 年第 13 期，署名"肖木"。收入《大国赶考·决策内参》第三辑，华文出版社 2009 年版。

多是西方人的"车","车"上载的也多是西方人的货色,"路权"和"话语权"也仍然掌握在西方人手中,但是在全球化浪潮澎湃向前的今天,没有哪个国家、哪个民族或哪个政党可以绕开这条"高速公路"继续去走崎岖不平的老路。唯一应该做的,是让这条"高速公路"上有更多我们的"车"——中国的网络,让我们的"车"上满载我们自己的东西——中国文化、中国理论、中国经验和中国观点,并经过积极地参与和努力,争取到更多的话语权。我想,这也是我们在解读总书记与网民朋友对话中所提出的许多重要思想时应该得到的启示。

直面并不虚拟的网络世界[*]

作为中国共产党的机关报，作为中国共产党治国理政的风向标，《人民日报》在迎来 60 华诞之时，喜获党的总书记及其他中央主要领导同志的祝福，在广大媒体人和众多读者看来都是理所当然的。引起海内外媒体普遍关注和数亿中国网民议论的是，胡锦涛总书记还专门来到人民网，给予该网的管理者以更多的鼓励和鞭策，并且与网络世界具有相当影响的强国论坛的网友们在线交流，与广大网民进行了一次零距离"亲密接触"。

在科技发展日新月异、网络世界飞速扩展和延伸的形势下，无论是作为一个大党大国的领袖，还是作为一个现代文明社会的普通人，总书记对网络的关注及与网民的接触，是再平常不过的一件事了。但在一个似乎更多讲求政治严肃性和领导者矜持的民族，一个对网络的作用和影响依然众说纷纭、褒贬不一的国度，总书记的举动无疑成为一个标志性事件，成为引发人们从不同方面进行解读的一个特殊的符号。

谁能游离于网络世界之外？

以 1987 年 9 月 14 日北京计算机应用技术研究所发出第一封电子

＊ 本文为 2008 年中国社会科学院网络运行十周年之际而作，原载《辉煌十年》，中国社会科学出版社 2009 年 6 月第 1 版，署名"由由"。

邮件为标志，中国人实现了第一次"触网"。七个周年之后，互联网在其他国家步入商业化轨道的时候，中国也在世界上加入"有互联网国家"的行列。

由于科技、经济和教育水平的制约，我们在互联网的普及化程度及商业化利用等方面，确实还不可能与美国等西方发达国家相提并论。但是，无论是中国人还是西方人都无法忽视这样一个事实：经过20年的发展，目前中国网民人数已超过2.21亿人（有人估计到今年年底将接近3亿人），博客作者达到4200万人。中国已成为世界上网民人数最多的国家。虽然与我们作为世界第一人口大国的地位相比这似乎并不值得人们惊奇，但想到我们是一个科技、经济、教育仍然不发达的发展中大国，我们"触网"不过20年，不能不说这是一个历史性的跨越。今天，广播、电视、报刊作为我国的主流媒体依然占据着不可取代的位置，但网络作为一种新兴的信息传播和交换媒介，其作用、威力和影响日益凸显。而且，主流媒体作用的发挥越来越多地依赖着网络。

网络的诞生和发展，彻底改变了人们的思维方式、生活方式、交往方式、工作方式，可以说它对人类社会造成的影响是革命性的。对我国社会众多群体而言，网络成为其生活和工作不可或缺的工具和手段，成为其生活和工作的一个有机组成部分。我们甚至可以说，网络已经成为许多人了解世界、获取知识的第一渠道。对他们来说，几天不读书不看报好像并无多大妨碍，但如果几天不上网则似乎是难以忍受的。其实，对众多知识阶层的人士来说，网络已经成为他们首选的第一媒体。

曾几何时，人们彼此见面时，还常常向对方提出"你最近上网了吗？"这样颇具时尚色彩的问题。今天，对许多人来说，进入办公室或私家书房，第一件要做的事情可能就是不自觉地打开电脑，或者是浏览新闻，或者是查看从自己的亲朋、同学或客户那里发来的电子邮件。即便是一个中学生甚至小学生，如果他所在的学校或家庭能够上网，也会经常到网络上寻找自己所需要的作文范文或习题答案。无论身处党政机关、科研机构或企业社团，还是待在豪宅或陋室之中独立创作，都已经习惯了依靠网络工作和生活的便利，因此不会再有什么人提出"你最近上网了吗？"这样十分幼稚的问题。如果不想较真，一般也不会再有什么人追问某个信息的来源。我们依然怀念端坐桌前恭恭敬敬地给家人、老师和同学写信的往日时光，可今天有多少人不是靠键盘和鼠标把自己的问候、祝贺、安慰在最多几分钟的时间里送达世界各地呢？我们中的许多人对跨洋海底光缆出现的几次故障给世界一些国家造成的惨重损失仍记忆犹新。我们当然也不会忘记，许多人有过在停电或网络出现问题时几乎只能呆坐而无所适从的经历。想起网络中断几分钟而导致股市中的百千万元资产"缩水"甚至"蒸发"，每每让投资者不寒而栗。虽然简单到紧紧需要敲击一下键盘，但有一篇文稿不能及时通过网络传递，印刷机就可能被迫停工。

无论你承认不承认，对众多已经"触网"的人来说，好像还没有谁想到要重新开始无网络化生存。即便不怎么"触网"甚至还未从"触网"，有谁敢理直气壮地对已经把我们笼罩其中的网络说不呢？

网络是一种力量

即使在今天，人们也很难用一句话对网络的定位做出准确的概括。它是一种工具，是一种手段，是一种渠道，其实它更是一种可以跨时空汇聚的力量。当下，几乎所有的人都知道中国是一个地处世界东方的人口大国，但知道这个国家有多少网民的人似乎并没有多少。近些年来，随着中国走上和平崛起之路，无论是西方国家的政府、媒体还是普通百姓，第一真正次感受到了中国网民的力量。

一些西方媒体对发生在我国西藏拉萨的打砸抢烧严重暴力犯罪事

件，进行了有昧最基本的职业道德和人类良知的歪曲报道；一些西方政客公然践踏奥林匹克精神，呼吁抵制北京奥运会，奥运圣火的海外传递多次受阻；一些被西方人自己尊奉为媒体大腕或影视明星的无知者，公然诬蔑中国人是冥顽不化的匪徒，等等。这一系列反华、仇华、辱华事件，引起了全体中华儿女的无比愤慨，同时也激发了亿万中国网民强烈的爱国热情。网络成为广大中国网民和海内外炎黄子孙理性、自发地表达捍卫国家和民族尊严决心的重要渠道。正如海外媒体所言，中国网民的抗议声让西方战栗，也让西方重新认识了中国。

这次四川地震，人们真切地感受到网络所发挥的独特作用。在中央政府力主信息公开的决策支持下，有许多重要信息、新闻是通过网络在第一时间传出震区，传向全国，传向世界的，为调动全国力量抗震救灾和争取必要的国际援助做出了重要贡献。面对多灾多难的祖国，亿万炎黄子孙通过网络所展现出的空前的民族凝聚力、向心力和伟大的人道主义精神，感动了整个世界。

无论你实行怎样的社会政治制度，无论你秉持怎样的价值观，无论你对中国曾经有怎样的印象，世界上有哪个国家和政党，哪个媒体和明星，还敢无视中国网络和中国网民的存在，还敢无视中国人通过网络所展现出的巨大的正义的力量？

网络是了解民情、汇聚民智的重要渠道

随着信息技术的快速发展和社会主义民主政治建设进程的不断推进，互联网已经成为人们获取信息的重要渠道，成为党和政府联系群众的重要纽带。面对全体网民，总书记说，网友们提出的一些建议、意见，受到中央领导同志的重视和关注。他明确指出："我们强调以人为本、执政为民，因此想问题、做决策、办事情，都需要广泛听取人民群众的意见，集中人民群众的智慧。通过互联网来了解民情、汇聚民智，也是一个重要的渠道。"

深入人民群众之中，广泛听取人民群众的意见，凝聚人民群众的智慧，解决人民群众的实际问题，是中国共产党治国理政的基本要求和根本目的。党的十六大以来，一些关系民生问题的重要方针政策的制定，一些关系百姓衣食住行的重要措施的出台，都曾通过网络广泛征集人民群众的意见的建议；我国经济社会发展中的许多重要事件，往往也是通过网络在第一时间报道和反映出来；一些发生在地方或部门中的引起人民群众颇多非议的问题，正是在网民的积极参与之下引起党和政府的重视，并最终得到解决的。在网络之上，没有所谓身份、等级、学历以及国籍、民族、肤色等限制。网络上所反映出的民意，往往是甚至未经"自我加工"的网民内心感受的直接表达。与面对新闻记者采访、为新闻媒体撰稿、通过组织或制度程序提出的经过"字斟句酌"的意见和建议相比，网上的许多意见和建议可能更为真实。党和政府充分认识到，网络已经成为我国民意表达的一个重要渠道和平台，成为推动决策科学化、民主化的重要途径和手段，成为加强学习、丰富知识的重要方法和工具。

在回答网友们的提问时，总书记对我们说了他日常上网的目的：一是想看一看国内外新闻，二是想从网上了解网民朋友们关心些什么问题、有些什么看法，三是希望了解网民朋友们对党和国家工作有些什么意见和建议。这三句话，我们简单地理解，一是了解国内事、天下事，及时掌握中国和世界发展大局；二是关注人民群众的所思所想，做到时刻与人民群众心连心；三是认真听取人民群众的意见和建议，凝聚人民群众的智慧和力量。这是总书记对自己的要求，也是总书记对各级党政领导干部的期望。

我国有两亿多网民，主要以中青年为主，他们具有较高的文化水平和道德水准，也具有最基本的是非善恶判断能力。他们提出某个意见和建议，表达某种思想和观点，代表的往往不仅仅是他们自己，而且还可能包括他们的家人、同事、朋友或所在的群体。网络是一面巨大的镜子，真善美、假丑恶都可以在上面得到显现。无论你身处世界何地，如果你说了错话，做了错事，可能随时被别人在网络上公布出来。如果你丧失了最起码的人类良知，羞辱某个国家、某个民族、某个群体，从而引发众怒，无论你怎样隐藏自己，网民的"人肉搜索"都会使你原形毕露。随着信息技术的飞速发展，网络会变得更加无处不在。面对纵横交错、跨越时空、几乎难以量化的网络世界，管制和堵截只能是一时一地，积极倡导道德自律并依法管理疏导才是正途。

无论是哪一级政府，无论是哪个层级的部门，在制定或实施某项决策时，不妨先在网络上"晒"一下，看看人民群众到底认同不认同，满意不满意，支持不支持。特别是各级领导干部，应当有直面网络的勇气，虚心听取网上对本人，对自己领导的部门和地区提出的意见和建议，特别是批评、反对的意见和建议。一些网上的批评可能会失之片面，更可能比较尖刻，但如果正确看待，对做出真正科学的决策不无益处。即使别人批评错了，理解错了，也大可不必以为别人跟自己过不去或丢了面子而恼羞成怒，拍案而起。听到好评，即使是如潮的好评，也没有必要沾沾自喜甚至大肆宣扬。真正获得理解、支持和肯定的最好办法，是你自己在坚守为人民服务宗旨，廉政、勤政、能政的前提下，积极融入网络这个并不虚拟的世界中，以一个网民的普通身份和平常心态，与他人沟通和交流。当你进入浩瀚的网络世界，你可能不再觉得自己的某个主意是那样独具创造性，是那样高明，不再觉得自己的某个计划是那样无懈可击，是那样完美，但你的思想将会更加深邃，你的眼界将会更加宽广，你的立足点也会更高。

在 20 世纪，我们曾经把互联网叫作"信息高速公路"。其实，这是一个直到今天仍然值得肯定的比喻。

公务员正常退出机制：
忧虑与期待[*]

　　这次党和国家提出建立公务员正常退出机制，不能简单地理解为对现有公务员队伍进行"消肿减肥"的权宜之计，而是应从加强政权建设的高度，把立足点和着眼点放在消解传统人事管理制度的惯性和惰性、消除和预防各级权力机关的腐败现象、建立健全公务员激励竞争机制、优化公务员队伍结构、降低行政成本和提高施政效率上。

　　今年6月，中共中央印发的《建立健全惩治和预防腐败体系2008—2012年工作规划》明确提出，要建立公务员正常退出机制。随后，由人力资源和社会保障部下发的《国家公务员局2008年下半年工作要点》也将研究建立公务员交流与正常退出机制、着手起草相关实施细则纳入日程。尽管人们对有望于年内出台的相关细则的内容还不得而知，但这两个文件的公布，仍然在社会上和公务员队伍中引起广泛关注及很大反响。

　　多数人对此项政策措施的出台给予肯定和支持，认为建立公务员正常退出机制，是加强公务员队伍建设的重要举措，有利于人才的合理流动和人力资源的合理配置，有利于增强公务员队伍的活力，提高

---

　　* 原载《大地》杂志（人民日报社主管主办）2008年第18期，署名"嘉禾"。

公务员队伍的工作效率。它意味着党政机关这一"铁打的营盘"终于有所松动，公务员抱守多年的"铁饭碗"也将因此被打破。与此同时，也有不少人基于某些地方在实施公务员退出机制方面已经进行的某些尝试，对这一政策措施可能衍生的矛盾和问题表示忧虑，对其中可能包含的"补偿"标准的合理性提出质疑。

迟到的"退出"

改革开放 30 年来，我国企事业单位的人事和劳动管理制度也不断变革。在企业，相继建立了不断完备的劳动合同制度；在各级事业单位，聘用制改革也已进行多年并取得积极成效。作为我国人力资源主体的企事业单位从业者曾经的"铁饭碗"已相继被打破，过去依附于某个事业单位或企业便可高枕无忧的状况早已成为历史，人员能上能下、能进能出的体制机制在多数企事业单位已基本形成。

1993 年《国家公务员暂行条例》出台，2006 年《中华人民共和国公务员法》正式颁布实施。过去 30 年，我国在公务员队伍建设的制度化方面也有不少作为。但是，不能否认，至今还未形成科学的行之有效的公务员管理体制机制，一些已经出台的制度性措施仍然是粗线条的，实际上并不具有可操作性。在一些党政机关中，人浮于事、工作效率低、行政成本居高不下等问题仍然比较严重，人民群众意见很大。在推进企事业单位用人制度改革过程中，公务员一直是代表国家和法律的游戏规则的制定者，也是代表国家和法律的游戏规则的监督执行者，但是并未想到建立一套指向自己、约束自己和完全可能使自己丢掉饭碗的管理体制和机制。于是，偌大一个中国，各个领域的改革如火如荼，而公务员队伍却成为一块规避改革的"飞地"。这次党和国家把建立公务员正常退出机制列入建立健全惩治和预防腐败体系工作规划，是有其深刻含义的，也是上述观点的一个很好的注脚。

是特殊群体，不是特权阶层

近年来，我国就业压力不断增大，岗位竞争日益加剧。每逢党政机关的公务员招考，数以十万计的大学生、研究生、博士生仍趋之若鹜，出现数百人乃至上千人竞聘一个职位的现象。可以说，公务员已被相当多的人视为当下中国最热门的职业和最优越的岗位。但我们不能不关注群起竞争公务员职位现象背后实际并不隐秘的某些因素。除去官本位等传统观念的影响外，职业稳定，待遇优厚，"旱涝保收"，竞争压力小，从业风险少，是诸多大学生研究生几乎不必权衡再三就选择加入公务员队伍的重要原因。在几乎什么都要市场化、商品化的今天，公务员还享受着一项令许多人垂涎不止的优惠政策：你可以用市场价20%的钱买到非公务员可能要投入毕生积蓄才能买到的房子。许多人认为，仅凭这一条，当个公务员也绝对值得。

我们并不否认，公务员队伍是一个特殊群体，担负着保证国家各级权力机关正常运转的重要责任。我们也不否认，在国家公务员队伍中汇聚着大批政治素质和专业素质很高的优秀人才，他们为国家为民族付出了相当艰苦的劳动。但是，这不应当成为公务员享受超出其他劳动群体的特殊物质待遇的理由。中国是中国共产党领导执政的社会主义国家，虽然有职业和岗位的差别，但归根结底只是劳动分工的不同。建立公务员正常退出机制，不能仅仅站在公务员自身的立场上，而是要从最广大人民的根本利益出发。公务员是国家整个人力资源的一个组成部分。从职业分工角度考虑，对于广大公务员的正当利益，要做出明晰界定并依法予以保护，但不能使公务员队伍成为逃避就业风险和竞争压力的温馨港湾，不能把人民群众普遍认为属于特权的许多待遇制度化，使公务员队伍成为特权群体和特权阶层。只有这样，才能使公务员正常退出机制得到社会的广泛认可，才能无损于我们党执政为民的光辉形象。

"赎买"是否合理有效?

近年来,一些地方在建立公务员正常退出机制方面进行了不少探索和尝试。尽管各地做出的制度性规定不同,但采取的大都是"赎买政策"。这些形式多样但皆以"补偿"名义推出的措施,在社会上引起较大非议,其合理性、合法性和有效性受到质疑。

当然,也有一些人为这些"补偿"措施的"合理性"进行辩护:一是补偿他们当初选择公务员职业而损失的"机会成本",也就是说,一些综合素质高、竞争能力强的人,如果当初选择其他职业,获取的"收益"可能比公务员更高;二是补偿他们现在退出公务员体系而损失的"机会成本",即他们如果留在公务员体系之内,将继续获得稳定而体面的"收益";三是公务员自愿退出,客观上为所在机关精简机构和人员做出了"牺牲",理应予以适当补偿。

其实,这三条理由都是难以成立的。如果从所谓的"机会成本""收益"或做出的"牺牲"看待公务员的退出,那么同样可以把这三条理由运用到从各类事业企业单位退出的人身上,甚至任何一个私人企业的从业者依此为自己的"退出"而要求老板给予相当数额的补偿也不为过。

建立公务员正常退出机制的目的之一,是减少和消除党政机关的公务员与事业企业单位从业者之间实际存在的许多不平等;无论是从党政机关转到事业企业单位,还是从事业企业单位转入党政机关,人力资源的流动是再正常不过的事情。但是,为什么只有公务员才能享受条件如此优厚的"赎买"政策,为什么公务员的正常"转业"要由纳税人埋单?这岂不是又造成新的不公平、不平等吗?我们不是一概反对公务员正常退出的"补偿"政策,但这类政策必须建立在合法性与合理性的原则之上。一些地方当前实行的所谓"赎买"政策,既无法律依据,也缺少人民群众公认的合理性。一些地方热衷推行的所谓"带薪下海""留职经商"政策显然违反《公务员法》等国家法律制度规定，也是不争的事实。

并非"消肿减肥"的权宜之计

据国家公务员局成立时媒体公布的数字，目前我国公务员总数约为 800 万人。如果把各类社会团体和财政拨款事业单位的"准公务员"计算在内，总数要超过 4000 万人，而且这个数字还在以每年 20% 的速度增长。尽管各国国情不同，政权运行方式各异，不能对公务员的数量和占总人口的比例作简单类比，但毫无疑问，我们公务员和准公务员队伍庞大，行政成本过高，是多年来我们无法回避的严峻现实。建立一支规模适度的高素质公务员队伍是党和国家的一项紧迫工作，也是广大人民群众的热切期盼。当然，这其中就包括对既有的规模过于庞大的公务员和准公务员队伍进行"消肿减肥"。

无论在哪个国家，无论在何种政治制度条件下，公务员队伍建设都是国家政权建设的重要内容，公务员队伍的素质都在很大程度上体现着一个政府的管理水平，甚至反映着一个政党的治国理政能力。我们不得不承认，我国的公务员队伍建设还不能很好适应社会主义市场经济发展的需要，还不能满足我们党不断提高治国理政能力、建立廉洁高效的服务型政府的要求，传统人事管理制度所具有的惯性和惰性也使得某些新制定的法律或制度难以发挥其应有的作用并取得预期的效果。这次党和国家提出建立公务员正常退出机制，不能简单地理解为对现有公务员队伍进行"消肿减肥"的权宜之计，而是应当从加强政权建设的高度，把立足点和着眼点放在消解传统人事管理制度的惯性和惰性、消除和预防各级权力机关的腐败现象、建立健全公务员激励竞争机制、优化公务员队伍结构、降低行政成本和提高施政效率上。

官员问责：制度建设比风暴效应更重要[*]

　　——如果不重视建立健全完善的具有可操作性的制度、体制和机制，无论"问责风暴"再多，风暴的强度再大，那也不过是短期行为，只会产生短期效应，不可能从根本上解决问题。

　　2008年，我国发生的一系列事件事故的处理过程中，有相当一批人或引咎辞职，或被撤职免职，有的甚至承担法律责任。有不少国外媒体认为，这是中国新近掀起的一场席卷全国"问责风暴"，国内一些媒体则把2008年称为中国政治领域的"问责年"。

　　* 原载《人民论坛》杂志（政论双周刊，人民日报社主办）2008年第21期，署名"肖木"。收入《官场生态》，人民论坛杂志社编，华文出版社2009年版。在刊发本文时，《人民论坛》杂志社曾以"'问责风暴'的深层思考"为题，就"评述由头"做如下说明："2008年以来，行政问责在各地频频发力，密集度之高远超出往年。9月22日，国家质检总局局长李长江因三鹿奶粉事件引咎辞职，这是继9月14日山西省省长孟学农因襄汾县尾矿溃坝重大责任事故辞职之后，又一位引咎辞职的正部级高官。同日，因三鹿奶粉事件，石家庄市委书记吴显国被免职，这也是继此前山西省副省长张建民之后，又一位被免职的副部级官员。此外，在深圳火灾和河南登封矿难中，也有一些官员被免职。在这一系列事件中，无论从辞官免官涉及的部门看，还是从被摘帽的官员的'官阶'看，都是过去从来没有过的，因而引起海内外的广泛关注。但是，一次次掀起的"问责风暴"能否促进规范的问责制度的建立，并将官员问责程序化？这场声势颇为浩大的'问责风暴'，带给我们什么重要的启示？中国在政治责任的制度化、规范化方面还有哪些地方亟待完善？这些问题都值得我们思考和探索。"

严责官员并非中国官场"政治秀"

这场"问责风暴"之所以引起如此广泛的关注，与其不同于以往的几个特点有关：其一，这是党的十七大召开后党和国家整肃干部队伍使出的一记重拳；其二，有多位省部级高官引咎辞职或被免职；其三，引咎辞职或被免职官员中有多位是当地行政一把手；其四，辞职或免职官员名录中不再仅限于担负行政领导职务的政府官员，而是增加了地方党委领导一把手。

对官员进行问责，既不是解决一时一地问题的权宜之计，也不是为了给舆论或民意一个所谓的"交代"，更不是为了提升党和政府形象而刻意彩排的所谓"政治秀"。它是社会主义民主政治制度建设的应有内涵，是中国共产党面临新形势新任务加强自身建设特别是干部队伍建设的必然要求，也是确保一个政府正常运转的迫切需要。胡锦涛总书记在全党深入学习实践科学发展观动员大会暨省部级主要领导干部专题研讨班上发表重要讲话中明确指出，从这些事件中反映出一些干部缺乏宗旨意识、大局意识、忧患意识、责任意识，作风漂浮、管理松弛、工作不扎实，有的甚至对群众呼声和疾苦置若罔闻，对关系群众生命安全这样的重大问题麻木不仁。他说，只有抓紧解决党员干部队伍中存在的突出问题，使全党同志始终坚持立党为公、执政为民，始终坚持以人为本，始终把人民群众的安危冷暖放在心上，我们党才能更好地带领广大人民群众为夺取全面建设小康社会新胜利而奋斗。总书记还告诫全党，对这些事件及其后果的严重性必须充分估计，对其中的惨痛教训必须牢牢记取。因此，我们也可以说，中央把努力解决群众反映强烈的突出问题作为这次全党深入学习实践科学发展观活动的重要内容绝非偶然。

官员问责重在制度建设

毫无疑问，此次"问责风暴"是我党加强自身建设和政权建设、推进干部制度改革的一个明确信号，有利于巩固人民群众对党和政府的信任，树立党和政府的国际形象，对各层级的官员也起到了一定的震慑和警示作用。但是，如果不重视建立健全完善的具有可操作性的制度、体制和机制，无论这样的风暴再多，风暴的强度再大，也只不过是短期行为，只会产生短期效应，不可能从根本上解决我国干部队伍中长期存在的思想作风、工作作风和能力素质等方面的突出问题。与"危机时刻"一次次掀起的"问责风暴"相比，我们更期盼长久有效的问责制度。因为风暴刮得多了，也就不再具有风暴的效应，官员们也会习以为常，避风港湾会逐渐多起来，其消极作用和影响也会越来越明显。

学习借鉴国外先进经验，紧密结合我国干部队伍实际，建立健全科学的行之有效的干部问责制度，是推进社会主义民主政治建设、深化政治体制改革的一项重要任务。近年来，在大大小小的问责风暴刮起的同时，不免让人怀有这样的疑虑：追究某些官员的责任，往往是在重大事件或重大事故发生之后，这能否算得上是一种制度性的规定或设计，能否发挥长久的作用和效力？我认为，建立问责制的主要目的并不是在事后依此"惩戒"或"处理"应当承担相关责任的官员，或者说，问责制的指向并不是重大事件或重大事故发生后的"敏感时期"或"危机时期"，而是应当贯穿于各级领导干部特别是党员领导干部施政行政的全过程，成为约束和规范各级领导干部日常行为的责任制度。建立问责制主要不是为了对官员事后应当承担的责任做出明晰的界定，而是为了提升和增强官员的责任意识，时刻激励官员清楚认识和勇于承担服务人民服务社会的责任，努力减少和避免因为不作为或不当作为、因为失察、失职或渎职而辞职或被免职，甚至承担法律责任的现象。我们不能等到出了问题才想起建立制度或制定法律的问题。

其实，近年来党和政府出台的规范制约官员施政行政行为的制度性规定并不少，但关键是如何对其进行整合、补充和完善，形成覆盖整个干部队伍的问责制度。我以为，这应当成为我国建立和完善问责制的出发点和着力点。此外，鉴于现行党内纪律检查制度尚不能完全有效地发挥其问责职能，有必要研究建立党内监察制度，规范和制约党员领导干部的行政施政行为，使对各层级党员领导干部的问责有完备的制度依据，操作性也更强。

问责制有效发挥作用的关键在于官员能否勇于承担责任

事故发生后，有的地方党政领导竭力封锁消息，减少对己不利的"负面影响"；有的一味强调各种"客观原因"，极力推卸责任或减轻责任，等等。事实证明，这样做不仅得不到人民群众的理解，反而会激起众怒；不仅不利于问题的解决，反而会使问题和矛盾更加复杂化；不仅难以树立起地方党委和政府的权威，反而会严重损害党和政府形象。

人民群众与领导干部之间应当是一种主仆关系。各级党委政府和各级领导干部为人民群众办的每一件好事都是应该的，而任何失职或渎职行为都是不能容忍的，理应受到法律或制度的制裁。当然，无论是哪个政党、哪届政府或哪位领导干部，谁都不可能不犯错误，关键是能否对工作中的错误和失误，对自己应该承担的责任有一个正确的态度。问责的主体是赋予我们权力和职责的人民群众，问责制的实施需要党内、法律和社会等各方面的监督，但在人民群众、人民权力代表机关或上级党组织依照法律、制度和授权实施问责前，各级党委政府和各级领导干部在施政行政的每个环节，首先要扪心自问，自己应当承担什么责任，哪些责任已经较好地履行了，哪些还没有履行或履行得不好。我认为，这是问责制实施和真正发挥作用所不可或缺的内在因素。

严查"小节"体现问责底线下移[*]

> ——在发现公务员个人生活"小节"及预防这些"小节"演变成违法行为上下功夫，《行政机关公务员处分条例》的颁布和实施是一个良好的开端。

经过长达 14 年之久的酝酿和等待，《行政机关公务员处分条例》于 6 月 1 日起正式付诸实施了。这个条例是新中国成立后第一部全面系统地规范行政惩戒工作的专门行政法规。

《条例》首次将公务员的生活作风问题纳入国家各级行政机关监管和问责的范围，也可以说，是第一次对公务员的道德和品行问题做出明确的制度性规定。

人们普遍认为，《条例》把"包养情人"列为必须做出行政处分的主要问题之一，充分显示出党和国家惩治公共权力领域和公务员队伍中存在的各种腐败现象的决心。

---

　　* 原载《人民论坛》杂志 2007 年第 13 期，署名"肖木"。该刊为本文加"编者按"说："《人民论坛》上期刊发的《"紧箍咒"能治情妇现象》一文指出，6 月 1 日实施的《行政机关公务员处分条例》首次将公务员包养情人纳入国家各级行政机关监管和问责的范围，能有效治理官员包养情妇现象，引起了社会各界和海内外媒体广泛关注。本文从另一层面对"情妇现象"进行了剖析。"

外国公务员的作风问题也是大事

根据我国《婚姻法》修改起草专家小组负责人巫昌祯教授三年前的统计，在各地被查处的（男性）贪官中，95%的人都有情妇或包养情妇，腐败的领导干部有60%以上与"包二奶"有关。

人们普遍认为，禁止包养情人是国家和社会对公务员队伍提出的更高的要求。不过，笔者更愿意把它看作是国家和社会对公务员特别是各级领导干部的一个最基本的道德要求，或者说是最低道德要求。

从某种意义上，我们可以把它看作是国家各级行政机关与其所属公务员之间的一项制度性约定。它是对公务员个人私生活的介入，规范和监督的是公务员个人道德和品质问题，但它又不是对公务员合法个人权利的侵犯。它是针对公务员这一特殊群体的带有强制性的行政规章，而不是面向社会全体成员的国家法律，更不是行政机关代为履行司法机关的职能。

我们说公务员是一个特殊的群体，并不是说它享有什么特殊的权利或比其他群体更多的权利，相反，与一般社会成员相比，与普通百姓相比，它还要在合理合法的前提下让渡自己的部分权利。

包养情人绝对不只是公务员和干部队伍中才有的现象，它同样存在于社会其他群体和阶层。但是，由于肩负着特殊的任务和职责，公务员当然要具备比一般社会成员更高的道德素质，当然要以更高更严格的道德标准约束自己、规范自己。

实际上，其他国家包括西方发达资本主义国家，在公务员管理方面早就有立法或严格的制度性规定。新加坡是以铁腕管理公务员著称的国家，在公开招聘公务员的过程中，对应聘者品德、修养、个人爱好等背景情况要进行严格审查，一旦被发现有私生活不检点或者有不良嗜好，即被拒于公务员队伍之外。进入公务员队伍以后，无论你是总理还是一个最普通的办事员，都必须接受严格的品德考核制度几乎分分秒秒的监督。

在美国、德国等发达资本主义国家，应当说个人私生活受到高度尊重。一个普通公民包养情妇，如果未侵害他人利益或公共利益，一般不被追究。但是，一个掌握公共权力的官员，特别是民选的官员则不同。他必须让渡部分私权，把自己的私生活置于媒体和公众的监督之下。如果他有什么绯闻被曝光，通常会受到严厉的追究和制裁，丢掉饭碗还算小事。如果他想担当大任，竞选议员或总统，"好事"的媒体甚至能把他整个的过去翻一个底朝天。

包养情人：道德问题，还是法律问题？

《条例》颁布实施后，有不少人在热烈地争论，公务员包养情人是道德问题，还是法律问题？是违纪，还是违法？笔者认为，至少对公务员这一特殊群体而言，包养情人既是不道德的，也是违法的。

过去，无论是一般社会成员还是公务员，甚至领导干部，有嫖娼行为，有婚外恋、一夜情，甚至包养情人，大多被认为是"生活作风问题"和"道德品质问题"，是"生活小节"。因此，很少有哪个腐败官员是因此而受到查处的。这种"宽容"的态度和环境，恰恰是当下嫖娼行为泛滥和包养情人现象愈演愈烈的一个重要原因。

一夫一妻制是我国婚姻法的一项基本原则，也是法律允许的唯一婚姻形式。法律明确规定，有配偶而与他人以夫妻名义同居生活的，或者明知他人有配偶而与之以夫妻名义同居生活的，按重婚罪处。包养情人具备构成重婚罪的基本要素：有配偶而与他人实际同居；有配偶而与他人以夫妻名义长期共同生活等。因此，公务员包养情人，同样侵犯了我国法律承认的事实婚姻中的一夫一妻制，也同样构成了法律意义上的重婚罪。它已不是单纯的违纪问题，而是触犯了国家法律。

鉴于以上界定，《条例》虽然不可能去追究公务员的法律责任，但至少应该将包养情人明确地列为"情节严重"之列，做出最严厉的处罚。当然，即使行政机关实施了最严厉的处罚，也不等于说不再追究或免除包养情人者必须承担的法律责任。行政机关有责任有义务在作出行政处罚的同时，向司法机关提供有关材料和证据。行政机关应更多地在以制度约束公务员的生活行为上下功夫，在发现公务员个人生活"小节"及预防这些"小节"演变成违法行为上下功夫。如果到了公务员触犯刑律的时候再作出行政处罚的决定，那还有什么意义呢？

因此，我们可以说，《条例》的颁布和实施只是一个良好的开端，还要在认真总结国内外成功经验和广泛听取社会意见的基础上，进一步充实和细化，并将问责底线下移，使之真正发挥应有的惩戒和警示作用。

在如何切实贯彻《条例》上下功夫

可以考虑在各级行政机关创设独立的道德委员会或风纪委员会，监督《条例》的实施，负责对本单位本部门公务员的道德品质进行考察，接受对本单位公务员个人生活行为的举报和投诉。要切实发挥新闻媒体的作用，鼓励它们在遵守法律的前提下，对公务员和领导干部的个人生活进行监督，在尊重事实的前提下，对公务员队伍中包养情人的现象进行公开曝光。

在中纪委第七次全体会议上，胡锦涛总书记强调，要把加强干部作风建设放在更加突出的位置，要生活正派、情趣健康，讲操守，重品行，注重培养健康的生活情趣，保持高尚的精神追求。这充分说明了党中央对全社会特别是国家各级行政机关公务员队伍道德建设的高度重视。

公务员代表着党和政府的形象，代表着国家的形象，加强社会主义精神文明建设，必须从公务员队伍抓起。在举国上下全面落实科学发展观，加快建设社会主义和谐社会的今天，《条例》的颁布和实施具有长远的政治意义和现实意义。

新定位再出发[*]

——县委书记的责任和使命

————在干部序列中，这是一个承上启下的重要群体；从工作性质上，这是一个置身各种矛盾冲突前沿的群体。这是一个自我描述为整天处于高度紧张状态的群体——中国的县委书记们。

一

从"官阶"讲，县委书记不过是老百姓所说的"七品芝麻官"，距离省城，距离北京，还有若干个"关卡"和"台阶"；但是，从我国政权层级构成讲，县委书记却是位居中央和省之下第三级政权的"掌门人"，全国也不过2000余名。"官阶"虽低，但在一个拥有13多亿人口的泱泱大国，能够成为这两千分之一，也是值得骄傲和自豪

* 原载《人民日报》2009年1月6日。2008年11月10—26日，全国各地2000多名县委书记陆续走进中央党校、国家行政学院、浦东干部学院、延安干部学院、井冈山干部学院，参加为期7天的学习贯彻党的十七届三中全会精神培训。时任中共中央政治局常委、中央书记处书记、国家副主席习近平在第一期学习贯彻党的十七届三中全会精神县委书记培训班上对县委书记提出四点要求。2009年1月6日，《人民日报》发表题为"县委书记迎接新挑战"的组文，寄语刚刚结束培训回到工作岗位的县委书记们，要肩负责任与使命，应对困难与风险，努力开启城乡改革发展新局面，不辜负党中央厚望和人民群众期待。这里的几段文字为笔者所作的"专家点评"。

的。所谓"为官一任、造福一方"，往往只有在一个县委书记身上才能最充分地体现出来。一个县就是一个小社会。论地域和人口规模，在欧洲可能就是一个国家。作为县委书记，一肩承托着党的重托，一肩担负着当地群众的期待，因此必须有强烈的政治意识和责任意识，时刻想到自己是党在当地执政团队的带头人，是党在当地各级组织的领导人，是在当地人民群众中党的形象的具体代表人。在中央强调对重大事件不得瞒报、做到信息公开之后，媒体更加关注热点事件，能不能适应，会不会采取正确合理的方式，使问题不至扩大并得到有效控制，最终顺利化解，这些都是对置身"前沿"的县委书记的考验。要不断提高领导本地区经济建设、政治建设、文化建设、社会建设和生态文明建设及党的建设所必需的素质和能力，以做到上不愧对中央，下不愧对百姓。

二

我国改革能否向纵深发展，在很大程度上依赖于农村改革的状况。县域经济是我国当前乃至今后一个相当长历史时期的最基本的经济组织形式。扎实推进和不断深化农村改革，加快发展县域经济，是切实解决好"三农"问题的根本途径，攸关全国改革发展大局，关系中国特色社会主义事业成败。县委书记的首要责任就在于始终坚持发展这个党的第一要务，必须不断增强以科学发展观统领本地区经济社会发展和各项工作的能力。实现县域经济的科学发展，不能停留在口头上、文件上和会议上，而是要在真学、真懂、真用上下功夫，成为科学发展观的坚定信仰者和忠实践行者。

三

"上级监督太远、同级监督太弱、下级监督太难",这是监督县委书记的现实难题。使用好、管理好、监督好县委书记,必须从科学"分权"和强化监督入手。县委书记是党执政治国的骨干力量,既不是封建时代的"县太爷",也不是什么独立王国中的"山大王"或"土皇上"。在实际工作中,在领导班子中,县委书记要坚持科学决策、民主决策,坚决反对家长作风和长官意志,坚决反对背离党的政治纪律和重大决策部署的为所欲为。要牢固树立马克思主义的世界观、人生观、价值观和正确的权力观、地位观、利益观,不断增强党性修养,始终牢记"两个务必",永葆共产党人本色,在端正党风学风、转变思想作风和工作作风方面,切实发挥模范带头作用。要坚持讲党性、重品行、作表率,坚持自重、自省、自警、自励,切实做到慎权、慎言、慎行,筑牢思想道德和党纪国法两道防线,经得起诱惑,守得住清贫,努力树立清正廉洁、公道正派的良好形象。在县委班子中,县委书记是"班长",但也是这个班子中的普通一员,不能把自己放在与班子并列的位置,更不能凌驾于班子的集体领导之上。讨论决定重大事项,县委书记那一票的"含金量"与班子中其他同志的那一票是相同的。所谓的"一锤定音"或"一言九鼎",既非党内民主制度所允许,也彰显不出什么"权威"或"威严"。对自己认定要做而班子其他成员甚至个别成员有不同意见的事情,最好多向自己提几个问号。对别人提出的意见和建议,甚至针锋相对的意见和建议,最好多从积极的方面去听取和采纳。对于自己所完成的工作,最好少些自我颂扬,多些自我批评、自我警醒。要虚心接受党内、法律和群众的监督,胸襟开阔,闻过则喜。

为百姓解难为国家分忧[*]

　　毫无疑问，2009 年将是经受各种困难和严峻挑战的一年。在危机和风险面前，党的各级领导干部更要挺身而出，敢于担当，自觉为国家分忧，为百姓解难，把国际金融危机的影响减少到最低限度，确保我国经济平稳较快发展。

　　为国家分忧，最重要的就是为基层解难，为百姓解难。党的各级领导干部是各个地区人民群众的主心骨，在困难面前，当地的企业和百姓对领导干部寄予更多的期待。

　　确保中央提出的经济发展目标的实现，拉动内需是我国经济发展的优先和长远的选择。但是，拉动内需不能简单地与花钱画等号，更不是乱花钱。艰苦奋斗是我们党的优良传统和作风，经济形势好的时候要坚持，遇到经济困难和面对金融危机就更要坚持。党的各级领导干部要倍加珍惜改革开放 30 年积累下来的物质财富，不能坐享其成，更不能坐吃山空。要倍加珍惜人民群众经过辛勤劳动挣得的每一个"铜板"，把公共财政的每一笔资金都用在刀刃上，都用在促进经济发展和改善百姓生活上。坚决杜绝不必要的公费支出，带头减少必要的公务支出，带头降低自己的物质待遇。

---

　　* 原载《人民日报》2009 年 1 月 13 日，署名"肖木"。

春节就要到了，作为领导干部，不妨细心地查一查，在你领导和管辖的区域，企业和农村的发展状况到底怎么样，还有哪些困难和问题没有解决？当你就要回家与亲人团聚时，不妨认真地想一想，你那里的企业职工和父老乡亲是不是也能像往年一样，舒心地吃上一顿年夜饭？

离任时，读出高官的品格*

——解读官员的离任感言

——纵览高官们的离任别言，可以说风格不一，形式多样，但它们却有一个共同点，即几乎没有对高官本人及其领导的部门和地区的"功劳"和"成绩"的总结。而人们却可以从中读出一位高官的品格，看到一位高官更真实的一面。

随着我国民主政治建设进程的不断加快和政治生活透明度的不断提高，从党和国家领导人到省部级主要负责人，其工作和生活逐渐褪去神秘色彩，人民群众对他们的一言一行也给予越来越多的关注。于是，一些高官的离任别言也就成为互联网等各类媒体，甚至平民百姓街谈巷议的重要话题。

临别感言是真情流露

近些年，高官们的离任别言何以引起人们如此的兴趣呢？我想，

  * 原载《人民论坛》杂志（政论双周刊，人民日报社主办）2009 年 3 月（下）（第 6 期），署名"肖木"，收入《官场生态》，人民论坛杂志社编，华文出版社 2009 年版。《人民论坛》杂志在刊发本文时曾就"评述由头"作如下说明："在今年的全国'两会'上，有委员建议：希望政府官员就任、离任时都发表讲话和感言，给群众作个交代，并形成一定的制度和规范。离任是观察为官者的一面镜子，其政绩的有与无、虚与实，都将在此时'水落石出'。官员离任之时，组织部门给予有形的鉴定，老百姓给出无形的口碑，都是对离任官员的评价。相比较而言，后者更为重要。官员离任感言，往往引发人们的思考。"

除了人与人之间依依惜别时那份特殊情感的作用外，还有一个重要的原因，就是这些离任别言从某种意义上说是高官本人对自己在任期间工作的一次回顾，是他们向所在部门的同事和部下，向他们曾经工作和战斗过的地方的人民的一次自我述职，有的还是对自己数十年从政生涯和人生感悟的公开披露。这些言论不必秘书代拟，更不要写作班子操刀，没有起承转合，甚至都不需要落在纸面上，但人们却可以从中读出一位高官的品格，感受一位高官的真情，看到一位高官更真实的一面。

党的十七大召开以来，先后有数位省市负责人被擢升为党和国家重要岗位的领导人，或被委以"封疆大吏"的重任，或被异地交流到其他省市任职。其间，也有数位曾经活跃在各个岗位上的、为人民群众所熟悉的高级领导干部卸任，淡出中国政治舞台。无论升迁、交流还是退休，这些领导同志几乎无一例外地以各种形式发表过他们的离任别言，其中有不少引起媒体和公众的广泛关注，一些甚至成为感动中国亿万普通百姓的文字。

离任感言的深层内涵

一年多前，在2008年全国"两会"召开前夕，吴仪这位因其工作作风而蜚声海内外的国务院副总理，在一个并没有多少官方色彩的场合公开了她将"完全退休"的决定。在吴仪同志的离任别言中，没有对她驰骋政坛数十载辉煌业绩的总结，没有对其继任者的"谆谆教诲"和"殷切期望"，有的只是她对从高官回归平民的最真切的期待。

近年来，甘当国家和人民财产"看门狗"的国家审计署和它的主政者一直处在中国政坛的风口浪尖，其工作作风和工作成绩有目共睹。在媒体记者的追问之下，人们也许曾经期待在中华大地屡屡刮起审计风暴的"铁面审计长"李金华对其在任期间的工作和他本人的

"个性"进行一番总结。可在离任之际,他除了对审计工作尚未能够充分发挥作用表示遗憾外,对他曾经领导的审计工作和他本人也只勉强打了70分,也就是比及格稍好一点的分数。

在卫生部工作达6年之久的高强的离任别言不多,但引起媒体和公众关注的是他"脑细胞已经耗尽了"的"笑言"。其实,只要是了解高强是在危难之际受命的人们,都不会把这句话理解为是对他自己工作的褒扬。卫生部作为统筹规划全国医疗卫生事业的重要部门,其工作与13亿中国人的切身利益息息相关。在这样一种形势之下,我们不必去猜想高强同志内心的酸甜苦辣,但可以把他"脑细胞已经耗尽了"的话解读为"我确实尽力了,但我对自己的工作还不满意"。

多些自我反思和自我批评

纵览高官们的离任别言,可以说风格不一,形式多样,但它们却有一个共同点,即几乎没有对高官本人及其领导的部门和地区的"功劳"和"成绩"的总结。中国共产党是为最广大人民谋利益的马克思主义政党,在其领导执政的条件下,无论是哪一个层级的领导干部,都是社会的公仆、人民的勤务员。为官一任、造福一方,是中国亿万百姓对各级领导干部的殷切期待,是党中央对每一个领导干部最起码的要求,也是每一个领导干部特别是党员领导干部必须担负的神圣职责。各级领导干部要时刻牢记:为党为国家为人民干的每一件好事都是应该的,都不应当期许得到褒扬和奖赏;如果有哪件事做得不到位,人民群众不满意,那都是不应该的,都要进行批评和检讨;如果明知违背人民群众的根本利益而为之,牟取个人和部门私利,那就是对人民的犯罪,是党纪国法所不容的。

"天地之间有杆秤,秤砣就是老百姓。"如果做了错事,遮盖得再严实,人民群众也会看得很清楚。如果做了好事,即使不说,离任了,人民群众也会铭记在心。在党和人民群众面前,多些自我反思和自我批评，少些自我张扬和自我褒奖，应当成为各级领导干部的从政准则。我想，这也是众多高官离任别言真正要告诉所有在任领导干部的，也是众多离任高官真正要留给他们的继任者的宝贵财富。

延伸阅读

高官们的离任别言

王岐山：衷心祝愿北京的明天会更好

有过多年地方执政经验的王岐山在担任北京市市长时曾坦言："我们的市政府就是全世界面临问题最多的市政府，我自然就是那个世界上面临问题最多的市长。"

离任北京市市长时王岐山表示，一定不辜负中央和同志们的信任，努力工作，勤政廉政，继续关心和支持北京的工作，衷心祝愿北京的明天会更好。

吴仪：希望你们完全把我忘记！

2007 年 12 月，身为国务院副总理的吴仪就已在中国国际商会会员代表大会上公开话别："我将在明年'两会'后完全退休。我这个退休叫'裸退'，在我给中央的报告中明确表态，无论是在官方的、半官方的，还是群众性团体，都不再担任任何职务，希望你们完全把我忘记！"

李金华：给自己打 70 分

"我在审计长的位子上，不能说我要你怎么样就怎么样，我只能说，你哪里存在问题，或者哪里效益不够高，对于体制的改革与推进，审计工作不能起到绝对的作用，只能监督，这是我的遗憾所在，8 年、10 年后这个问题可能会有改变。"

离任审计署审计长之际，李金华在接受媒体采访时曾被问到给自己打多少分，李金华笑着表示，"对我与对审计工作一样，也是

70 分。"

高强：脑细胞已经耗尽了

一直被媒体和公众关注的高强在 2009 年 2 月 6 日出席全国卫生系统会议时表示，他即将离开卫生部，并"重操旧业"，从事经济管理方面的工作。会上高强笑言自己在卫生部工作的这 6 年，"脑细胞已经耗尽了"。

毛致用：卸任高官成农村致富带头人

据报道，4 年前，全国政协副主席毛致用一卸任，便从北京直奔家乡湖南省岳阳县西冲村，盖起 3 间瓦房当了一介农夫。4 年来，他谢绝别人的帮助，自己动手务农，种菜、养鸡、养猪、养鱼，生活很有规律。为让故乡百姓尽快过上小康的日子，他献计献策、亲力亲为，不仅参与西冲村国土整理、规划设计、施工监督，还帮助家乡大力发展沼气，使当地农村沼气的普及率位居全省前列。

在更高起点上推进福建
科学发展跨越发展[*]

　　——在国家统一和民族复兴的伟大事业中，在国家经济社会发展的大局中，福建省委省政府和广大干部群众承担着一份特殊的责任。

　　通过参加本次由中共福建省委宣传部和人民论坛杂志社共同组织的"福建在跨越"系列调研活动，我深深地感受到，在党中央、国务院和福建省委、省政府的正确领导下，福建经济社会发展的各个领域都无不凸显着科学发展的主题，八闽大地的每个县市都无不跳动着跨越发展的旋律，谱写着建设和发展中国特色社会主义事业的新篇章。

　　"科学发展、跨越发展"战略的实施，为福建经济社会的进一步发展奠定了坚实基础

　　党中央、国务院从国家统一、民族复兴的大局出发，高度重视海峡西岸经济区建设，把加快建设海峡西岸经济区置于国家发展战略的重要位置。近年来，胡锦涛总书记等党和国家领导同志多次做出明确指示，就海西经济社会发展特别是福建经济社会发展问题提出具体要

---

　　* 原载《人民论坛》杂志 2011 年 12 月"福建特刊"。

求。国务院及国家发展和改革委员会等部委相继出台加快建设海峡西岸经济区的意见和规划，对福建在海峡西岸经济区建设中的主体地位和重要作用进行明确界定，对支持福建加快海峡西岸经济区建设的重大经济意义和政治意义做出深刻阐述，提出了加快建设海峡西岸经济区的主要任务和具体措施，并把支持福建加快海峡西岸经济区建设纳入国家"十二五"发展规划纲要。

福建省委、省政府坚决贯彻党中央、国务院部署，以现实而长远的政治和经济眼光，做出了推进福建科学发展、跨越发展的重要决策，制定了不同地区和产业的发展规划，出台了一系列加快福建经济社会发展的具体政策和措施，实施了重点项目建设战役、新增长区域发展战役、城市建设战役、小城镇改革发展战役、民生工程战役等"五大战役"，在经济建设、政治建设、社会建设、文化建设以及生态文明建设和党的建设等各个方面都迈出了新的步伐，取得了新的突破。特别值得指出的是，近年来，福建省委、省政府及各地市县党委、政府始终坚持加快经济发展与大力实施民生工程同步，不仅取得了经济建设的巨大成就，而且在解决人民群众的住房问题、医疗问题、就业问题、子女入学问题等方面，又实现了若干个率先，创造了许多新的经验，为福建经济社会的进一步发展奠定了坚实基础，也为全国其他省市树立起了新的标杆。

推进"科学发展、跨越发展"，必须进一步解放思想

改革开放 30 多年来，我国在经济社会发展的各个领域都取得了举世瞩目的伟大成就，这在很大程度上归功于党和人民不断的思想解放。福建之所以取得今天这样的成绩，也是与福建省委、省政府及广大干部群众始终坚持解放思想分不开的。实践发展永无止境，解放思想未有穷期，也就是说，解放思想是一项永恒的历史任务。面对新的形势和新的实践、新的条件和新的任务，必须进一步解放思想，否则必然导致新的思想束缚和思想僵化。

改革开放 30 多年来，福建先后探索和创造出了"晋江模式"等值得自己骄傲和别人借鉴的经济社会发展道路，其他省市也探索和创造出一些经验和模式。在新的历史条件下实现科学发展、跨越发展，要继承和发扬自己过去的好做法，吸收和借鉴别人的好经验，更重要的是在这个基础上，根据已经变化了的而且还在不断变化的世情、国情、省情、地情，创新思维，锐意改革，探索新的发展道路。过去适合我们的，现在不一定适合；在别人那里取得成功的，在我们这里也不一定能够取得成功。与其他省市相比，福建在文化传统、地理环境、发展水平、产业结构等方面存在差异，今天的福建与昨天的福建也不相同。在经济社会发展方面，没有什么固定的一成不变的模式，也没有什么适合所有国家或省市的经验。对于福建来说，凡是有利于实现科学发展、跨越发展，有利于改善和发展民生的，就是好的模式。而且，福建的发展要有更加开阔的视野和更加长远的眼光，不仅要立足福建，立足海西，更要放眼全国，放眼世界，从中国经济社会发展大局和世界经济社会发展大势，制定发展战略，寻找发展机遇，拓展发展空间，努力实现新的历史跨越。

推进"科学发展、跨越发展"，必须全面理解和贯彻落实科学发展观

科学发展观是中国化马克思主义的最新成果，在科学发展观的正确指导下，我国经济社会持续快速发展，综合国力不断增强，国际地位和国际影响力不断跃升，中国特色社会主义事业呈现出崭新的面貌。自 2008 年开始并席卷全球的金融危机使世界经济遭受重创，也引发各国对经济社会发展道路乃至生活方式的思考，使科学发展成为一个摆在全人类面前的共同课题。

所谓科学发展，不仅要有繁荣的经济，也要有繁荣的文化；不仅要重视经济建设，而且要加强社会建设；不仅要有科学的生产方式、发展方式，也要有科学的分配方式、生活方式和消费方式，必须把以人为本放在首要位置。对福建来说，科学发展是跨越发展的灵魂和根本，跨越发展则是科学发展的具体实现形式。经济社会发展当然要讲速度，对福建一些后发展市县来说，更应该有加速度。但是，跨越发展不只是或主要不是速度问题，关键在于内涵和质量的大幅提升，在于真正克服过去或他人发展模式的弊端，也就是说，在坚持科学发展的前提下，努力摆脱传统思维模式的束缚，避免再走自己或他人过去曾经走过的弯路，避免再犯自己或他人过去曾经犯过的错误，站在一个新的更高的起点上，科学谋划、精心设计、加快推进经济社会各个领域的发展。

科学发展观是一个开放的理论体系，必须随着时代和实践的发展而不断丰富和发展。近十年来，福建省委、省政府在贯彻落实科学发展观方面有不少大的手笔，取得了许多可圈可点的突出成绩，在推进福建经济社会发展的实践中为丰富和发展科学发展观做出了贡献，建议福建省委、省政府对此作一系统总结。

推进"科学发展、跨越发展"，必须重视文化产业的繁荣发展

文化是一个民族的血脉和灵魂，也是一个省市或地区经济社会发展的根基所在，是一个国家、民族或省市的身份证和名片。党的十六大以来，中央反复强调文化在经济社会发展中的重要支撑作用，始终坚持文化事业和文化产业共同发展。十七届六中全会通过的《决定》再次强调指出，文化越来越成为民族凝聚力和创造力的重要源泉，越来越成为综合国力竞争的重要因素，越来越成为经济社会发展的重要支撑，丰富精神文化生活越来越成为我国人民的热切愿望。

福建有着数千年深厚的文化积淀，不仅形成了福州的闽都文化、莆田的妈祖文化、泉州的海丝文化、南平的朱子文化以及闽南文化、

客家文化等极具鲜明个性的地方文化，而且拥有雍容华贵的寿山石雕、装饰华丽的脱胎漆器、晶莹剔透的德化瓷雕等众多海内外知名的国粹精品。它们是繁荣发展具有福建特色的文化产业特别是创意文化产业的重要依托，更是福建的优势所在。深化文化体制改革，全面繁荣文化事业，打造特色文化品牌，发展壮大文化产业，是党和国家加快建设海峡西岸经济区战略的重要内容，也是福建实现科学发展、跨越发展的必然要求。要把发展壮大具有福建特色的文化产业放在重要位置，大力培育知名文化产业品牌，引导社会资本向文化产业有序转移，对文化产业的发展给予充分的政策支持，不断增加文化产业在GDP中的比重，使文化产业成为新的支柱产业和新的经济增长极。

当前，福建的经济社会发展站在了一个崭新的历史起点上。在国家统一和民族复兴的伟大事业中，在国家经济社会发展的大局中，福建省委、省政府和广大干部群众承担着一份特殊的责任。我们有充分的理由相信，在省委、省政府的正确领导下，特别能吃苦、特别能打拼、特别能开拓、特别能创新的福建人民，在推进科学发展、跨越发展的进程中，一定会走出一条具有福建特色、福建风格、福建气派的经济社会发展新路，为丰富和发展科学发展观，为建设中国特色社会主义，为祖国早日和平统一，做出新的重要贡献。

坚持党管人才　迈向人才强国[*]

　　党的十八大报告作为我们党团结带领全国各族人民夺取中国特色社会主义新胜利的政治宣言和行动纲领，作为马克思主义的纲领性文献，在"全面提高党的建设科学化水平"一章，专门对党管人才工作进行了深刻阐述和全面部署。这是进入 21 世纪以来，在几次党的代表大会报告中论述党管人才工作最集中的一次，也是占用篇幅最长的一次，表明我们党对人才在党和国家事业与经济社会发展中的作用有了更深入的认识，也标志着我们党把人才工作提到了更高的战略位置。报告中提出的许多重要论断，对于推进实施人才强国战略，实现我国由人才大国向人才强国的迈进，夺取全面建设中国特色社会主义事业的新胜利，具有重大而深远的意义。

　　坚持党管人才原则，把各方面优秀人才集聚到党和国家事业中来

　　党的十八大报告突出强调，"要坚持党管人才原则，把各方面优秀人才集聚到党和国家事业中来"。这是党基于对自身历史方位变化和领导方式转变的准确判断而做出的重大决策。党要取得事业的成功，不仅要靠全党同志特别是党内千百万优秀人才的不懈努力，也在很大程度上取决于党能否把各方面的优秀人才真正团结在自己的周

---

　　* 原载《中国组织人事报》2012 年 12 月 4 日，为党的十八大报告相关内容所作的"专家解读"。"人民网""求是理论网"等多家媒体转载。

围，使他们自觉地投身到党和国家事业中去。只有党管人才，才会有统一协调的步调，才会有明确一致的目标，才会形成推动事业发展的合力。可以说，坚持党管人才，是党所肩负的历史使命和历史任务所提出的必然要求，也是党所承担的执政责任所在，更是党和国家各项事业兴旺发达的重要保证。也正是在这个意义上，报告还强调指出："广开进贤之路，广纳天下英才，是保证党和人民事业发展的根本之举。"用"根本之举"这样的提法，足以说明集聚各方面优秀人才在党的工作全局中的重要位置。

加快确立人才优先发展战略布局

党的十八大报告提出："要尊重劳动、尊重知识、尊重人才、尊重创造，加快确立人才优先发展战略布局。"这样做的目的，就在于造就规模宏大、素质优良的人才队伍，推动我国由人才大国迈向人才强国。由人才大国迈向人才强国是一项重要战略任务，也是党领导的人才工作的一个重要目标。我们党一再强调，人才资源是第一资源，是一个国家最重要的战略资源，是一个民族赢得未来的战略资本。当今时代，综合国力的竞争归根结底是人才的竞争。虽然我国已经成为世界第二大经济体，但还算不上一个经济强国。其中一个重要原因就在于，我国虽然是人才大国，但还不是人才强国。因此，实现人才优先发展战略，加快实现由人才大国迈向人才强国，为由经济大国向经济强国这一历史性跨越提供强有力的人才支撑，是摆在全党面前的一个重要课题。这也是报告强调加快确立人才优先发展战略布局的宗旨所在。

要统筹推进各类人才队伍建设

党的十八大报告指出："要统筹推进各类人才队伍建设实施重大人才工程，加大创新创业人才培养支持力度，重视实用人才培养，引导人才向科研生产一线流动。"这是我们党就建设人才强国提出的具体任务和措施。从这些具体任务和措施中，人们深切感受到我们党在人才观念和人才队伍建设导向上出现的重大转变。改革开放 30 多年取得辉煌成就，既有一批又一批高端优秀人才发挥重要作用，也有不同领域、不同行业各类人才乃至普通劳动者的历史功绩。我们当然要培养和造就越来越多享誉中外的大师级高端人才，但不能忽视和放松绝大多数劳动者整体素质的提高。科学家、工程师是人才，生产一线的技术工人和掌握一定知识或技能的普通农民也是人才；博士、硕士、大学生是人才，通过自学或在生产实践中掌握一定知识和技术的人也是人才，他们相互支持，相互补充，缺一不可。在人才理念和人才导向上的这个重大转变，是对过去曾经存在的片面人才观的一种反思和纠正。

形成激发人才创造活力、具有国际竞争力的人才制度优势

党的十八大报告明确提出："加快人才发展体制机制改革和政策创新，建立国家荣誉制度，形成激发人才创造活力、具有国际竞争力的人才制度优势，开创人人皆可成才、人人尽展其才的生动局面。"这是报告的一个非常重要的亮点，也是党为集聚人才、充分发挥各类人才作用而提出的制度、体制和政策保障措施。当今时代，世界各国之间的人才竞争日趋激烈，如果没有一个良好的制度、体制和政策环境，不可能培养出和集聚到优秀人才，即使有了优秀的人才，也难以真正发挥对经济社会发展的支撑作用。因此，我们党才强调要"加快人才发展体制机制改革和政策创新"，"建立国家荣誉制度"。在经济全球化不断深入的条件下，我们党关于人才问题的思考不仅始终立足于中国的国情和实际，而且具有了更为宽阔的世界视野。报告所提出的"要充分开发利用国内国际人才资源，积极引进和用好海外人才"就是我们党在人才方面所具有的世界眼光的表现。

构建和谐劳动关系的乳山探索[*]

在我国当前的基本经济制度下，如何在构建和谐劳动关系方面积极发挥引领和示范作用，是国有企业党组织面临的一项重要而紧迫的政治任务。在构建社会主义和谐社会与和谐劳动关系方面，国有企业应当而且必须发挥引领和示范作用。乳山电业在企业治理和发展过程中，始终牢记党的宗旨和我国社会主义的性质，不是把企业与职工的关系看成单纯的合同关系或法律关系，而是视职工为企业的主人，坚持加快企业发展与构建和谐劳动关系相结合，维护企业员工利益与构建和谐社会相结合，在密切干群关系、构建和谐劳动关系方面，提出了许多新思路、新制度、新举措，为其他国有企业提供了有价值的成功经验。

探索与实践"干群三同"制度

2003 年年底调整和组建的乳山电业新的领导班子，创新性地制定和实施"干群同约、干群同训、干群同考"的"干群三同"制度。近 9 年来，乳山电业党委和领导班子始终强调，各级干部要"一级带着一级干，一级干给一级看"，上至公司领导，下至班组长，都要严于律己，率先垂范，要求职工不做的，自己坚决不做，要求职工做到

---

　　* 原载《人民论坛》杂志 2012 年第 13 期，署名"肖木"。

的，干部首先要做到。

"干群同约"指的是公司领导与员工一起，通过自律书等形式共同遵守公司出台的各项规章制度和"约定"，制度面前人人平等，不搞特殊、没有例外。目前，乳山电业有各种规章制度 420 项，主要的约定有：鼓励员工"一岗多能，成为某一领域专家"的"励志约"；提倡"每人每年提一条有利于公司发展建议"的"贡献约"；要求"不以权谋私、不消极怠工"的"自律约"；倡导"助人为乐、见义勇为"的"公德约"；以坚持"五环工作法""牵头部门负责制"为主要内容的"工作约"；等等。

与此同时，公司认真践行国家电网公司"诚信、责任、创新、奉献"的企业核心价值观，结合自身实际，先后提出了具有自身特色的做事观念、创新观念、拼搏观念和工作观念等。这些观念通过公司内部报纸、网站和各种会议等途径，广泛宣传到基层每个班组、每个员工，成为干部员工的行动指南。干群同约，"约"出了一个好的企业风气，养成了开展批评与自我批评的良好作风。

"干群同训"指的是公司领导与员工共同参加企业组织的各类培训和学习活动，主要包括两个方面的内容：一是聘请专业培训机构；二是"雷打不动"地坚持日常学习制度。公司倡导"工作学习化、学习工作化"的理念，推行全员学习计划，按层次和实际需要，实行全员学习培训。近 9 年来，共举办各种培训班 600 余期，受训人员有 5 万多人次，领导干部的管理执行能力、专业技术人员的应用创新能力、生产一线员工的技能操作能力都得到不断提高。干群同训，"训"出了崇尚学习的浓厚氛围，强管理、学技能、练本领在公司蔚然成风。

"干群同考"是指公司领导与员工共同参加考核，并实行责任共担，假若工作出现问题，领导也要承担相应的责任，与员工一样参加考核，没有特权、一视同仁。这一制度又被称为"三级联动考核"，在具体实行过程中有如下四个关键要素：一是人人参加考核。乳山电业实行的"三级联动考核"中，三级指的是公司考评委员会、职能部门和基层单位，三者之间的关系为公司考评委考核职能部门、职能部门考核基层单位、基层单位对职能部门提出考核意见，使干部职工在制度面前真正做到一律平等。二是经济责任制。"三级联动考核"本着责、权、利相统一原则，把安全生产、经营管理、优质服务、日常工作等十几个方面，细化成 120 款 600 余条，实行日常、月度、季度和年度考核相结合，经过"上级考下级、下级考上级"的互相考核，将结果交由决策层领导、中层干部、基层群众三个层面选拔组成的考评委员会进行最终评定。三是联动。所谓联动即联责，指的是当出现考核细则禁止的行为时，不仅直接责任人要受到经济处罚，与此相关的各级领导也要受到相应的经济处罚。四是考核结果公开。公司专门设立了《考核通报》这一内刊，通报考核结果，并在内部局域网公示。干群同考，"考"出了求真务实的作风、"考"出了永不懈怠的干劲、"考"出了干群一心的和谐关系。

把企业文化建设和党的建设有机融合

乳山电业提出并实施的"干群同约""干群同训""干群同考"，关键就在一个"同"字。"同"是党性的根本要求，是党密切联系群众的优良作风的核心内容。正因为"同"，乳山电业的"约""训""考"才能取得显著的成效；由此，乳山电业的经验才不是一般意义上的企业文化建设经验，而是把企业文化建设和党的建设有机融合在一起的新时期国企改革的重要经验，也给予我们多方面的启示。

国有企业改革必须重视发扬党的优良传统和作风。乳山电业实施的"干群三同"既是党的优良传统作风的具体体现，又是在新形势下贯彻党的群众路线的一种创新，为企业发展注入了不竭源泉和动力，对进一步深化国有企业改革具有重要的借鉴意义。

国有企业干部作风建设要与企业治理有机结合。乳山电业的经验表明，加强干部作风建设，必须把搞好企业管理、提高经济效益、提高职工生活水平作为出发点和落脚点。干部作风好不好，不是看嘴上讲得怎么样，而是要看实际工作效果怎么样。要避免干部作风建设做样子、走过场，就必须把干部作风建设和企业实务进行无缝对接，这也是乳山电业"干群三同"经验的精髓之一。作风的改善反映于业绩的提升，业绩的提升见证作风的转变。这样的作风建设是受到群众欢迎的作风建设，也是国企改革和建设真正需要的作风建设。

领导班子是搞好国企管理的关键。一个具有团结协作精神和进取意识的领导班子，对于搞好国有企业管理会起到关键的作用。如果说文化是乳山电业的乐谱，起着规范企业和员工行为的作用，那么领导班子就是乐谱的作者兼乐队的指挥。

企业文化建设和党的建设要相互促进。深化国企改革，加强企业文化建设，建立现代企业制度，与加强党的领导和建设不仅丝毫没有矛盾，而且完全可以紧密结合，发挥更大的作用。企业文化的创建过程为加强党的建设提供了基本的场域和载体，加强党的建设为顺利推进企业改革、提升企业管理水平、建设先进企业文化提供了重要的保障。乳山电业的"干群三同"实践启示我们，党对国企的领导不能放松，也不应该放松。面对新的形势和任务，必须努力探索新的途径和方式，更好地发挥党组织的作用，保证国企改革的顺利进行。

制度创新的"龙游"亮点 [*]

县在国家政权建设中处在承上启下的关键位置，在国家经济社会发展中起着重要的基础性作用。在很大程度上说，县级政权是我国最重要的基层政权，县级的党政领导班子一肩承载着党的重托，一肩担负着当地人民群众的期待。

政治路线确定之后，干部就是决定性因素。把党组织信任、人民群众满意的干部选好、用好、监督好，必须有好的制度。但是，只有好的制度还不够，关键是要把面向全党全国的好的制度细化为具有可操作性的措施和办法，把这些措施和办法坚持好、执行好、落实好，并在实践中不断丰富和完善。我们国家目前有两千多个县，经济社会发展水平不一，在干部的选拔、任用、监督上不可能只有一种模式，一个路子，一套方案。这就需要县的领导班子，特别是党委班子，在坚决执行中央和上级党组织相关干部制度的前提下，在实践中勇于探索，走出一条符合"县情"、行之有效的创新之路。

龙游在干部制度上敢为人先，进行了许多创新，在不少方面是具有标志和示范意义的。

一是以"五轮比选"为主要内容的竞争选拔机制。干部群众推荐

---

* 原载《人民论坛》杂志 2013 年第 4 期，署名"肖木"。

比选，单位党组织推荐比选，综合素质比选，适岗能力测试比选，差额考察比选，共同构成一个完整的竞争选拔链条。经过"五轮比选"的考验，一批有活力、有能力、有干劲的同志进入领导岗位。其中，适岗能力测试比选是最大的亮点所在。党和人民需要的领导干部必须是好人、能人，但选拔干部不仅仅是选好人、选能人，更重要的是把好人、能人放在最能发挥其作用和长处的岗位上。

二是以"五维考评"为主要内容的多向度干部综合考核机制。从党的宗旨讲，无论哪一个层级的干部，都必须做到廉政、勤政、能政、德政。为此，龙游建立了包括工作考核、干部考核、勤廉考核、民主评议、考核结果运用等在内的"五维考评"工作体系，制定了"全方位"考核办法，目的就在于对干部在不同岗位的工作实绩和工作指标完成情况、勤政廉政情况、德行修养情况等进行考评，从各个方面考准、考实、考严干部，也为此后组织上对干部的任用和交流提供重要依据。

三是以管理、教育、培训、关爱、监督"五管齐下"为主要内容的干部管理教育机制。通过出台领导干部日常行为量化监督制度、强化问责制度和署名担责推荐干部制度等从严管理干部，干部队伍的工作作风发生重大转变。加强对干部的教育和培训，特别是多年坚持"双休日"党校、"每月一讲""每周夜学"，干部队伍素质不断得到提升。龙游县委在严管干部的同时特别关爱干部，充分尊重干部个人意愿，重视发挥干部个人专长，最大限度地激发了各类干部干事创业的活力。

当代中国共产党人的思想和行动指南[*]

党的十八大以来，习近平总书记在党和国家重要会议，在国内考察、出国访问和国际讲坛等多种场合，发表了一系列重要讲话。深入学习和贯彻落实习近平总书记系列重要讲话精神，是当前和今后一个时期全党全国的重大政治任务，是统一思想认识、凝聚奋进力量的迫切需要，是把握发展大势、明确前进方向的迫切需要，是赢得发展新优势、开创事业新局面的迫切需要，是提高党员干部队伍素养、增强驾驭复杂局面能力的迫切需要，是做好党和国家各项工作的必然要求。

一 习近平总书记系列重要讲话是对中国特色社会主义理论的丰富、发展和创新

习近平总书记的系列重要讲话，以宽广的世界眼光和深邃的历史视野，立足国际国内发展全局，适应时代和实践发展新要求，把握人民群众新期待，总结过去，立足当前，面向未来，围绕坚持和发展中国特色社会主义、实现中华民族伟大复兴的中国梦，围绕推进经济建

　＊ 此文为 2014 年中央国家机关工委组织的中央国家机关学用习近平总书记系列重要讲话精神成果征集展示活动征文，获三等奖。

设、政治建设、文化建设、社会建设、生态文明建设和党的建设，围绕实现"两个一百年"奋斗目标，以巨大的理论勇气和高超的政治智慧，科学回答了党和国家事业发展的重大理论和实践问题，提出了许多富有创建的新思想、新观点、新论断、新要求，起到了认祖归宗、正本清源、把关定向、明辨是非、统一思想的重大作用，进一步丰富和发展了中国特色社会主义理论，进一步升华了我们党对人类历史发展规律、社会主义建设规律、共产党执政规律的认识，是全面阐述事关中国特色社会主义前途命运一系列重大原则问题的马克思主义文献，为我们在新的起点上实现新的奋斗目标提供了基本遵循，为马克思主义和科学社会主义理论宝库增添了新的内容。

作为马克思主义中国化的最新成果，作为当代中国共产党人的指导思想，习近平总书记的系列重要讲话不仅呈现出一个全新的理论体系和话语体系，而且宣示了一种全新的治党治国治军理念。他的每一篇讲话、每一个批示，虽然是在国际国内不同场合、针对国际国内不同问题发表或做出的，但相互之间有着严密的理论逻辑，共同构成一个完整的理论框架。从这些讲话中可以深切地感觉到，习近平总书记重新打通了自毛泽东同志开始的我们党在中国大地上进行社会主义理论和实践探索的主脉，牢牢确立了中国特色社会主义作为科学社会主义当代发展主流的历史地位，充分展现出站立于时代前列和世界之巅的大国大党领袖的气魄和风范。

二 习近平总书记系列重要讲话是运用马克思主义立场观点方法分析、认识、解决问题的典范

马克思主义的哲学世界观和方法论，是共产党人观察和解决一切问题的政治上的望远镜和显微镜，是全党思想统一、行动一致的最根

本的思想基础。习近平总书记的系列重要讲话通篇贯穿了一脉相承、一以贯之的一条红线，就是马克思主义的基本立场、基本观点、基本方法，即马克思主义哲学世界观和方法论。这也就是习近平总书记系列重要讲话的活的灵魂、精神实质和思想魅力所在。习近平总书记牢牢把握实事求是精髓，一切从中国实际出发，从客观事物本身具有的规律出发，分析问题、认识问题、说明问题，导引出解决当前中国一切复杂难题的良方益药。

习近平总书记娴熟地运用辩证法的"矛盾论"和"两点论"来观察和处理问题。例如，他要求我们准确把握全面深化改革的若干重大关系，既要以经济建设为中心，又要重视党的意识形态工作；既要发挥市场在资源配置中的决定性作用，又要更好发挥政府作用；既要改革应该改革和可以改革的，又要坚守无论何时多久都不能改掉的；等等。例如，他以唯物史观的远见卓识，科学地把握人类历史发展的总趋势，强调既要清楚看到历史发展的光明前景，又要清醒看到当前存在的困难和问题。这样一些重要论断，为我们树立了成功运用唯物辩证法和唯物史观的光辉典范。

三 学习习近平总书记系列重要讲话，要注重 把握其精神实质、基本内涵和主要观点

在党的十八大以来不到两年的时间里，习近平总书记发表的重要讲话就有两百多篇，涉及经济、政治、文化、社会及内政外交、治党治国治军等各个领域。学习习近平总书记系列重要讲话，必须重视把握其精神实质、基本内涵和主要观点。

一是要深刻把握系列重要讲话贯穿的马克思主义立场观点方法，增强战略思维、辩证思维、系统思维、创新思维、底线思维，学会用

科学的世界观方法论观察问题、分析问题、研究问题、解决问题，提高运用马克思主义指导各项工作的能力。

二是要深刻把握讲话贯穿的坚定信仰追求，着力解决好世界观、人生观、价值观这个"总开关"问题，坚定"主心骨"、筑牢"压舱石"，自觉做共产主义远大理想和中国特色社会主义共同理想的坚定信仰者、忠实践行者。

三是要深刻把握讲话贯穿的历史担当精神，增强忧患意识、使命意识、进取意识，努力创造出经得起实践、人民和历史检验的代表国家水准的创新性研究成果。

四是要深刻把握讲话贯穿的坚定的人民立场和真挚的为民情怀，牢固树立人民是真正英雄的历史观、以人为本人民至上的价值观，切实解决好"为了谁、依靠谁、我是谁"的问题，为最广大人民的利益鼓与呼。

五是要深刻把握讲话贯穿的求真务实和创新实干的思想作风，以党和国家关注的重大问题为科研主攻方向，不断增强服务党和政府决策的科学性、前瞻性和主动性，努力发挥好我院作为党中央、国务院重要思想库和智囊团作用。

六是要深入学习领会系列重要讲话关于坚持和发展中国特色社会主义的重要论述，进一步坚定道路自信、理论自信、制度自信。

七是要深入学习领会系列重要讲话关于实现中华民族伟大复兴中国梦的重要论述，为国家富强、民族振兴、人民幸福而不懈奋斗。

八是要深入学习领会系列重要讲话关于全面深化改革的重要论述，准确理解把握全面深化改革总目标，为深化经济体制改革和各领域改革建言献策。

九是要深入学习领会系列重要讲话关于宣传思想和意识形态工作的重要论述，牢牢掌握意识形态工作的领导权、管理权、话语权。

四　学习习近平总书记系列重要讲话要进一步明确我院在加强党的意识形态建设方面的职责和任务

中国社会科学院是党中央直接领导的国家哲学社会科学研究机构，是党在意识形态领域的重要阵地和宣传文化领域的重要战线，在加强党的意识形态建设、维护国家意识形态安全方面承担着一份特殊的责任，我院哲学社会科学工作者队伍理应成为意识形态领域值得党和人民信赖的主力军、生力军。

要充分认识和积极应对当前意识形态领域所面临的挑战，始终不渝地坚持和巩固马克思主义在哲学社会科学研究中的指导地位，坚持正确的政治方向和学术导向，做到守土有责、守土负责、守土尽责，把思想统一到中央对意识形态工作的形势判断和工作措施上来，把意识形态工作的领导权、管理权、话语权牢牢掌握在忠于党和人民的人手中。要明确中央"坚持什么、反对什么"，"肯定什么、否定什么"，做到旗帜鲜明，是非清楚，态度坚决。面对错误思潮和错误观点，要敢于抵制和反对，勇于开展积极的舆论斗争，不能过分爱惜自己的"羽毛"，当"好好先生"，当"太平绅士"。

五　学习习近平总书记的系列重要讲话要充分认识到党的纪律是不可逾越的带电的高压线

严明的纪律是马克思主义政党区别于其他政党的重要标志，是巩固党的团结统一、增强凝聚力战斗力的重要保证，是新形势下巩固党的执政地位、提高党的执政能力的重要举措，是党的各级组织和全体党员必须共同遵守的政治生活准则和言论行动规范。纪律是党的生命线，也就是党的"规矩"和"戒尺"。中国社会科学院不是什么"自由人"的联合体，不是什么来自五湖四海的各路"义士"的结盟，更不是什么大车店和菜市场。对于任何一个党员干部或普通党员来说，都必须严格执行和维护党的纪律，包括政治纪律、组织纪律、财经纪律、宣传纪律、保密纪律等，自觉接受党的纪律的约束和规制。

其中，遵守党的政治纪律，是遵守党的一切纪律的基础，最根本、最关键的就是要坚持党的基本理论和基本路线不动摇，与以习近平同志为核心的党中央保持高度一致，绝不允许公开发表同中央的决定相违背的言论，绝不允许对中央的决策部署阳奉阴违，绝不允许编造、传播政治谣言及丑化党和国家形象的言论，绝不允许以任何形式泄露党和国家的秘密，绝不允许参与各种非法组织和非法活动。遵守党的组织纪律，是遵守党的一切纪律的保证，必须坚决维护中央的权威，决不允许有令不行、有禁不止，搞"上有政策、下有对策"那一套。

学习习近平总书记系列重要讲话，是加强马克思主义坚强阵地建设、干部队伍建设、三项纪律建设和党的建设的重大举措，也是哲学社会科学工作者充电蓄水、提高认识的重要途径。每一位认真学习过习近平总书记系列重要讲话的同志，都会感到很透亮、很解渴、很震撼，很开脑筋，很受启发，很有收获。实际上，只有深入学习习近平总书记的系列重要讲话，我们对讲话的精髓特别是关于坚持和发展中国特色社会主义、全面深化改革、加强意识形态建设和党的纪律建设的重要论述才会有更深入的理解和更准确的把握，才会进一步增强道路自信、制度自信和理论自信，增强政治敏锐性、政治鉴别力和政治定力，增强投身中国特色社会主义事业和全面深化改革大业的决心信心，增强与以习近平同志为总书记的党中央保持高度一致的自觉性，为顺利推进哲学社会科学创新工程、繁荣发展哲学社会科学贡献自己的力量。

学理探索

只讲"对立"还不够[*]

"向资本主义学习"是邓小平同志南方谈话的重要观点，这个观点早在十月革命胜利后就被列宁明确提出来了。从那时至今的几十年中，我们始终没有找到一个合适的角度继承、利用资本主义的有益成分，发展自己。为什么？寻根究底，原因很多。

社会主义与资本主义在制度、意识形态和社会发展根本目标上的对立是毫无疑问的，即使今天，当资本主义社会注入了许多社会主义因素的情况下，对立依然存在。问题不在是否承认这种对立，而是我们将"对立"绝对化了。过去几十年的时间，我们几乎把重点都倾注于寻找"社"与"资"的分歧点上，忽视了两者在对立的基础上同处于一个世界的事实。这里重点谈谈我们对"社"与"资"在认识上几个被忽略的问题。

只注重"社"与"资"社会发展根本目标的对立，忽略了在实现目标的过程中，两者经历着共同的人类文化历史阶段。

作为现代社会主义国家，我们已十分清楚地看到了这样两个现实：一是社会主义革命和建设没有像马克思所预言的那样产生于资本主义废墟上，而是发生于发达资本主义地带的外围；二是资本主义并

---

　　* 原载《中国青年》1992 年第 10 期。

没有随着社会主义的兴起腐朽、消亡；相反，到了 20 世纪 80 年代初，为富不仁的美国资本家却微笑着归来，以新的活力惹人注目。这两个现实可以揭示两层意义上的道理，首先，在社会主义还不具备能力战胜资本主义的历史阶段，"社"与"资"必须在同一个世界生存；其次"社"与"资"既处在不同的自我发展阶段，又处在共同的人类文化历史发展过程。多年来，我们一直无视于这个现实，主观上排斥一切自认为不属于社会主义的东西，甚至把自身实现目标的过程、手段也排斥掉了。最典型的例子就是对市场经济与计划经济的认识。

过去，我们总是把市场经济等同于资本主义，把计划经济看作社会主义独有的特征。在此影响下，我们没有对市场经济在社会发展中，尤其是社会主义经济发展过程中的地位、作用进行认真研究；更进一步的错误是，虚设了所谓市场经济与计划经济的对立，把计划经济作为一条现阶段的客观规律对抗于经济法则和市场经济。在这种逻辑下，我们忽略了一些重要的人类社会历史条件。

第一，在世界整体文明充分发达之前，在世界总体生产力水平极大提高之前，世界只有一种经济，这就是市场经济；只有一个市场，这就是开放的世界大市场，对此社会主义、资本主义概莫能外。第二，劳动是现阶段人类谋生的主要手段，追求个人物质利益依然是人类从事生产和经营活动的主要动力。社会对劳动者个人物质利益的分配，必须遵循等量劳动相交换的原则。第三，社会主义还处在初级阶段，贫穷和落后需要我们全心力地发展生产力，需要我们在公有制基础上允许多种经济成分存在，需要我们与国际市场沟通。在这样的历史条件下，我们无法把自己关在一种封闭的体系中。市场经济是当今世界的"普遍存在"，而不是主观上选择或不选择的问题，谁违背了这个存在就会失败。

只习惯于在制度层次上区别"资"与"社"的不同，却忽略了作为机制层次相互借鉴的可能。

如果我们谈论起社会主义和资本主义的根本区别，几乎谁都会说：制度。前者为公有制，后者为私有制。近来不少青年人都提到一个问题：为什么公有制国家都比较贫穷，私有制国家却很富有呢？我们的改革是否也该向着私有制发展呢？我以为这里就有一个认识上的偏差，即把制度层次的问题与机制层次的问题混淆了。

严格意义上的公有制是社会所有制，或者说"人人皆有的所有制"。在现阶段，任何形式的国家所有制和集体所有制，都达不到真正意义上的公有制。相反，私有制在 20 世纪 70 年代后也发生了微妙变化。最突出的是资本主义国家在企业中普遍实行了股份制及产权和经营权的分离。比如日本，私营企业占企业总数的 90%，私营企业中股份有限公司占 57.5%，有限公司占 28.5%。这些企业的决策权更多控制在企业最高经营者手中，而股东对企业经营的发言权则小得令人奇怪。又比如德国，国民经济基础设施项目几乎完全属于国家所有；联邦政府在大众汽车公司占 40% 的股份，在汉莎航空公司占 80% 的股份。国有经济在企业总股资中占 17%，总产值占 11%。日本和德国在第二次世界大战后的迅速发展是有目共睹的，在这当中公有经济成分的引入以及政府对经济有效的管理和干预无疑起到了促进作用。

其实我国也有类似的情况，1978 年农村包产到户的改革调动了亿万农民的生产积极性，而以后的以公有制为主导多种经济形式并存的政策又进一步调动了城市企业的热情，一定程度的私营企业及三资企业的发展又刺激了加速工业化的进程激发了国营企业的活力。这一切也是有目共睹的。

耐人寻味的是，不论是资本主义引入了公有经济成分还是社会主义引入了私有经济成分，两者都是在没有改变根本制度的情况下得到发展的，由此是否可以认为：有效率的私有经济不等于资本主义；无效率的公有经济不等于社会主义；同时，马克思主义经典作家也曾指出：公有制（社会主义）实际上是在新的基础上和新的条件下重建个人所有制，这又为我们更深刻地领会所有制问题，提供了历史唯物论的角度。何况现代社会区别"社"与"资"的根本点除了制度因素外，还须看谁在生产力发展中拥有更高的速度和效率。

只看到了社会主义胜利的必然结论；忽视了在继承和利用资本主义的同时自我扬弃的过程。

从 20 世纪 30 年代开始，社会主义一直遭受着曲解和庸俗化。"社会主义是必然的"，"社会主义是一个自然历史过程"等越来越演化成一种宿命论的观点。直到改革开放把我们的目光延长到了中国的土地之外，我们才发现，社会主义远远没有在世界上取得胜利；直到僵化的、教条的社会主义在苏联和东欧付诸东流，我们才真正从梦中醒来。

在我们沉浸于梦境的几十年中，资本主义从社会主义的思想中吸取了很多好东西。我们没有注意到民主社会主义是怎样在资本主义条件下发展壮大的；我们没有问一问，为什么社会民主党能在西欧、北欧长期执政。甚至没有听听资产阶级经济学家凯恩斯说：我的理论实际上就是把马克思主义的结论当作了起点。那个时候我们只会说："市场经济就是取消公有制，就是否定共产党的领导，否定社会主义制度，搞资本主义。"

然而，资本主义，特别是现代资本主义究竟是什么，我们并不清楚，除了批判几乎没有更深入、客观的认识；社会主义，特别是今天的社会主义又是什么，依然不清楚，我们只会拿马克思主义经典著作来诠释今天或未来的一切，这就等于让马克思主义经典作家对过去、今天和未来的失误负责任。

不是马克思主义错了，而是教条主义错了。因为这种思想方法不但使我们把马克思主义变成了僵化的教条，以此批评今天的一切；而且还把自己对马克思主义片面甚至错误的理解也变成了教条；以此作为裁判一切新事物、新现象的尺度。运用这个尺度，不少自认为捍卫马克思主义的人，恰恰运用了低于马克思甚至反马克思主义的思想方法和分析方法，把社会主义拉向了停滞和倒退。

十多年改革开放的实践，使我们清醒地看到，现时代的社会主义既是一个历史进步的过程，也是处在早期社会主义阶段国家的现实成就；它既有积极的成果也存在矛盾和失误。所以我们有必要排除各种认识上和观念上的干扰，尤其是要排除教条主义，也就是"左"的思想干扰，换一种认识方法研究社会主义理论与实践的新问题。

按照马克思主义的观点，任何事物都是对立统一的结合体，认识"社"与"资"也不例外，突破了绝对"对立"的层面，我们的认识才会更为客观、公正。

跨世纪青年人才工程的战略意义 *

青年人才的培养是一个古老而恒新的课题。青年代表着一个国家和民族的未来，决定着未来时代的面貌，这是所有阶级、政党的共识。但是，我们所面对的严峻现实，又迫使我们必须在更高和更深的层次上认真反思和研究这一课题。

一　跨世纪青年人才的培养决定着有中国特色 社会主义事业的成败

建设富强、民主、文明的社会主义现代化国家，是一项宏伟艰巨的跨世纪工程，当然需要跨世纪的一代青年去奋斗，去完成。坚持党的基本路线一百年不动摇，保证社会主义事业后继有人，从根本上说，取决于跨世纪的青年一代。

早在我国社会主义建设初期，毛泽东同志就明确指出，中国的希望寄托在青年一代身上。党的十四大报告提出："社会主义的巩固和发展，需要一代又一代人坚持不懈地努力奋斗。我们的事业任重道远，希望寄托在青年人身上。赢得青年，才能赢得未来。"邓小平同

＊　原载《青年研究》1995 年第 10 期。

志历来关心重视青年干部、青年人才的教育和培养。他多次指出，选拔大批优秀年轻干部关系到建设有中国特色社会主义事业的代代相传，关系到能否坚持党的基本路线一百年不动摇。他以对社会主义事业高度负责的精神多次告诫全党，"解决组织路线问题，也是最难、最迫切的问题，是选好接班人。""这个问题解决不了，我们见不了马克思"，向党和人民也交不了账。这实际上是邓小平同志就接班人问题向全党、全社会敲起的警钟。

以江泽民同志为核心的党的第三代中央领导集体高度关切和重视青年干部和青年人才的培养。江泽民同志曾多次强调指出："必须努力培养和造就千百万社会主义事业接班人。""今后十年，是我国经济和社会发展的关键时期，也是新老干部交替的关键时期。社会主义事业在中国的前景，很大程度上取决于青年一代的状况。要以对今后十年乃至下个世纪中国社会主义事业的命运高度负责的精神，着眼于培养广大青少年。"

因此，我们可以说，跨世纪青年人才工程要解决的首先是社会主义事业的接班人的问题，具有政治上的深远的战略意义。

二 跨世纪青年人才的培养是我们实现现代化目标和赢得未来竞争胜利的关键

在即将迈入 21 世纪之门的时候，世界各国尤其是经济发达国家，都相继推出了它们自己的跨世纪经济发展战略，而这些战略的一个共同的核心是开发青年科技人才，重新审视人的技能的重要性。因为未来世界舞台的竞争首先是综合国力的竞争，综合国力的竞争首先是科技和人才的竞争，并最终表现为各国青年一代素质的竞争。谁拥有雄厚的青年科技人才，谁就具有了科技的优势，相应地也就拥有了 21

世纪发展的主动权。

日本和亚洲"四小龙"经济发展的经验表明，只要拥有具备高技能的人才资源或对人力资源进行有效的投资，一个穷国即使没有丰富的自然资源，也能取得经济的高速发展。战后日本、联邦德国经济的飞跃发展，其基本原因之一就是：与物质资本相比，人力资本在战火中并未遭到严重的损伤和破坏。

自然科学技术人才在经济发展过程中起主导作用，这是举世公认的现实。但是，我国面临的严峻现实是：目前仅有自然科学工作者1100万名，而青年科学家又只是这支队伍中很小的一部分。在青年科学家中间，虽然已有不少人取得了高水平的甚至世界水平的研究成果，而且这些成果也已产生出巨大的经济效益；但是，仅就其数量而言，是与我国科学事业和经济发展的规模十分不相称的。在其他领域，虽然也涌现出不少成绩卓越的企业家、教育家、管理人才，但也不过是人口的千分之几甚至万分之几，也是与我国经济的未来发展要求不相适应的。

当然，我们所说的青年人才并不只是占总人口少数的科学家或众多领域的专门研究人才，更重要的是指直接生产领域的劳动者。

世界许多国家和地区经济的稳步而迅速的发展，实际上主要得益于从业人员中占有很大比例的高级技术人才。在德国和日本，就产业工人而言，高级技术工人占全员职工的40%以上，而我国35周岁以下的青年工人中，高级技术工人所占比例却不足1%。这样，就产生了经济发展与缺少高素质的熟练劳动力以及劳动力（人力）资源低下之间的深刻矛盾。

在我国经济发展的大潮中，乡镇企业的繁荣可谓举世瞩目。它们为国家、为社会创造了巨大财富，其中有些还在许多方面超过了某些国营大中型企业。但是，它们中有相当一部分是劳动密集型的加工工业，而且劳动力（主要是青年劳动力）的素质和文化水平普遍不高。这样一种条件，使乡镇企业如何向高科技迈进呢？它们又如何在跨世纪的潮流中融入现代经济和未来经济呢？

在作为中国之命脉的农业经济中，形势就更为严峻。众所周知，我国 12 亿人口中有 8 亿多在农村。由于历史的原因，农村地区文化和教育水平还是比较落后的，有些地区则是相当落后的。这样一种状况如果持续发展下去，高科技在农业中的推广和应用以及农业现代化的实现，就只能是一个遥远的神话。

微电子、生物科技、新材料工业、民用航空、电信、机器人加机床以及电脑加软件，是未来几十年尤其是进入 21 世纪后的七项关键产业，它们都可以说是脑力产业。这些产业可设在地球上任何一个国家和地区。谁能有效地组织调动人的智力和技能从事这些产业的发展，谁就将赢得主动并占据优势。

长期以来，许多人在人才问题上持一种"精英论"的观点，忽视或轻视整体国民素质的提高。我国经济虽然以 10% 左右的速度持续增长，但国民整体知识水平较低对经济产生的滞后作用却日益明显。许多国家的经验表明，经济发展的速度和持久性，在很大程度上要取决于整体国民素质或占人口多数的直接生产者素质的高低。

今天，环太平洋地区经济带正处在人类历史上经济增长最快的时期，其发展速度是工业革命时期的五倍。过去 10 年，中国沿海地区 2 亿多人所实现的经济增长，是同样众多的人口在人类历史上任何时期都没有过的。

面对 21 世纪激烈竞争的局面，在进入 80 年代以后，尽管失业人数在迅速增多，但欧美国家最感困惑的是人才的短缺特别是青年人才的短缺问题。我国也将面临青年科技人才短缺的危机。对于全体中国人来说，这不能不说是一个跨世纪的远虑。

三 培养跨世纪青年人才的环境和条件

（一）尊重科学，尊重人才

对科学和知识的尊重，是一个文明社会的重要标志。让科学技术这一生产力真正发挥作用并在实践中得到转化和实现，在相当大的程度上要依赖于整个社会对科学的关注和尊重。

在我们这样一个拥有辉煌而灿烂的古代文明的大国，那支1100多万人的科技队伍虽然只是一个很小的规模，但如果没有这支队伍，或者这支队伍继续萎缩下去，那么实现现代化这一跨世纪的战略目标，就只能是一句漂亮的空话。

关心科学技术的发展并不只是党和政府的事情，也不是某个或某几个部门的"专利"，它仰仗全社会和整个民族科技意识的觉醒。我们诚望国人和企业在为某个歌星和某场体育比赛而喝彩的时候，也将更多的目光投向我国的科技事业并给予积极相助。

（二）培养跨世纪青年社会科学研究人才是"跨世纪青年人才工程"的一个重要内容

我们过去习惯于从意识形态战略上看待社会科学、人文科学的作用，对社会科学人才，尤其是跨世纪青年社会科学人才的培养没有给予应有的重视。

科学技术是生产力，但是科学技术有一个从理论形态向现实转化的过程。这个转化仅仅依赖科学技术自身是完不成的，它在很大程度上要借助于社会科学和人文科学的中介作用。无论是历史上还是在现代，无论是中国还是外国，科学技术转化为现实的生产力，是与社会制度、社会环境、文化背景、传统观念、人的素质等因素密切相关的。

到 21 世纪，世界经济的中心将转移到东亚地区，而伴随着经济中心的转移是文化中心的转移。我国作为即将形成的这个中心里的一员，除了要在经济上占据优势外，还要占据文化上的优势。历史表明，一个在文化上不占居优势的国家，不仅难以保持其经济强国地位，而且也算不上是真正的强者。社会主义新文化和新的道德体系的建设是建设有中国特色社会主义理论的重要组成部分，它们离不开社会科学和人文科学研究者的努力。

与自然科学技术工作者队伍相比，社会科学工作者的队伍可能显得更为薄弱。它同样面临着青黄不接、后继无人的局面，在许多领域中已经出现"断层"和"断代"现象。因此，注重跨世纪青年一代社会科学人才的培养同样是非常急迫的任务。

培养跨世纪青年一代社会科学人才，其中一个重要的内容是造就一支精干的马克思主义和社会主义青年研究队伍。它不仅关系到哲学社会科学自身的发展方向，而且关系到党的基本路线在社会主义市场经济建设中的贯彻和政府的决策，关系到中国社会发展的方向。因此，其现实的政治意义和长远的战略价值都是不容忽视的。

（三）转变关于"人才"的观念，在政策上对青年科技人才实行倾斜

在青年科技人才的成长过程中，往往存在不少障碍因素，如社会上陈旧的人才观念，如对青年的晋升、提拔上有很大的保守性，在一些重要课题的研究上对青年信任不够，对青年人的培养缺乏长远规划，劳动报酬的分配存在不合理现象等。因此，国家应把青年人才的培养纳入国民经济和社会发展规划之中，在工作、学习、技能培训、晋升、工资待遇和生活条件等方面，向优秀青年技术人才特别是高级

技术工人实行政策倾斜，以充分调动他们参与现代化建设的积极性。

（四）加强社会主义精神文明建设，帮助青年人树立正确的人生观和社会价值观

倡导爱国主义、集体主义，加强精神文明建设，本来就是发展社会主义市场经济这个大课题中不可或缺的重要内容。事实证明，如果忽视或放松了精神文明建设，拜金主义、享乐主义、极端个人主义就会恶性膨胀。

精神文明建设的好坏，直接影响着整个青年一代，而青年人的素质又反过来对当前和今后我国两个文明尤其是精神文明的建设产生重要影响。在市场经济大潮的冲击之下，当代青年中有不少人的理想信念和奉献精神淡化了，享乐主义和拜金主义占据了他们的信仰空间。

针对上述情况，邓小平同志指出，十几年来，最大的失误是教育。这里所说的教育不仅包括学校的知识教育，而且也包括社会教育、职业教育、家庭教育，更重要的是对全民的思想政治教育。

青年塑造未来，赢得青年就赢得未来。只有培养出一代跨世纪的优秀青年人才，中国在即将到来的激烈竞争中才能立于不败之地，并对人类文明的发展继续做出更大的贡献。

构建社会主义和谐社会要正确
处理的若干重大关系[*]

构建社会主义和谐社会，是我们党从中国特色社会主义事业全局出发提出的重大战略思想，是落实科学发展观的重大举措。其实践目的，就是正确判断、分析和解决我国改革发展的关键时期面临的各种矛盾和问题，大力促进社会和谐，使我国平稳、顺利地度过改革攻坚阶段，为社会主义现代化事业的长远发展提供既协调稳定又充满活力和动力的社会关系条件，为我们党长期执政奠定稳固、持久的社会基础，为广大人民群众的安居乐业创造良好的社会环境。具体而言，就是统筹兼顾，协调利益关系，化解矛盾，避免大的冲突，使全体社会成员各尽其能、各得其所而又和谐相处。

从哲学意义上讲，构建社会主义和谐社会，是对事物发展的对立统一规律的深刻理解和科学运用，是对矛盾的斗争性与同一性之辩证关系的妥善处理和正确把握。社会主义和谐社会并不是没有矛盾的社会。矛盾运动是社会发展的根本动力，这是马克思主义的一个基本道理。正如胡锦涛同志指出的："构建社会主义和谐社会的过程，就是

　　* 原载《马克思主义研究》2006 年第 7 期，《红旗文稿》2006 年第 13 期转载，获第七届中国社会科学院优秀科研成果奖三等奖，署名何秉孟、姜辉、赵培杰。收入《科学发展观与构建社会主义和谐社会》，社会科学文献出版社 2007 年版。

在妥善处理各种矛盾中不断前进的过程，就是不断消除不和谐因素、不断增加和谐因素的过程。"承认和正视矛盾而不是否认和回避矛盾，积极妥善地处理矛盾而不是被动消极地盲从矛盾，有效地化解矛盾而不是激化矛盾，是构建社会主义和谐社会的根本要求。关键在于把握矛盾的同一性和斗争性之间既相互依存又相互斗争的"度"，化不和谐因素为和谐因素，化不利因素为有利因素，在矛盾运动中寻求积极的动态平衡，在相对平衡中始终保持前进的动力，使整个社会始终处于一种健康、良好的发展状态。

任何矛盾都是具体的、历史的。毛泽东同志曾经讲过，矛盾在发展过程中呈现出阶段性，"如果人们不去注意事物发展过程中的阶段性，人们就不能适当地处理事物的矛盾"。构建社会主义和谐社会，就是要正确认识和把握现阶段我国社会矛盾的特点和运动规律，处理好新形势下的人民内部矛盾和其他社会矛盾。现阶段我国社会的矛盾，绝大多数属于人民内部矛盾。这是我们看待和认识我国社会矛盾的基本出发点。干群之间的矛盾、工农之间的矛盾、不同社会阶层之间的矛盾、国家集体个人之间的矛盾、公与私之间的矛盾、城乡和区域之间的矛盾等，其中绝大多数都是人民内部矛盾的表现。人民内部矛盾在本质上说是非对抗性矛盾，但如果处理不及时或处理不当，也可能转化为对抗性矛盾。少数敌我性质的矛盾或对抗性矛盾，也将在一定范围和领域中长期存在，但由于引发和导致矛盾的原因具有复杂性和多样性，不能随意认定某种矛盾为敌我矛盾或对抗性矛盾。即使做出了敌我矛盾的判定，也必须深刻分析其形成和产生的深层原因，在法律框架内加以正确合理地解决，绝不能简单化。

处理矛盾的过程，实际上就是协调各种利益关系的过程。构建社会主义和谐社会，是一项艰巨、复杂的系统工程，涉及经济、政治、文化各领域内部的关系及各领域之间的关系。其中一些重大关系，具有战略性和全局性，处理是否得当，直接关系到社会主义和谐社会建设的成败，关系到中国特色社会主义事业的发展前途。我们构建的和谐社会，是社会主义性质的和谐社会，处理矛盾和协调利益关系，必须立足于社会主义初级阶段的国情，必须有利于改革开放的健康发展，必须有利于加强和巩固我们的基本经济制度和基本政治制度，必须维护和切实代表最广大人民的根本利益，必须有利于促进"解放生产力，发展生产力，消灭剥削，消除两极分化，最终达到共同富裕"的社会主义本质目标的实现。

构建社会主义和谐社会，要坚持以邓小平理论和"三个代表"重要思想为指导，全面落实科学发展观，努力在理论和实践的结合上研究、处理和解决以下若干重大关系。

一　经济发展与社会发展的关系

对经济发展与社会发展之关系的反思，是科学发展观形成的直接原因，也是构建社会主义和谐社会的重要依据。改革开放以来，全党全社会对这个关系的认识不断深化，在实践中对二者的协调和平衡也取得了一定的成绩。但在落实中央决策的过程中，要注意防止和纠正一些片面的或错误的认识与做法。

一种倾向认为，强调社会发展，就是代替甚至否定了以经济建设为中心。有的人提出"双中心"论或"多中心"论，认为我们党提出科学发展观和构建和谐社会，是对此前"以经济建设为中心"的纠正，现在要转变为经济和社会"两个中心"或经济、法制、社会、人的全面发展等"多个中心"。还有的人提出用"更具时代价值的可持续发展为中心代替以经济建设为中心"，并认为前者是对后者的"发展和合理的扬弃"。这些观点，在一定程度上淡化了生产力发展的最终决定作用，割裂了经济发展与社会发展的密切联系。坚持以经济建设为中心，是始终不能动摇的，特别是对处于并将长期处于社会主义初级阶段的中国来说，具有至关重要的意义。马克思和恩格斯曾指出，生产力的发展是"绝对必需的实际前提"，否则，就只会有"极端贫困的普遍化"，"全部陈腐污浊的东西又要死灰复燃"。不以经济建设为中心，我们就不能保住改革开放的成果，更谈不上进一步发展了。邓小平在改革开放之初就指出："讲社会主义，首先就要使生产力发展，这是主要的。只有这样，才能表明社会主义的优越性。社会主义经济政策对不对，归根到底要看生产力是否发展，人民收入是否增加。这是压倒一切的标准。"改革开放28年后，发展生产力和发展经济仍然是"压倒一切的标准"。我国经济在连续多年快速增长后，继续保持强劲发展的难度加大，经济发展问题更为复杂和艰巨。新世纪头20年，我们面临着难得的发展机遇，机不可失，稍纵即逝。所以在发展问题上，任何偏离经济建设这个中心的想法和做法，都是背离科学发展观和构建社会主义和谐社会的精神实质的。

另一种倾向是，在科学发展观提出后，各地把社会发展提上了日程，但在实际工作中，一些地方仍然重经济增长特别是GDP增长、轻可持续发展和社会发展。有的人总以为经济发展了，蛋糕做大了，其他社会问题都会自然而然地得到解决。一些领导干部的"政绩观""发展观"仍有偏差，总以为抓经济增长是实的，抓社会发展是虚的，把经济发展和社会发展对立起来，没有充分看到社会发展长期滞后会阻碍经济的长远发展。目前，我国经济与社会发展之间存在很多不协调，公共财政对经济的投入和对社会事业的投入严重不成比例。据联合国开发计划署《2004年人类发展报告》公布的数据，用于教育、卫生保健的公共开支占GDP的比例，在2001年前后，瑞典、丹麦、法国、德国和古巴等国家为13%—15%；加拿大、美国、英国、澳大利亚、日本等国家为10%—12%；俄罗斯、巴西、韩国、泰国等国家为6%—7%；中国为4.5%，甚至低于印度的5%。当然，由于各国国情不同，我们不能把上面的衡量比较标准和数据绝对化，但它们在一定程度上反映出我国经济与社会发展不平衡的问题是较为突出的。全党全社会必须全面落实科学发展观，一方面要聚精会神地搞好经济建设，另一方面要真正把统筹经济社会发展落到实处。其中一项重要的任务，就是制定适合科学发展观要求的政府考核指标体系，引导领导干部树立正确的政绩观，切实转变发展观念，使经济和社会的发展真正造福于全体人民。

二　城乡发展之间的关系

我国是一个农村人口占绝大多数的农业大国。全面建设小康社会，构建社会主义和谐社会，重点和难点都在农村。没有农民的小康，就不会有全国人民的小康；没有农村的稳定，就不会有全国的稳定；没有农村的和谐，就不会有整个社会的和谐。要真正实现构建社会主义和谐社会的目标，必须高度重视和解决城乡之间经济社会的协调发展问题。

当前，"三农"问题已成为影响我国经济社会发展的首要问题，其核心是农民的收入问题。据统计，我国经济快速发展，但城乡差距呈现出不断扩大的趋势。改革开放初期，农村发展快于城市。1978—1984年，农民年人均收入增长16.4%，城市年人均收入增长8%，城乡差距缩小。但此后情况逆转，城乡居民收入差距从1983年的1.8：1扩大到2005年的3.2：1。这个时期城乡居民消费水平之比则由2.5：1扩大到3.6：1。如果将城市职工的工资外的其他收入也计算在内，现阶段城乡居民收入之比在5—6倍。2004年劳动和民政统计年鉴中的数据显示，2003 年城镇劳动者人均社会保障支出为 1765 元，而农村劳动者只有 14 元，城乡差距比例是 126∶1。长期以来，农民较少享受到公共产品和公共服务。城市的公共产品和服务，主要是靠政府投资，而农村则主要靠农民集资，这不符合社会主义的本质和公共财政的要求。目前进城半年以上的农村人口和外地人口多达 1.3 亿人，但他们并不享有同城市居民同等的政治、经济和社会保障等方面的权利。城乡结构越来越不合理，城乡差距越来越大，已成为当今中国发生诸多社会矛盾和问题的主要根源。

统筹城乡发展，在具体政策上，要千方百计增加农民收入，实现农民收入与城镇居民收入大体同步增长；加大政府公共财政投入，为农民提供相对充足的公共产品；加快调整国家投资方向，真正把国家对基础设施建设投入的重点转向农村；逐步建立健全农村社会保障制度；要改革城乡分割的户籍制度，给农民以平等的公民权；取消对农民就业的限制性规定，保障农民工的合法权益；建立城乡统一税制，实现城乡税收义务平等。在总体发展战略上，要全面扎实地推进社会主义新农村建设，坚决贯彻"工业反哺农业、城市支持农村"和"多予少取放活"的方针，建立以工促农、以城带乡的长效机制。按照"生产发展、生活宽裕、乡风文明、村容整洁、管理民主"的要求，全面推进农村的现代化，彻底改变城乡二元经济社会结构。

三　区域发展之间的关系

中国是一个虽然地域辽阔但发展很不平衡的国家，也是世界上区域发展差距最大的国家之一。20 世纪 90 年代以来，我国区域经济发展不平衡的问题日益凸显出来。31 个省市自治区人均 GDP 美元值的相对差异系数要高于世界各国的相对差异系数。据统计，西部 12 个省、自治区和直辖市的土地面积占全国土地面积的71.4%，人口占全国人口的28.6%，但GDP只占全国的17.1%，而东部仅广东一省的GDP就占了全国的11%。西部人均GDP仅相当于东部地区平均水平的40%。有的学者对中部和西部的上海、河南、贵州的人均GDP的变化进行了比较：1990年以来，上海和河南的差距从5.5倍扩大到6.2倍，和贵州的差距从7.3倍扩大到13倍。河南和贵州的差距也在扩大，从1.3倍扩大到2.1倍。地区之间如此大的差别，在国际上是少见的。地区差距问题已成为影响中国未来经济发展、政治变革和社会稳定的最重要的因素之一。

党的十六大以来，以胡锦涛为总书记的党中央站在新的历史起点上，认真总结改革开放20多年来的经验教训，针对我国经济社会发展中存在的突出问题，将协调区域经济发展作为全面建设小康社会的一项重要战略任务。中国共产党十六届三中全会提出科学发展观，把统筹区域发展作为"五个统筹"之一。十六届五中全会从全面建设小康社会、加快社会主义现代化建设的全局出发，完整阐明了促进区域协调发展的总体战略布局，对促进区域协调发展，逐步实现让不同区域的人民共享改革开放的成果和小康社会幸福生活的目标，具有重要的指导意义。十届人大四次会议通过的《国民经济和社会发展第十一个五年规划纲要》则提出了实施区域发展的总体战略。

要顺利实现党和国家提出的区域协调发展的目标，以下几个方面的问题应值得重视：首先，必须正确处理东部地区发展与中西部地区发展的关系。经过改革开放后20多年的发展，东部地区在经济社会发展方面已经取得了很大成就，其投资和发展的软环境要大大优于中西部地区，自我积累、自我发展和自我扩张的能力比较强。但我们必须清醒地认识到，同参与国际市场竞争的需要相比，东部发达地区的竞争力还不强，带动中西部地区发展的能力还不足。因此，在今后相当长一个时期，国家应继续支持和鼓励东部地区加快发展。虽然东部地区要服从国家促进区域协调发展的大局，但决不能以牺牲东部地区的发展为代价去支持中西部的发展。国家应进一步加大财政转移支付和财政性投资力度，支持中西部地区加快发展。要着重向中西部地区提供更多的公共产品，促进这些地区社会事业的发展，逐步提高这些地区人民群众的社会福利水平。

其次，在促进中西部地区发展问题上，必须正确处理市场主导与国家引导的关系。一方面，要坚持把市场作为优化资源配置，最终实现区域协调发展的基础性和主导的力量，健全市场机制，打破行政区划的局限，促进生产要素在区域间自由流动，引导产业转移。另一方面，由于中西部地区发展起步较晚，市场化程度还比较低，自我发展、自我积累的能力还比较薄弱，参与国内和国际市场竞争的能力还不强，因而将中西部地区的发展完全交由市场机制发挥作用是不切实际的。国家必须采取有力措施，努力为中西部地区提供有力的法制保障、政策保障和财政保障，继续对这些地区实行优惠和特殊政策。必须加强东中西部区域间的合作与交流，积极探索和建立健全制度化的区域协调合作机制，形成以东带西、东中西优势互补和共同发展的长效机制。

最后，要实施积极有效的科教发展战略，增强中西部地区的自我"造血"功能。客观地说，中西部地区的自然资源优势只具有相对的意义，而真正制约中部地区崛起和西部地区发展的关键因素，还是这些地区落后的科学教育水平和人力资本的匮乏。为此，国家应在这些地区大力推行科教发展战略，在培养人才、吸引人才等方面做出制度性和政策性的具体安排，逐步提高这些地区的科学教育水平，增强其自我发展的实力和潜力。

四　公有经济与非公有经济的关系

如何处理公有经济与非公有经济的关系，关系到国家经济基础是否稳固，改革的方向是否正确，关系到社会主义现代化建设事业的全局。处理好这一关系，无疑是构建社会主义和谐社会的一项重要任务。在坚持和完善社会主义基本经济制度上，党的十六大报告明确提出两个"毫不动摇"和一个"统一"，即"必须毫不动摇地巩固和发展公有制经济"；"必须毫不动摇地鼓励、支持和引导非公有制经济发展"；"坚持公有制为主体，促进非公有制经济发展，统一于社会主义现代化建设的过程中"。十六届三中全会把"进一步巩固和发展公有制经济，鼓励、支持和引导非公有制经济发展"作为完善社会主义市场经济体制的一项重大任务，并做出了具体部署；十六届五中全会进一步提出了"十一五"时期坚持和完善基本经济制度的重点与要求，强调在科学发展观的指导下，加大国有经济布局和结构调整力度，加快国有大型企业股份制改革、完善国有资产管理体制、大力发展和积极引导非公有制经济等。这表明，我们党对在社会主义市场经济条件下如何处理公有制经济与非公有制经济的关系问题的认识，随着实践的发展而不断深化。

在贯彻落实中央决策过程中，要正确认识和把握如下几个问题：第一，不能把公有制经济和非公有制经济对立起来，看成此进彼退、互不相容的关系。在发展社会主义市场经济过程中，它们可以发挥各自优势，相互促进，共同发展。要从社会主义初级阶段的国情出发看问题，从"统一"的观点看问题。坚持公有制为主体是社会主义社会的本质要求。公有制经济对于发挥社会主义制度的优越性、实现社会公平和共同富裕发挥着中流砥柱的重要作用；社会主义初级阶段生产力水平的相对落后和发展的不平衡，要求必须大力发展非公有制经济，充分调动各方面积极性和利用各种资源，解放和发展生产力。二者都是社会主义市场经济的有机组成部分。第二，要从质和量两个方面全面看待坚持公有制的主体地位。一方面，主要应从提高质量、增强控制力、增强活力、结构优化等方面巩固公有制经济，推进国有企业改革，而不是简单地追求数量和比例。另一方面，质的提高也离不开量的支撑，在深化改革中，国有经济是有进有退，主要是国有资本尽快向能发挥优势的重要行业和关键领域集中，向大企业集中。在调整过程中，国有经济总量和国有资本总量都要继续扩大，国有企业不但要做强，而且还要做大，二者是相辅相成的。另外，还要充分发展多种形式的集体经济，使之成为公有制的重要实现形式。第三，在探索公有制经济多种实现形式的过程中，既要把股份制作为公有制的主要实现形式，又不能把股份制完全等同于公有制。股份制本身是中性的，只是实现所有制形式的一种手段，即它既可以为公有经济服务，也可以为非公有经济服务。判断某种股份制经济是公有还是私有性质，关键要看控股权掌握在谁的手中。第四，推进国有企业和集体企业改革，绝不只是对国有企业和集体企业实施民营化或私有化这一条出路，更不是简单地变卖或低价出售国有资产或集体资产。同样，支持和引导非公有经济的发展，决不能把眼睛紧盯在对国有经济和集体经济实行民营化或私有化上。

五　公平与效率的关系

把市场的经济效率与共同富裕的公平目标结合起来，是落实科学发展观和构建社会主义和谐社会的根本要求。在发展社会主义市场经济过程中，我们党不仅对公平与效率之关系的一般特征有了越来越全面、深刻的认识，而且对我国社会主义初级阶段的特定条件下如何正确处理这一关系积累了许多成功的经验。实践告诉我们，公平与效率之间并不是此消彼长的对立关系，也不是一成不变的。它们互为条件和前提，相辅相成。公平程度的提高能够带来和增进效率，效率水平的提高能够促进和扩大公平。而且它们之间的关系不是抽象的，而是具体的、历史的，在不同的社会制度条件下，在一个国家和地区不同的发展阶段，在不同的经济和社会领域，这一关系具有不同的内容和形式。比如，初次分配不仅仅是效率问题，也包括公平问题；再次分配也不完全是公平问题，也有效率问题。经济竞争领域必然主要讲效率，社会保障领域必然主要讲公平。总之，我们必须辩证地而不是机械地、动态地而不是静止地、具体地而不是抽象地看待和处理公平与效率的关系。

我们党在不同发展阶段对公平与效率关系的处理及决策，都是服从和服务于社会主义的本质和广大人民的根本利益。在改革开放的起步阶段，允许一部分人和一部分地区先富起来，是打破普遍贫穷状态，迅速解放生产力的有力措施。我们也曾提出并坚持"效率优先、兼顾公平"的原则，在一定程度上促进了我国经济的快速增长。但随着生产力的发展和社会财富的增长，就必须把分配公平的问题、共同富裕的问题，作为执政党的中心课题。党的十六大以后，党中央制定采取了一系列措施，如帮助低收入群体增加收入，提高社会保障水平，做出五个统筹发展的决策等。胡锦涛同志在十六届四中全会上的讲话中，明确提出要高度重视收入分配问题，强调要切实维护和实现社会公平，要从法律、制度和政策上努力解决这一问题。十六届五中全会强调要更加注重社会公平，并提出了解决问题的更全面、更具体的措施。

当前注重社会公平问题，具有强烈的现实性和针对性。目前我国不同地区和不同居民之间的收入、消费等差距继续扩大，已成为我国经济社会发展中的突出问题，人们对可能由此引发的社会矛盾激化和社会危机感到忧虑和不安。反映居民贫富差距的基尼系数值，由20世纪90年代中期的0.4上升到2004年的0.47，超过国际通常标准0.4的警戒状态，并以每年0.1个百分点的速度上升。据国务院扶贫办提供的信息，目前全国农村仍有2365万人没有解决温饱问题，处于年收入683—944元的低收入群体还有4067万人，两者合计6432万人。城市也有2000多万人靠领取最低基本生活保障金生活。目前我国城镇居民的金融资产分布状况为，20%富有居民占66.4%，20%低收入居民只占1.3%，为51：1。利益分配机制存在一定程度的扭曲，存在以牺牲弱势群体利益为代价来维护强势群体利益的现象，这与十六大提出的"全面建设惠及十几亿人口的更高水平的小康社会"的目标是相悖的。我们还要看到，当前我国的经济实力和条件，为解决社会公平问题奠定了深厚基础。我国经济持续28年高速增长，2004年的国内生产总值超过13万亿元，人均超过1万元（约1200美元）。2005年的财政收入超过3万亿元。所以当前的一项重大任务，就是在科学发展观的指导下，积极稳妥地解决公平问题，使效率与公平之间的关系更加平衡，更加相互促进，让广大人民群众共享改革和发展的成果，为构建社会主义和谐社会提供良好的经济基础和社会环境。

六　劳与资的关系

在社会主义市场经济条件下建立和谐的劳资关系，是构建社会主义和谐社会的必然要求。在社会主义制度确立后，资本家阶级作为剥削阶级已不存在。在计划经济条件下，劳资关系让位于劳动关系。但在社会主义市场经济条件下，多种所有制和多种分配方式并存，劳资关系再度成为突出的问题。随着社会多元化和利益主体多样化的发展，原来的劳动关系在内容和形式上也发生了很大变化。一方面，社会主义制度下全体人民的根本利益是一致的，劳资矛盾本身不是对抗性的矛盾，而是人民内部矛盾；另一方面，在发展市场经济条件下，在市场规律和收益分配规律的作用下，劳资之间的矛盾以大量具体利益冲突的形式表现出来，如果处理不当，也会激化起来，不利于社会的稳定与和谐。

目前，劳资矛盾成为我国迫切需要解决的一个重要问题。所有制结构变化后，劳资矛盾的主要表现，是企业劳动争议和集体争议事件逐年增加：一是国有企业转制中的矛盾突出；二是中小私有企业、外资企业劳动争议案件居高不下；三是侵犯农民工合法权益的现象比较普遍；四是被征地农民在就业安置后，企业违反协议进行辞退的问题比较突出。造成劳资矛盾突出的原因有：劳动保护法规还不健全，落实不严格有力；劳工缺乏恰当的保护自身权益的手段和渠道；一些地方政府只注重为投资者提供优惠条件，忽视对劳工权益的保护。

正确处理劳资关系，是在社会主义市场经济条件下的一个崭新课题。正视并妥善处理劳资矛盾，平衡劳资利益分配，尤其是处理私营企业中的劳资关系，是极为复杂的工作。要营造劳资和谐氛围，提倡劳资协商、劳资合作和劳资互利；既要尊重和依法保护资方的正当权益，又要尊重和依法保护劳动者的劳动权、劳动所得权和对劳动所得的支配权；要确认进入私营企业中的农民工是工人阶级的组成部分，树立其主人翁地位，以壮大构建和谐社会的阶级基础；要强化政府对劳资关系的监管，建立和健全劳动管理法规，用法律法规来约束、规范非公有经济企业，维护劳动者权益。目前，应尽快加紧制定"劳动合同法""最低工资法"等，修改和完善劳动法、工会法和公司法，增强维护职工合法权益、劳动者共享企业收益和参加民主管理、工会在捍卫劳动者利益方面的义务和责任等内容。

与发达资本主义国家相比，我国维护劳工权利的制度和组织还不够健全。因此，在处理劳资关系问题上，我们要吸收借鉴其他国家的有益做法和经验。但是，我国有自己的国情，不能照抄照搬别国的制度。《中华人民共和国宪法》明确规定：我国是工人阶级领导的以工农联盟为基础的人民民主专政的社会主义国家。这就决定了全体劳动者，不论在公有制经济领域还是在非公有制经济领域，都是国家的主人，而不是资本主义社会中的那种雇佣劳动者。在资本主义国家，劳资关系从本质上说是资本雇佣并剥削劳动的关系，在处理这个关系上，发达资本主义国家在坚持不损害资产阶级根本利益的前提下，采取包括允许部分工人参加企业管理、调整收入分配、发展社会福利等形式，改善劳资关系，缓和阶级矛盾。在社会主义市场经济条件下，妥善处理劳资关系的根本目的，是通过建立良好的生产关系以促进生产力的发展，同时维护劳动者国家主人翁的地位，维护其合法权益，调动其作为中国特色社会主义事业主要依靠力量的积极性和创造性。

七　市场、政府与社会的关系

正确处理政府、市场和社会之间的关系，是建立社会主义市场经济和构建社会主义和谐社会的关键所在。目前在如何处理三者之间的关系及如何发挥它们各自的功能问题上，还存在一些认识和实践上的片面和不足：一是过分强调市场的积极作用，而对市场的消极作用和负面影响认识不足。一些崇信"市场原教旨主义"的人甚至认为，公有部门和政府干预的存在必然导致效率低下，主张政府应卸掉身上的一切包袱，推进私有化进程，把一切都交给市场；认为一切提供公共产品和公共服务的领域，也都可以完全靠市场化来解决。二是模糊和取消政府、市场和社会的边界，对政府、市场与社会的合理责任关系认识不明。三是在实践过程中，政府直接干预微观经济活动过多，政府管理职能越位、缺位和错位的现象仍然存在。四是政府对社会管理和公共服务重视不够，在提供公共产品和公共服务方面存在滞后。五是忽视社会自我管理、自我调节机制的建立和完善，尚未建立起规范的政府与社会关系模式，没有形成政府与社会良性互动的局面。

正确处理市场、政府和社会之间的关系，必须注意把握以下几点：第一，要正确看待市场和市场经济的作用。市场经济是具有效率和活力的经济运行机制和配置资源的形式，无论是在经济利益的驱动、调动人们的积极性和创造性、提高资源配置效率和合理性、提高决策的灵活性和效率、获取市场信息等方面，都具有很强的优势。但是，我们不能陷入"市场万能论"的泥沼。数百年来人类经济社会发展的经验表明，市场经济也存在固有的局限性和功能缺陷，而这些局限性和缺陷是其自身难以克服和消除的。市场经济不是解决所有经济和社会问题的灵丹妙药。第二，要正确认识和把握政府干预的作用。在任何一种社会经济制度下，都不可能没有政府干预和宏观调控。在实际的经济运行中，不论哪一个时代、哪一个国家，都没有绝对"自由的"市场经济。即使在公认成熟发达的市场经济国家，政府在纠正市场失灵和组织市场方面的作用也是不可缺少的。况且，我国是共产党领导执政的社会主义国家，实行的是社会主义市场经济。市场经济是我国经济发展不可逾越的一个发展阶段，但是如果没有政府对市场经济的有效干预，也就不可能建立起符合绝大多数人民利益的社会主义的市场经济。第三，要确立市场与政府之间合理的功能互补关系。在市场作用和政府干预之间，并不存在什么非此即彼的选择，二者应该是有机统一的。充分发挥市场配置资源的基础性作用，并不是否定政府干预的作用或减少政府应当承担的责任。同样，充分发挥政府的作用，并不等于否定了市场的作用。要在充分发挥市场配置资源的基础性作用的前提下，以有效的政府干预弥补市场所固有的缺陷，同时又以市场调节的优势和长处来克服政府干预的不足，实现两者的有机结合。第四，充分发挥社会组织的作用。如上所述，市场不是万能的，有时会失灵。同样，政府干预也不是万能的，也存在失灵的情形。有的学者指出，在市场和政府之间，还有一个区域，是民间的非政府非营利机构活动的区域。现实生活中有一些公共产品和公共服务，可以由民间的、非政府、非营利的机构即依靠社会组织去提供。

培育成熟的、有自治和自制能力的社会，是政府的一项重要任务。政府既要培育社会中介组织，又要坚决做到政府部门与社会中介组织彻底脱钩，切实把社会组织能自主管理好的事情让出去，真正把"不该管、管不了、管不好"的事情交给社会去管理，形成政府与社会之间良好的协作和互动关系。政府必须在宪法和法律的框架内积极引导、鼓励和支持非政府社会组织的发展，充分发挥它们在化解社会矛盾、实现社会稳定、参与社会管理和提供公共产品和公共服务等方面的作用。

八　国内改革与对外开放的关系

统筹国内发展和对外开放，充分利用国际国内两个市场、两种资源，是科学发展观的必然要求，对于构建社会主义和谐社会也具有重要的意义。这是因为，发展中国家在经济全球化迅速发展的条件下对外开放，面临着值得高度重视的经济安全问题，进而也关乎社会稳定和国家主权。一方面，对外开放是发展中国家经济发展的重要条件，在我国则是一项长期的基本国策，一个重大的战略问题。只有继续实行对外开放，中国才能更积极主动地走向世界，提高综合国力和竞争力，早日屹立于世界强国之林。另一方面，经济安全是发展中国家经济健康平稳发展的重要保障。对外开放，并不能自然而然地在国际经济竞争中赢利，也不能保证自身的利益不受到他国的牵制。我国经过近30年的对外开放，极大促进了国内经济社会的发展，但当前也面临着许多突出的矛盾和问题，如经济对外依存度高、利用外资的质量和效益不高、自主创新能力不强、引进的技术层次低、出口产品技术含量少和附加值低、同其他国家的贸易摩擦增多、在激烈竞争中缺乏保护自身利益的有效机制和措施等。此外，国外敌对势力不断散布"中国威胁论"，一些国家和国际组织在某些领域对我实行限制和制裁等，也使我们深化对外开放的任务变得更加复杂和艰巨。

在处理国内发展和对外开放的关系问题上，要反对两种极端倾向。一种是借口维护经济安全、民族利益和国家主权而对继续深化对外开放持怀疑态度，甚至持抵触态度；另一种不考虑经济安全和国家利益，认为中国应毫无保留、毫无条件地融入世界，以暂时的利益牺牲换取长远的繁荣和强盛，甚至还错误地认为单纯依靠引进外资和技术模仿就能实现本国的现代化，轻视自主创新能力的提高，以为跟在发达国家后面亦步亦趋也能变成未来的强国。这两种错误倾向，都割裂了国内发展与对外开放的辩证关系，认为是"鱼与熊掌不可兼得"，把二者对立起来，都是我们要坚决反对的。

一方面，我们要毫不动摇地坚持对外开放这一基本国策，以更大的勇气和信心参与经济全球化，充分利用各种有利的外部条件和机会发展自己，增强我国的国际竞争力，不能因为存在着风险和经济安全问题，就因噎废食，裹足不前。另一方面，我们要高度重视经济安全，善于防范、化解对外开放中的各种不利影响和风险，注重提高对外开放的质量。比如，在不同于对外开放初期的形势和环境下，我们不能再笼统地提"全面开放"，一味追求国门敞开的程度和引进外资的数量和规模。目前，我国外贸依存度已高达60%以上，而美国、日本等国家只有20%。在我国的外贸经济中，有60%以上是加工制造产业。如果这些经济主要控制在外国资本手里，形成对外资的过度依赖，就有可能导致国家宏观调控能力下降，受制于人。再如，加入WTO意味着我国要进一步开放国内市场，但开放国内市场并不意味着一定要给予外资"超国民待遇"。营造平等的法律和制度环境，会比短期的政策优惠甚至损害和出卖国家利益的"优待"更具有长久的吸引力。根据世界银行的测算，假如税收优惠能使中国因此多吸收外资10%，则大约每年吸收30亿美元，而中国则需要付出50亿美元的代价。还有，要将外国直接投资纳入国家外债监管范围，将外债总量压缩到国力可承受的安全范围内，避免对外资的过分依赖，以防止金融危机的发生。要引导外资投资方向，使其有利于缓解我国能源资源紧张的状况和有利于保护环境等。最后，我们要清醒地看到，对外开放的目的是为了促进国内发展，自力更生是我国经济社会发展的内因和决定条件。邓小平同志在改革开放初期的1982年，在同外宾谈我国经济建设的历史经验时曾指出："我国实行经济开放政策，争取利用国际上的资金和先进技术，来帮助我们发展经济……但是，从发达国家取得资金和先进技术不是容易的事情。有那么一些人还是老殖民主义的头脑，他们企图卡住我们穷国的脖子，不愿意我们得到发展。所以，我们一方面实行开放政策，另一方面仍坚持中华人民共和国成立以来毛泽东主席一直倡导的自力更生为主的方针。"独立自主、自力更生，无论过去、现在还是将来，都是我们的立足点，这是我们在继续深化对外开放过程中须臾不能忘记的。

解放思想是实现民族振兴的利器[*]

实现科学发展，必然要求我们以解放思想为先导、以改革创新为动力，在新的思想高度上形成深化改革开放的共识、找到解决问题的突破口，在发展理念、发展思路、发展方式、发展体制上都来一个深刻转变。

今年是改革开放 30 周年。回顾过去 30 年所走过的辉煌历程，我们在为举世瞩目的经济社会发展成就骄傲和自豪的同时，决不应忘记揭开改革开放序幕并始终与改革开放相伴随的新时期思想解放的巨大历史作用。改革开放 30 年的历史，也就是中国共产党人和中国人民不断解放思想的历史。胡锦涛总书记在前不久举行的全党深入学习实践科学发展观动员大会暨省部级主要领导干部专题研讨班上强调指出，解放思想是研究新情况、解决新问题、开拓新局面的重要前提，改革创新是推动各项事业发展的根本动力；改革开放以来我们党在实践上的每一个发展、理论上的每一次创新、工作上的每一点进步，都是坚持解放思想、不断改革创新的结果。在某种意义上说，解放思想是过去 30 年留给我们的比经济社会发展成就更宝贵的财富。对于解放思想或思想解放的作用，我们今天无论给予怎样高的评价都不

————————

* 原载《大地》杂志（时政双周刊，人民日报社主管主办）2008 年第 20 期，题为"继续解放思想，让中华民族的思想活力竞相迸发"，署名"嘉禾"。

过分。

思想解放是人类文明发展进步的不竭动力，是中国改革开放的成功之母。30 年前那场发轫于实践是检验真理唯一标准讨论的思想解放运动，为在中国共产党和中华民族历史上具有划时代意义的十一届三中全会的召开，做了充分的思想和舆论准备。可以断言，如果没有那次席卷中国社会各个领域、触动中国各阶层人民灵魂的思想解放和思想革命，就不可能打破长期禁锢中国人民的"左"的思想枷锁，就没有党的实事求是思想路线的重新确立，就没有改革开放政策的提出和实施，也就没有中国历史发展新时期的到来。同样可以断言，没有随后中国共产党积极倡导和推动的持续而深入的思想解放，就不可能走出一条中国特色社会主义的发展道路，就不可能诞生出邓小平理论、"三个代表"重要思想和科学发展观这三大新的历史时期马克思主义中国化的理论成果，形成中国特色社会主义理论体系。正是靠着一次比一次更彻底的思想解放，我国的改革开放事业才取得今天的巨大成功，经济、政治、文化、社会建设等各个领域才取得今天的巨大成就，从而为国家崛起和民族振兴奠定了深厚的物质和思想基础，使国家的面貌、人民的面貌和党的面貌发生如此深刻的变化。

站在 21 世纪的今天，我们已经难以想象，当年一篇关于实践是检验真理唯一标准的论文，何以在中国政治和意识形态领域荡起如此巨大的波澜？如果不是亲身经历那个年代，有谁能够理解小岗村 18 位几乎生存不下去的农民为包产到户召开"秘密会议"，甘冒杀头和坐牢风险立下"生死状"？有谁能够理解思想解放和改革开放大潮正在中国大地奔涌之时仍有人到马克思的《资本论》中去求解到底雇用几个工人才算剥削的答案以免自己被划入"革命"的对象？

继续解放思想：科学发展的必然选择

改革开放前后 30 年不可相提并论，今后更长时间中国的发展更不能与过去 30 年同日而语。当今世界正在发生广泛而深刻的变化，当代中国正在发生广泛而深刻的变革。我国发展既面临着前所未有的机遇，也面临着前所未有的挑战。过去 30 年，尽管我们取得了举世瞩目的成就，但我国仍然处在并将长期处在社会主义初级阶段，仍然是排名在世界 100 位之后的发展中国家。我们人口多、底子薄，城乡之间、地区之间发展还很不平衡。我们面临的新的矛盾和问题，无论就其复杂性还是解决的难度而言，都是历史上少有的。

邓小平同志晚年曾多次谈到，到了 21 世纪，中国发展起来以后面对的问题要比不发展时的问题更多，矛盾更尖锐、更复杂。如何在继续加快经济发展的同时，不断缩小城乡之间、地区之间、贫富之间存在的差距，在实现共同富裕的目标上取得新的更大的成就；如何在不断解决中国经济发展问题的同时，真正解决社会主义在中国的发展壮大问题；如何随着时代和实践的发展，更进一步地弄清什么是社会主义、怎样建设社会主义以及什么是资本主义、怎样看待资本主义的问题；如何在新的历史条件下，更准确地把握中国共产党执政规律、社会主义建设规律和人类社会发展规律；如何使科学发展观真正落实到党和国家工作的各个领域、各个方面，在保持较高经济增长水平的同时，努力实现全面、协调、可持续的科学发展等，是摆在中国共产党人和中国人民面前的严峻课题。从我们自己的历史中，从经典作家的著作中，不可能找到这些问题的现成答案，从其他国家的发展实践和发展模式中也找不到可资求解的有效参照。面对这些问题，"返祖归宗"、照抄照搬都无济于事，继续解放思想、不断改革创新才是唯一出路。

在近年来党内和理论界对改革开放政策甚至中国发展方向问题频繁提出质疑的形势下，胡锦涛总书记在党的十七大召开前夕提出了四个"坚定不移"的著名论断，其中解放思想位列四个"坚定不移"

之首。胡锦涛同志强调，解放思想是党的思想路线的本质要求，是我们应对前进道路上各种新情况新问题、不断开创事业新局面的一大法宝，必须坚定不移地加以坚持。党的十七大站在新的历史起点上，从发展中国特色社会主义的新目标、新任务出发，郑重提出：解放思想是发展中国特色社会主义的一大法宝；只有继续坚持解放思想、实事求是、与时俱进，勇于变革、勇于创新，永不僵化、永不停滞，不为任何风险所惧，不被任何干扰所惑，才能使中国特色社会主义道路越走越宽广，让当代中国马克思主义放射出更加灿烂的真理光芒。为更好实现党的十七大提出的宏伟蓝图和行动纲领，胡锦涛总书记最近又告诫全党：解放思想必须一以贯之，改革创新也必须一以贯之。实现科学发展，必然要求我们以解放思想为先导、以改革创新为动力，在新的思想高度上形成深化改革开放的共识、找到解决问题的突破口，在发展理念、发展思路、发展方式、发展体制上都来一次深刻转变。在我们迎来改革开放30周年，经济社会发展取得辉煌成就的时候，中央一再强调继续解放思想、深化改革创新并不是偶然的，而是具有很强的现实针对性。

继续解放思想：实现中华民族振兴的利器

30年来，虽然每一次思想解放都有其深厚的实践基础，但鉴于我国特殊的政治体制和文化环境，它们大多是自上而下地倡导和推动的。有不少人以为，解放思想属于思想政治或意识形态领域的范畴，主要是政治家、思想家和理论家的任务，是政治精英、知识精英和社会精英所应担负的职责，与社会大众或普通百姓没有多大关系，或者说社会大众和普通百姓只是处于被动和响应的地位。甚至有人以为，解放思想或思想解放主要是针对担当领导执政使命的中国共产党的，与其他党派或团体没有多少关联。

其实，这是对解放思想或思想解放的误解和曲解。在当代中国，被赋予治国理政大任的是工人阶级和各民族中的优秀分子，但我国是中国共产党领导的人民当家作主的社会主义国家。中国共产党人是彻底的唯物主义者，理当站在思想解放的最前沿；各级领导干部特别是党员领导干部，无疑应该成为思想解放的先锋。然而，仅有这点是远远不够的。我国是一个有着 13 亿人口的发展中大国，只是一部分人甚至只是一少部分人的思想获得了解放，而绝大多数人的思想仍然停留在僵化、落后和保守状态，游离于思想解放的大潮之外，要实现国家的崛起和民族的振兴是完全不可想象的。

我国有着长达两千多年封建社会的传统，没有经历过比较彻底的资产阶级革命的洗礼，没有发生过像欧洲文艺复兴那样大规模的思想解放运动，建立社会主义制度才 50 多年的时间，实行改革开放也不过 30 年。因此，就整个国家和民族而言，在思想观念上还存在较大的惯性和惰性，一些封建时代遗留下来的陈旧落后的思想观念还不同程度地存在，还难以在一个较短的历史时期内消除；与发达资本主义国家相比，我国的经济、科技和教育水平整体还不高。由于这样一些现实的原因，我们在全社会继续解放思想的任务显得尤为艰巨、紧迫和复杂。

邓小平同志早就指出：在党内和人民群众中，肯动脑筋、肯想问题的人愈多，对我们的事业就愈有利。要保证党领导的发展中国特色社会主义的伟大事业具有长久而坚实的思想支撑，就必须把全社会、全民族的思想解放作为继续解放思想的中心任务，使思想解放真正成为亿万人民积极投身和自觉参与的自下而上的行动。完成这一任务，实现这一目标，则必须在全社会大力倡导和培育科学精神、民主精神、批判精神、创新精神和宽容精神，打破一切思想枷锁，扫除一切思想禁区，为思想解放提供强有力的法律和制度保障，让中华民族的一切思想活力竞相迸发，让亿万人民的创新源泉充分涌流。

继续解放思想：破除一切迷信和教条仍是首要任务

30 年改革开放的实践反复证明，破除一切迷信和教条是解放思想最重要的环节。在被称为党的十一届三中全会主题报告和党的新时期思想解放宣言的《解放思想，实事求是，团结一致向前看》的重要讲话中，邓小平同志对教条主义的严重危害进行了如下概括："一个党，一个国家，一个民族，如果一切从本本出发，思想僵化，迷信盛行，那它就不能前进，它的生机就停止了，就要亡党亡国。"邓小平同志的这一告诫，至今仍然具有重大的现实意义。

教条主义是解放思想的大敌，是改革创新的大敌。改革开放虽然已经进行 30 年的时间，但阻碍我们继续前进的仍然是形形色色的教条主义。因此，坚持继续解放思想、不断改革创新，仍然必须把反对教条主义作为我们的主要任务。当前，在我国政治和社会生活领域，主要存在着三种形式的教条主义。

其一，空谈坚持马克思主义，把马克思主义当成供人们顶礼膜拜的神圣教条，不懂得随着时代的变化、形势的发展，结合新的实际，推进理论创新，不断丰富和发展马克思主义。在现实生活中，每当遇到矛盾和问题，一些人要么说"经典作家早就说过"，是因为我们不遵循他们的教导才如此这样；要么说"经典作家没有说过"，我们不能做这个做那个，等等。他们分不清哪些是必须长期坚持的马克思主义基本原理，哪些是需要结合新的实践丰富和发展的理论判断，哪些是必须破除的对马克思主义的教条式的理解，哪些是必须澄清的附加在马克思主义名下的错误观点。一些人采取"我注六经"或"六经注我"的方式，根据自己的"需要"任意剪裁经典作家的论述，或牵强附会现实社会生活与经典作家论述之间的关系；一些人把经典作家在特定历史条件下对社会主义和资本主义的阶段性认识当成他们关于社会主义的"最后结论"和对资本主义的"终极判决"，不知道随着时代的变迁和历史条件的变化，无论社会主义还是资本主义，其内容和形式也都发生了新的变化，都有一个要深入研究和重新认识的问题，等等。

其二，食洋不化，言必谈外国，迷信其他国家特别是西方发达资本主义国家的主流意识形态、政治制度、发展模式和政策主张，分不清哪些是属于人类文明共同成果的东西而应结合中国实际加以吸收和借鉴，哪些是植根于特定文化和制度环境中的东西而不能采取简单的"拿来主义"态度照抄照搬，哪些是反映资本主义本质属性和垄断资产阶级根本利益的东西而必须加以剖析和批判。一些人主张中国必须融入"世界文明的大潮"，认为只有西方的那一套政治经济制度才能发展中国；一些人先验地认为经济发达国家的体制机制就是当下世界最先进的，我国应该引进相应的体制机制或与其"对接"；一些人认为，中国完全可以根据政治经济体制或历史文化传统上的"相似性"，移植和请进其他国家的"成功"发展模式；一些人以为传统马克思主义和我们中国自己的概念和范畴体系对于目前的现实生活不再具有适应性、科学性，因而"洋话连篇"，满口西方概念和话语，等等。

其三，食古不化，对传统文化缺少批判和反思精神，以为凡是祖宗讲的就都是对的，凡是本民族的都是好的，分不清哪些是传统文化的精华应当继承和发展，哪些是带有浓重封建色彩的糟粕应该坚决拒斥。一些人认为，只有中国传统的东西才是中国最需要的，马克思主义和其他理论学说都是外来的，都不能根本解决中国的问题；一些人认为，中国共产党的先驱者领导的"五四运动"是对中国传统文化的反动，十月革命送来的马克思主义造成了中国文化的断裂；一些人认为，应该把儒家学说确立为中国传统文化的主体，确立为中国的国教，把孔子奉为儒教的教主；一些人认为，当下中国最需要做的是用儒家学说"儒化"中国社会,"儒化"中国共产党;一些人打着弘扬"国学"的旗号,主张大中小学生都应当向孔子和"传统文化"行跪拜礼,把诵读四书五经作为他们的第一课;一些人甚至主张改变目前教育体制,恢复旧时代的私塾,让学生穿戴旧时的学服,用旧时的课本,奉行旧时的师道尊严,等等。

解放思想就是实事求是,它要求我们在马克思主义的指导下,打破落后的传统观念和主观偏见的束缚,研究新情况,建立新体制,解决新问题;就是要反对思想僵化和因循守旧,使思想和实际相符合、主观和客观相符合。继续解放思想,推进党和国家各项事业不断从胜利走向胜利,同样要求我们根据时代的变化和实践的要求,更加自觉地把思想认识从那些不合时宜的观念、做法和体制的束缚中解放出来,从对马克思主义的错误的和教条式的理解中解放出来,从主观主义和形而上学的桎梏中解放出来。破除一切迷信,反对一切形式的教条主义,是坚持马克思主义指导地位的必然要求,也是继续解放思想的首要任务。

解放思想:永远没有休止符

社会实践没有止境,解放思想未有穷期。解放思想是一项永不休止的伟大工程,是人类历史发展的一个永恒主题。在一定意义上说,一部人类发展史就是思想不断解放的历史。解放思想既不可能成于一朝一夕,也不可能一劳永逸,更不可能一帆风顺。在一定历史阶段,无论任何人,无论任何国家、民族或政党,都不能声称已经完成思想解放的任务,都不能安享一定历史时期思想解放的阶段性成果。实践、认识,再实践、再认识,循环往复以至无穷,是人类认识客观世界的普遍规律。过去思想解放,不等于今天思想解放;今天思想解放,明天有可能陷入保守;在这个问题上思想解放,在那个问题上可能思想落后。实践常新,生活常新。在现实生活中,通常是旧的矛盾和问题解决了，又出现新的矛盾和问题。只有毫不动摇地坚持解放思想，才不会被抛在时代和实践的后面。

解放思想只有不彻底、不充分、不及时的问题，而永远不会有所谓"过度"和"过头"的问题。邓小平同志曾经指出，在一切工作中要真正坚持实事求是，就必须解放思想，认为解放思想已经到头了，甚至过头了，显然是不对的。解放思想，必须坚持马克思主义的指导地位，坚持中国特色社会主义道路和中国特色社会主义理论体系，坚持中国的根本政治制度和基本政治制度，坚持以解决中国的问题为中心，否则就不是真正的解放思想。借口解放思想，动摇马克思主义和中国特色社会主义理论体系的指导地位，以西方或古代某些学说取而代之；动摇中国根本和基本的政治经济制度，以西方的政治经济制度取而代之等等，就不是解放思想，也不是什么"过头""不过头"的问题了。

我们完全可以想象，在中国共产党领导下，坚持继续解放思想、不断改革创新，使整个中华民族的思想活力竞相迸发，中华大地的创新源泉充分涌流，那对已经站在新的历史起点之上的中华民族来说，将会迎来怎样一种让世界和人类震撼的局面！

科技发展的伦理约束和科学家的
道德责任[*]

科技发展史特别是现代科技发展的历史表明，科技发展中的"二律背反"不可能单靠科技自身的发展来解决。在这方面，科技决定论（实际上是一种宿命论）被证明是错误和有害的。科技不会自动造福于人类，要使科学造福于人类的目标真正实现，"人类必须把对科学技术的运用置于正确的伦理控制之下。否则，科学只能成为把我们推向灾难深渊的帮凶"①。

一　科学家的伦理责任

第二次世界大战以后，有不少科学家或科学家团体对连续发生的一系列重大科技事件给人类社会造成的影响尤其是它们的负面影响，以及科学家所应承担的道德责任进行了反思。著名科学家 M. 波恩说："在科学的作用和科学道德方面已经发生了一些变化，使科学不能保持我们这一代所信仰的为科学本身而追求知识的古老理想。我们

---

　　* 原载《道德与文明》杂志 1999 年第 1 期。
　　① 范虹：《一柄悬在人类头顶的达摩克利斯剑》，《湘潭大学学报》（哲学社会科学版）1997 年第 5 期。

曾确信这种理想决不能导致任何邪恶，因为对真理的追求就是善的，那是一个美梦，我们已经从这个美梦中被世界大战惊醒了，即使是睡得最熟的人，在第一颗原子弹掉在日本城市里时也惊醒了。……我虽然没有参加把科学用于像制造原子弹和氢弹那样的破坏性目的，但我感到自己也是有责任的。"① 波恩这里所说的"责任"，无疑是伦理或道德的责任。1931 年爱因斯坦曾对从事科学研究的青年人说："如果你们想使你们一生的工作有益于人类，那么，你们只懂得应用科学本身是不够的。关心人的本身，应当始终成为一切技术上奋斗的主要目标。……在你们埋头于图表和方程式时，千万不要忘记这一点。关心怎样组织人的劳动和产品分配这样一些尚未解决的重大问题，用以保证我们科学思想的成果会造福于人类，而不能成为祸害。"②

伟大的人道主义者施维泽尔讲过："道德就是对一切有生命的东西所负有的无限责任。面对生命，首先是面对人的生命，虔诚的道德应当主要是提高人的责任心。文明人的理想不是别的，正是在任何条件下都能保持真正人性的人们的理想。"③ 这就是当面临科学需要和人性需要的冲突时应当做出的抉择。

弗里曼·J. 戴森先生在为他的《宇宙波澜》一书中文版撰写的序言（"科学·浪漫·人文关怀"）中说，科学家是有责任的，而且，"我们该负的责任，其实比我们大多数愿意承担的多"④。为此，他认为书中应该增加一个章节来探讨科学的伦理，尝试解答科学为什么未

---

① ［德］M. 波恩：《我的一生和我的观点》，李宝恒译，商务印书馆 1979 年版，第102 页。

② ［美］爱因斯坦：《要使科学造福人类，而不成为祸害——对加利福尼亚理工学院学生的讲话》，《爱因斯坦文集》第三卷，许良吴、赵中立、张宣三编译，商务印书馆 1979 年版，第 73 页。

③ 转引自樊小贤《从伦理视角审视"克隆技术"》，《人文杂志》1998 年第 2 期。

④ ［美］F. J. 戴森：《宇宙波澜——科技与人类前途的自省》，邱显正译，生活·读书·新知三联书店 1998 年版，第 4 页。

能给人类带来允诺的益处的原因。他还认为，"我们的原则是'科学第一，人类优先'，知识带来责任，因此我们无法自外于政治；我们为自己坚信的正义真理放手一搏。然而，就像弥尔顿一样，我们失败了……夫复何言？"①

关于科学家的道德责任与义务的选择问题，在西方科学家中曾存在三种态度：一是认识到自己的道德责任，但对科学技术给人类社会生活带来的负面影响感到无可奈何；二是不承认科学家有道德义务和道德责任，科学技术被用于何种用途与科学家无关；三是认为科学家不仅在科学研究中负有道德责任，而且还有义务使科学造福于人类社会。随着科学技术发展自身矛盾性的日益突出，第三种态度日益被大多数科学家接受。1948 年世界科学工作者联合会通过的《科学家宪章》突出强调科学家个人或团体对于科学、社会和世界应尽的责任。1949 年，国际科学协会联合理事会第五次大会通过的《科学家宪章》对科学家的责任和义务作了更详细的规定，明确提出科学家要保持诚实、高尚、合作的精神，防止对科学的错误利用，重视与发展科学技术所具有的人性价值。科学家的道德责任和义务概念现在成了一个"主要的伦理问题"②。

二 科学家应是道德典范

其实，在高科技迅速发展的现代社会，不是科学家应负道德责任与否的问题，而是如何做时代的道德典范的问题。德国哲学家费希特早就指出，科学家对人类文明起着极为重要的作用，因而应该是道德

---

① ［美］F. J. 戴森：《宇宙波澜——科技与人类前途的自省》，邱显正译，生活·读书·新知三联书店 1998 年版，第 8 页。
② 宝兴：《现代西方科技伦理思想》，载《道德与文明》1997 年第 4 期。

的榜样、"他的时代道德最好的人""代表他的时代可能达到的道德发展的最高水平"。"如果最优秀的分子丧失了自己的力量，那又用什么去感召呢？如果出类拔萃的人都腐化了，那还到哪里去寻找道德善良呢？"①

我们应该不会忘记日本奥姆真理教投放沙林毒气案。在这个教派之中，有不少人毕业于名牌大学，有些可称得上是科学家了。但他们所从事的却是邪恶的刽子手勾当。在美国的"天堂之门"邪教团体中，有不少是从事网络设计的专家。在世界上从事恐怖活动的许多团体中，也有不少具有较高学术水平的"科学家"存在。当然，我们不排除社会等方面的因素，但是，我们完全可以说，对于一个科学家或科学研究者来说，德性的堕落比什么都可怕。

三 科学的"纯粹"与技术的"中立"

关于科学"纯粹"和技术"中立"的理论似乎具有表面的"合理性"，也可能出自某些希望解脱科学家们的人的好心。在这些人看来，科学与技术似乎是不沾染任何杂质的，即使是我用你研究出来的科研成果和技术干了天下何等坏事，甚至灭绝种族和人类（即使创造这一成果和技术的科学家也在其列），与你也没有什么关系。但是，我们要说的是，如果你承认自己是作为人而存在的，是在社会中生活的，是在共同体之内的，那么这里说的"纯粹"或"中立"就是不成立的。科学技术是人来研究并应用于人的。E. 舒尔曼指出，这种逃避责任的办法，对于人类来说将是致命的。"如果这种情况导致了灾难性后果——比如说某个醉心权力的独裁者释放了原子弹——技术

---

① ［德］费希特：《论学者的使命人的使命》，梁志学、沈真译，商务印书馆1984年版，第45页。

中人无疑就会把这些后果归咎于非人格化的因素和力量，或者以其他方式推卸责任，也许是把这种灾祸归咎于技术之外的人们，责备他们滥用了技术这种中性的工具。"①

唐纳德·布林克曼在《人类与技术》一书中强调了关于技术中性观念的危险，认为"这种观念在实际上把恰好属于技术的意义中性化的同时，也显示了技术工作中的一种致命的不负责任，并且使得现代技术发展的全部可怕后果都被归咎于其他的因素"。

实际上，在当今时代，任何一个科学家都不可能是"纯粹的"数学家、生物学家或物理学家。由于现代科学技术发展的矛盾特点，如果对自己的研究可能给人类社会造成的影响采取漠不关心的态度，则无异于犯罪。狄尔鲍拉夫提出过这样一个问题："人类逐渐向其能力所及的领域扩展，这种时候应考虑的问题是：凡是人'能够做到的事，做什么都可以'吗？是不是要限制人类的任性和放纵？是不是要有一个类似行动指南的规范？如果回答是肯定的，那就意味着技术性行为要受道德原则的支配。"②

---

① ［荷］E. 舒尔曼：《科技文明与人类未来》，李小兵等译，东方出版社1995年版，第360页。

② ［日］池田大作、［德］狄尔鲍拉夫：《走向21世纪的人与哲学》，宋成有等译，北京大学出版社1992年版，第339—340页。

树立科学的马克思主义观[*]

马克思主义是我们立党立国的根本指导思想，是社会主义意识形态的灵魂。坚持和巩固马克思主义指导地位，是党和人民团结一致、始终沿着正确方向前进的根本思想保证。坚持和巩固马克思主义指导地位，要求我们首先搞清楚"什么是马克思主义、怎样对待马克思主义"这一重大问题，树立科学的马克思主义观。

毫不动摇地坚持马克思主义的立场、观点和方法

毛泽东同志曾经说过，我们研究马克思列宁主义，"就要能够真正领会马克思列宁主义的实质，真正领会马克思列宁主义的立场、观点和方法"。树立科学的马克思主义观，应着重掌握和毫不动摇地坚持马克思主义的立场、观点和方法。做到这一点，就抓住了马克思主义最本质的东西。

坚持马克思主义的立场，牢固树立群众观点。胡锦涛同志指出："马克思主义政党的一切理论和奋斗都应致力于实现最广大人民的根本利益，这是马克思主义最鲜明的政治立场。"马克思主义是源于实践、扎根人民的科学理论。马克思主义经典作家认为，人民群众是历史的创造者，是真正的英雄，是推动社会发展的决定性力量。坚持马

---

* 原载《人民日报》2009 年 10 月 15 日，署名"中国社会科学院课题组"，执笔人姜辉、王卫东、赵培杰。

克思主义的立场，就是要坚持人民主体地位，就是要代表最广大人民的根本利益。80多年来，我们党始终坚持全心全意为人民服务的根本宗旨，坚持相信人民、依靠人民、为了人民，坚持把实现好、维护好、发展好最广大人民的根本利益作为一切工作的出发点和落脚点。所有这些，都是坚持马克思主义立场具体而生动的体现。

坚持马克思主义的观点，着力掌握基本原理。马克思主义是被实践证明了的科学理论，它深刻揭示了自然界、人类社会和人的思维发展的客观规律。比如，关于生产力和生产关系、经济基础和上层建筑关系的原理，关于资本主义必然灭亡、共产主义必然胜利的原理，关于阶级、政党、国家的原理，关于社会进步与人的全面发展的原理等，都科学反映了事物发展的根本规律，正确揭示了历史发展的必然趋势。虽然时代在不断发展，但马克思主义的基本原理永远不会过时，我们必须毫不动摇地予以坚持。同时也要看到，马克思主义的基本原理只是为人们的实践活动提供了指导思想和原则方法，而不可能提供解决一切问题的现成答案。这就要求我们始终坚持解放思想、实事求是、与时俱进，不断推进马克思主义基本原理同本国具体实际相结合，在实践中不断丰富和发展马克思主义。

坚持马克思主义的方法，正确运用唯物辩证法。马克思主义不仅是科学的世界观，而且是科学的方法论。唯物辩证法是马克思主义的根本方法，为我们认识世界和改造世界提供了有力的思想武器。在80多年的奋斗历程中，我们党正确运用唯物辩证法这一思想武器，创造性地提出了一切从实际出发，坚持走群众路线，分清主流和支流，统筹兼顾、全面安排等观点和方法，推动了革命、建设、改革事业的不断发展。胡锦涛同志在纪念党的十一届三中全会召开30周年大会上的重要讲话中指出："30年来，我们在一个十几亿人口的发展中社会主义大国取得的摆脱贫困、加快现代化进程、巩固和发展社会主义的宝贵经验，闪耀着马克思主义的真理光芒，是辩证唯物主义和历史唯物主义的胜利。"正确运用唯物辩证法，要求我们从事物的运动变化、内在矛盾及相互联系的各个方面出发观察和分析问题，在对立中把握统一、在统一中把握对立，坚持矛盾普遍性与特殊性的统一，坚持两点论与重点论的统一；要求我们正确认识现象与本质、形式与内容、偶然与必然、原因与结果、可能与现实等一系列基本范畴和基本关系。

始终着眼于马克思主义理论的运用和发展

《共产党宣言》发表以来160多年的历史证明：马克思主义只有与本国国情相结合、与时代发展同进步、与人民群众共命运，才能焕发出强大的生命力、创造力、感召力。在新的时代条件下坚持和发展马克思主义，必须坚持以我国改革开放和社会主义现代化建设的实际问题、以我们正在做的事情为中心，着眼于马克思主义理论的运用，不断赋予当代中国马克思主义鲜明的实践特色、民族特色、时代特色。

以实际问题为中心，突出实践特色。马克思主义从来不是象牙塔中的学问，而是具有鲜明的实践性。历史经验表明，孤立地、静止地、教条地研究马克思主义，把马克思主义同实践割裂开来、对立起来，离开本国实际谈论马克思主义，把马克思主义经典作家的个别结论神圣化，是毫无出路的。党的十一届三中全会以来，我们党始终立足改革开放和社会主义现代化建设的实际，以巨大的政治勇气和理论勇气，不断推进实践基础上的理论创新，创造性地探索和回答了什么是马克思主义、怎样对待马克思主义，什么是社会主义、怎样建设社会主义，建设什么样的党、怎样建设党，实现什么样的发展、怎样发展等重大理论和实际问题，形成了中国特色社会主义理论体系，奠定了中国特色社会主义伟大实践的理论基石。在新的历史起点上，我们应自觉坚持以马克思主义为指导，以实际问题为中心，在实践中不断回答新问题、总结新经验、形成新结论，推动中国特色社会主义事业蓬勃发展。

与具体国情相结合，突出民族特色。马克思主义是真理、是科学，具有普遍指导意义。然而，由于各个国家的具体国情不同，对马克思主义的应用也就不尽相同。正如列宁所指出的，马克思主义基本原理的应用，在英国不同于法国，在法国不同于德国，在德国又不同于俄国。要发挥马克思主义对我国实践的指导作用，必须使之同我国的具体国情紧密结合起来，同中华民族的文化特质、思维模式、价值取向等结合起来。这就要求我们大力推动马克思主义中国化：一方面，用马克思主义之"矢"射中国实际之"的"，把马克思主义基本原理应用于中国的具体环境和特殊条件，形成适应中国国情、能够解决中国现实问题的中国化马克思主义；另一方面，运用通俗易懂、为人民大众所喜闻乐见的表达形式传播马克思主义，推动马克思主义的民族化和大众化，形成具有中国特色、中国气派、中国风格的中国化马克思主义。

解答时代课题，突出时代特色。每个时代都有属于它自己的课题。只有准确把握和解决时代提出的课题，才能不断推动人类社会发展进步。马克思列宁主义、毛泽东思想、邓小平理论、"三个代表"重要思想以及科学发展观等重大战略思想，正是在回答和解决自己时代所面临的历史性课题的过程中得以形成并不断发展的。当前，我国发展正处在一个新的历史起点上：放眼全球，和平、发展、合作成为世界潮流，经济全球化和世界多极化深入发展，各种思想文化交流交融交锋呈现新特点；纵观国内，进入新世纪新阶段，我国经济社会发展呈现一系列新的阶段性特征，人们的思想困惑日益增多，前进道路上还面临不少新课题新挑战。这就要求我们运用马克思主义的立场、观点和方法，科学分析当今时代的新特征、新变化，努力回答改革发展中的重大理论和实际问题。

坚持和发展中国特色社会主义理论体系

改革开放以来，我们党始终坚持马克思主义思想路线，自觉把思想认识从那些不合时宜的观念、做法和体制的束缚中解放出来，从对马克思主义的错误的和教条式的理解中解放出来，从主观主义和形而上学的桎梏中解放出来，不断推进马克思主义中国化、时代化、大众化，实现了马克思主义基本原理同中国具体实际和时代特征相结合的新的历史飞跃，形成了中国特色社会主义理论体系。在当代中国，坚持中国特色社会主义理论体系，就是坚持马克思主义。树立科学的马克思主义观，必须坚持和发展中国特色社会主义理论体系。

坚持和发展中国特色社会主义理论体系，要求我们深刻把握其科学内涵和精神实质。中国特色社会主义理论体系是当代中国共产党人在改革开放和社会主义现代化建设的伟大实践中，在总结我国社会主义建设正反两方面历史经验和改革开放以来的新鲜经验、借鉴其他社会主义国家兴衰成败的经验教训的基础上逐步形成和发展起来的，是马克思主义中国化最新成果，是引领中国发展进步、实现中华民族伟大复兴的正确理论。这一理论体系，从纵向上说，包括邓小平理论、"三个代表"重要思想以及科学发展观等重大战略思想；从横向上看，涵盖了党和国家事业的各个方面，涉及经济建设、政治建设、文化建设、社会建设和党的建设以及国防和军队现代化建设、祖国统一、国际战略和外交工作等各个领域，包括中国社会主义发展道路、发展阶段、根本任务、发展动力、外部条件、政治保证、战略步骤、党的领导和依靠力量等一系列重大问题，是一个科学、严整的理论体系。我们应从历史与现实相结合、理论与实践相结合的角度，全面、深入、系统地学习和掌握这一科学理论体系。

坚持和发展中国特色社会主义理论体系，要求我们深入贯彻落实科学发展观。科学发展观是中国特色社会主义理论体系的最新成果，是我国经济社会发展的重要指导方针，是发展中国特色社会主义必须坚持和贯彻的重大战略思想。当前，深入贯彻落实科学发展观，就是对马克思列宁主义、毛泽东思想最好的坚持和发展，就是对邓小平理论和"三个代表"重要思想最好的坚持和发展。从理论上看，科学发展观继承和发展了党的三代中央领导集体关于发展的重要思想；从实践上看，科学发展观是立足我国社会主义初级阶段的基本国情、总结我国发展实践、借鉴国外发展经验、适应新的发展要求提出来的。因此，深入贯彻落实科学发展观的过程，就是把马克思主义基本原理同中国特色社会主义伟大实践相结合的过程，就是在新的历史起点上坚持和发展中国特色社会主义理论体系的过程。

坚持和发展中国特色社会主义理论体系，要求我们继续解放思想，不断推动理论创新。解放思想是我们党带领人民取得革命、建设、改革胜利的一大法宝，也是贯穿中国特色社会主义理论体系的灵魂。只有坚持解放思想，才能使思想始终跟上时代和实践的变化，及时回答改革开放和社会主义现代化建设中的问题；只有解放思想，才能在继承前人的基础上又突破前人，不断推动理论和实践创新。当前，我国改革发展正处于关键阶段，新情况新问题层出不穷。这就要求我们继续解放思想，不断研究新情况、解决新问题、积累新经验，不断深化对中国特色社会主义建设和发展规律的认识，不断丰富中国特色社会主义理论体系的内涵，努力开拓中国特色社会主义更为广阔的发展前景。

什么是中国人民所需要的民主[*]

建设中国特色社会主义民主政治，是中国共产党和中国人民长期的奋斗目标。早在改革开放之初，邓小平同志在谈到民主问题时，就主要强调两个方面：一是纠正"文化大革命"时期的错误，"采取各种措施继续努力扩大党内民主和人民民主"，"没有民主就没有社会主义，就没有社会主义的现代化"；二是强调必须向人民讲清楚什么是中国人民所需要的民主。改革开放 30 多年来，中国特色社会主义民主政治建设，就是遵循这样的原则，既始终坚持正确方向，又坚定不移地推进。胡锦涛同志在党的十七大报告中提出，"社会主义愈发展，民主也愈发展"。同时强调，"深化政治体制改革，必须坚持正确政治方向，以保证人民当家作主为根本"。党的十七届四中全会提出"坚持以党内民主带动人民民主"的任务，也鲜明提出要划清中国特色社会主义民主同西方资本主义民主的界限。这是我们党面对国际国内新形势，坚定不移地发展中国特色社会主义民主政治的必然要求。

坚持四个基本观点

马克思和恩格斯曾经指出："民主是什么呢？它必须具备一定的

---

* 原载《中国社会科学报》2010 年 6 月 3 日，署名姜辉、赵培杰。

意义，否则它就不存在。因此，全部问题在于确定民主的真正意义。"① 马克思主义关于民主问题的几个基本点，今天仍有着重要的现实指导意义。

一是民主的阶级性。民主不是纯粹的、抽象的、绝对的，它作为一种国家制度和政治制度，以及作为意识形态，属于上层建筑的范畴，归根到底是由一定的经济基础所决定。列宁说过："马克思主义者却决不会忘记提出这样的问题：'这是对哪个阶级的民主？'"② 社会主义民主，实质和核心是人民当家作主，同资本主义民主有着根本性质的不同，同时也是对资本主义民主的继承、扬弃和超越，是更高类型的民主形态。中国特色社会主义民主，坚持马克思主义民主理论与中国实际和时代特征相结合，是中国最广大人民根本利益的集中反映。

二是民主的目的性。民主是形式与目的的结合，目的决定形式，形式为目的服务。比如竞选、选举，是形式和方法，而不是目的。在阶级社会里，从来没有超越阶级利益的选举。有的人认为，只要是经过选举的，就是好的，就是合理合法的，经过普选的制度，就是好的制度。这种认识混淆了形式和目的，或者是只顾形式，不看目的。西方一些人士推崇或推销西方民主的一种方法，就是将形式与目的分离，只片面论证形式的绝对性，把形式说成目的本身。一些发展中国家和地区，在一些西方国家的鼓动或引诱下，不顾自己的国情以及经济社会条件，盲目按照西方的"民主程序"实行竞选、政党无原则争斗、全民公决甚至街头政治不断，并认为这就是向"民主社会"

---

① 马克思和恩格斯：《新莱茵报。政治经济评论"第4期上发表的书评"》，《马克思恩格斯全集》第7卷，人民出版社1959年版，第304页。

② 列宁：《无产阶级革命和教徒考茨基》，《列宁选集》第3卷，人民出版社1995年版，第590—591页。

过渡，甚至相信一些人鼓吹的所谓"必要的民主成本"。这种不顾目的和内容、只有形式和程序的"民主"，是我们坚决反对的。

三是民主的差异性。每个国家的政体一方面受国体所制约，另一方面又由各自的实际条件所制约，所以民主制度和体制也千差万别。西方政体上有君主立宪制和民主共和制，共和制下还有总统制、内阁制等。同样实行代议制和政党轮流执政，英国实行的是君主立宪制，美国是民主共和制；同样是民主共和制，美国是总统制，法国是半总统半内阁制，瑞士是委员会制。社会主义民主的制度和道路也有各自的特点和多样性。

四是民主的有效性。一个国家究竟选择什么样的民主制度，要看它的有效性。对于资本主义民主来说，其有效性是能够维护资产阶级的统治。如果人民争取真正民主的斗争触犯了统治阶级的根本利益，对统治阶级的利益和地位构成挑战时，资产阶级国家就会千方百计压制、取消这样的民主。毛泽东同志在20世纪40年代末评论西方民主的时候，就认为西方的法西斯政府实行专制独裁，是取消人民的真正民主，"取消了或者索性不用那片资产阶级内部民主的幕布，是因为国内阶级斗争紧张到了极点，取消或者索性不用那片布比较地有利些，免得人民也利用那片布去手舞足蹈"[1]。而社会主义民主的有效性，就是要看是否适应本国条件，符合本国实际，有利国家发展，造福本国人民。在当代中国，适合国情、有利于人民当家作主、有利于社会稳定和谐发展、有利于国家统一的民主制度，就是有效的，就是好的；脱离国情、脱离实际，背离广大人民的根本利益，造成经济停滞、社会动荡、民族分裂、危害国家统一和安全的，就是有害的，是绝对不能采用的。

---

[1]　毛泽东：《为什么要讨论白皮书》，《毛泽东选集》第4卷，人民出版社1991年版，第1503页。

破除三种错误认识

破除"民主万能论"。一些人言必称"民主",把一种抽象的民主说成是推动经济发展、解决社会问题的灵丹妙药。一些人总结"经验",说举凡民主制度发展成熟的国家和地区,也就是经济发达的国家和地区,同时也是国内矛盾缓和、社会长期稳定的国家和地区。美国等发达资本主义国家就把"民主国家无战争""民主国家经济持续发展"等作为向别国尤其是发展中国家推销西方资本主义民主的重要说辞。"民主万能论",实质上是"西方资本主义民主万能论"。

破除"民主永恒论"。马克思主义认为,民主是具体的、历史的,从来不存在超越具体历史阶段、永恒不变的所谓"终极民主",民主作为一种国家制度、国家形态,作为一种政权组织形式,将随着国家的消亡而消亡。在未来共产主义社会,人们将建立起真正意义的民主管理制度,但那时的民主制度将完全失去阶级社会中国家政治制度的性质。到那时,民主将成为人们的一种生活习惯,将成为社会的一种生活方式,这意味着民主将因此作为政治范畴而消失。

破除"民主普世论"。"普世价值论"是美国等发达资本主义国家运用政治、经济、军事、文化等手段推销其社会政治制度和价值观的重要战略之一。实际上,一个国家实行什么样的民主政治,选择什么样的民主发展道路,是由这个国家的国情和国家性质决定的。采取"拿来"和"移植"的办法行不通,生搬硬套会造成严重后果。当前,西方大国策动的"颜色革命"纷纷褪色,美国主导的"大中东民主计划"几近溃败。这一系列现实说明,"民主普世论"经不起现实的碰撞。

明确什么是中国人民所需要的民主,是坚定不移地走中国特色社会主义民主政治发展道路的重要前提。在新的历史起点上,中国共产党人和中国人民有信心、有能力把中国特色社会主义民主建设好、发展好,对世界政治文明发展和人类进步做出更大的贡献。

树立科学的马克思主义民主观*

　　建设中国特色社会主义民主政治，是我国社会主义政治文明建设的重要内容，是中国共产党和中国人民所面临的一项长期而艰巨的历史任务。早在改革开放之初，邓小平同志就曾强调，中国的民主问题主要包含两个方面：一是纠正"文化大革命"时期的错误，"采取各种措施继续努力扩大党内民主和人民民主"，"没有民主就没有社会主义，就没有社会主义的现代化"①；二是强调必须向人民讲清楚，什么是中国人民所需要的民主。"中国人民今天所需要的民主，只能是社会主义民主或称人民民主，而不是资产阶级的个人主义的民主。"② 他还说："我们实行的是社会主义民主，不是资本主义民主。"③

　　改革开放 30 多年来，中国特色社会主义民主政治建设，就是遵循这样的原则，既始终坚持正确方向，又坚定不移地推进。民主是社会主义的本质要求和内在属性。胡锦涛同志在党的十七大报告中明确提出："社会主义愈发展，民主也愈发展。"他同时强调，"深化政治

　　* 原载《政治学研究》2010 年第 3 期，署名姜辉、赵培杰。
　　① 《邓小平文选》第 2 卷，人民出版社 1994 年版，第 168 页。
　　② 同上书，第 175 页。
　　③ 同上书，第 256 页。

体制改革，必须坚持正确政治方向，以保证人民当家作主为根本"。党的十七届四中全会提出"坚持以党内民主带动人民民主"，要求全党同志划清中国特色社会主义民主同西方资本主义民主的界限。这是我们党面对国际国内新形势，坚定不移地发展中国特色社会主义民主政治的必然要求。我们认为，划清界限，推进民主，首先要牢固树立科学的马克思主义民主观。

一　正确把握认识民主问题的几个基本点

要正确认识民主问题，首先必须弄清民主的真正含义。正如马克思和恩格斯曾经指出的："民主是什么呢？它必须具备一定的意义，否则它就不存在。因此，全部问题在于确定民主的真正意义。"① 时代背景不同，现实条件不同，利益和立场不同，对于民主的看法和态度也就不同。马克思主义是指导中国特色社会主义事业的理论基础，马克思主义的民主理论，是正确认识民主的性质、目的、内容、形式和意义的指南，对于发展中国特色社会主义民主政治有着极为重要的现实指导意义。从我国实际出发，稳步推进社会主义民主政治建设，要求我们必须准确把握马克思主义关于民主问题的几个基本点。

一是民主的阶级性。民主不是纯粹的、抽象的、绝对的，它作为一种国家制度和政治制度，以及作为意识形态，属于上层建筑的范畴，归根到底是由一定的经济基础决定的。在阶级社会里，民主表现出鲜明的阶级性，代表阶级利益，是阶级统治的工具和手段。在阶级社会里，抽象地谈"一般民主""纯粹民主"，是没有什么实质意义的。马克思和恩格斯指出："国家内部的一切斗争——民主政体、贵

---

① 《马克思恩格斯全集》第 7 卷，人民出版社 1959 年版，第 304 页。

族政体和君主政体相互之间的斗争，争取选举权的斗争等等，不过是一些虚幻的形式——普遍的东西一般说来是一种虚幻的共同体的形式——，在这些形式下进行着各个不同阶级间的真正的斗争。"① 列宁也曾说："马克思主义者却决不会忘记提出这样的问题：'这是对哪个阶级的民主？'"② 在历史上，先后出现过奴隶主阶级内部的民主，替代封建专制制度的资本主义民主，替代资产阶级民主的社会主义民主。西方资本主义民主，不管形式如何，其实质是资产阶级的统治，是少数人的民主。今天的一些所谓"民主国家"，都打着民主、自由的旗号，对内实行资产阶级剥削和统治，对外实行扩张、侵略和掠夺而发展起来的，如今又利用经济全球化，打着民主、自由、人权的旗号，"输出民主"，干涉别国内政，实际上是为了实现国际垄断资产阶级的全球霸权和统治。社会主义民主，实质和核心是人民当家做主，同资本主义民主有着根本性质的不同，同时也是对资本主义民主的继承、扬弃和超越，是更高类型的民主形态。中国特色社会主义民主，坚持马克思主义民主理论与中国实际和时代特征相结合，是中国最广大人民根本利益的集中反映，是最有利于国家发展和民族振兴的民主。

二是民主的目的性。民主是形式与目的的结合，目的决定形式，形式为目的服务。比如选举、竞选等，是形式和方法，而不是目的。在现代社会，绝大多数国家的统治阶级都要通过选举制度取得和维护领导权、执政权，其目的在于为实现本阶级的利益服务，使本阶级的利益"普遍化"、合法化。我们必须正确看待选举、政党竞选等问题。在阶级社会里，从来没有超越阶级利益的选举。有人认为，只要是经过选举的，就是好的，就是合理合法的，实行普选的制度，就是

---

① 《马克思恩格斯选集》第 1 卷，人民出版社 1995 年版，第 84 页。
② 《列宁选集》第 3 卷，人民出版社 1995 年版，第 593 页。

好的制度，就是彻底的民主制度。这种认识是片面的、偏颇的，实际上混淆了形式和目的，或者是只顾形式，不看目的。西方一些人士推崇或推销西方民主的一种方法，就是将形式与目的分离，只片面论证形式的绝对性，把形式说成目的本身。一些发展中国家和地区，在一些西方国家的鼓动或引诱下，不顾自己的国情及经济社会条件，盲目按照西方设定的"民主程序"，推行所谓的竞选和全民公决，导致政党之间无原则的争斗，街头政治愈演愈烈。而一些政客和学者却认为，这是向"民主社会"的过渡，为了尽快完成这一过渡，付出一定的经济社会代价和"必要的民主成本"是必然的，也是值得的。民主当然要通过一定的形式和程序才能得到实现，但这种不顾目的和内容、只讲形式和程序的"民主"，是我们坚决反对的。社会主义的民主政治，其目的是通过实现广大人民在经济、政治、社会上的平等，推动生产力的发展，实现国家制度和人民权利的有机统一，实现人们在经济、政治和社会上的彻底解放，最终实现马克思所说的人的自由而全面的发展。这里，形式和目的在本质上是一致的，但实现它们的统一是个长期的过程。中国特色社会主义民主政治建设，就是在坚持社会主义民主根本性质的前提下，随着经济社会的发展和社会主义制度的不断完善，积极探索人民民主的实现形式，逐步达到民主形式和目的有机结合。

三是民主的差异性。在历史和现实中，民主制度和体制从来就没有固定的、单一的、不变的模式。每个国家的政体一方面受国体所制约，另一方面又由各自的实际条件所制约，所以民主制度和体制也千差万别。民主的形式是多样的，实现一定政治目的，完成一定政治任务，总是有多种方式、方法，多种体制机制。比如政权构成、选举方式等方面，都不可能一样。无论是资本主义民主，还是社会主义民主，都是如此。在西方资本主义国家，无论从历史还是现实看，由于各国的实际情况和条件不同，政体的形式也不同。西方政体上有君主制和共和制，共和制下，还有总统制、内阁制等。同样实行代议制和政党轮流执政，英国实行君主立宪制，美国是民主共和制；同样是民主共和制，美国是总统制，法国是半总统半内阁制，瑞士是委员会制。社会主义民主的制度和道路也有各自的特点和多样性。列宁说过："一切民族都将走向社会主义，这是不可避免的，但是一切民族的走法却不会完全一样，在民主的这种或那种形式上，在无产阶级专政的这种或那种形态上，在社会生活各方面的社会主义改造的速度上，每个民族都会有自己的特点。"① 他还曾强调，要"彻底发展民主，找出彻底发展的种种形式，用实践来检验这些形式等等"②。我们研究借鉴别国的民主制度和体制，一定要看到民主的差异性、多样性、复杂性，看到民主是具体的、历史的，切忌简单化、单一化、绝对化。

四是民主的有效性。在特定的社会制度下，在特定的历史时期和社会发展阶段，一个国家究竟选择什么样的民主制度，怎样对待民主，就要看它的有效性。对于资本主义民主来说，其有效性是能够维护资产阶级的统治，实现资产阶级的利益。如果人民争取真正民主的斗争触犯了统治阶级的根本利益，对统治阶级的利益和地位构成挑战时，资产阶级国家就会千方百计压制、取消这样的民主。毛泽东同志在 20 世纪 40 年代末评论西方民主的时候，就有一段深刻精彩的话，他认为西方的法西斯政府实行专制独裁，就是取消人民的真正民主，"取消了或者索性不用那片资产阶级内部民主的幕布，是因为国内阶级斗争紧张到了极点，取消或者索性不用那片布比较地有利些，免得人民也利用那片布去手舞足蹈"。"美国政府现在还有一片民主布，

---

① 《列宁全集》第 28 卷，人民出版社 1990 年版，第 163 页。
② 《列宁选集》第 3 卷，人民出版社 1995 年版，第 181 页。

但是已被美国反动派剪得小了，又大大地褪了颜色……这是阶级斗争迫紧了几步的缘故。再迫紧几步，美国的民主布必然要被抛到九霄云外去。"① 60 多年前毛泽东的论述，对于我们今天认识资本主义民主的实质和功能，仍具有启示意义。而社会主义民主的有效性，就是要看是否适应本国条件，符合本国实际，有利国家发展，造福本国人民。邓小平同志在谈到我们的基本政治制度时曾指出，我们不搞西方的多党竞选、三权分立、两院制，"我们实行的就是全国人民代表大会一院制，这最符合中国实际。如果政策正确，方向正确，这种体制益处很大，很有助于国家的兴旺发达，避免很多牵扯。当然，如果政策搞错了，不管你什么院制也没有用"②。在当代中国，适合国情、有利于人民当家作主、有利于社会稳定和谐发展、有利于国家统一的民主制度，就是有效的，就是好的；脱离国情、脱离实际，背离广大人民的根本利益，造成经济停滞、社会动荡、民族分裂、危害国家统一和安全的，就是有害的，是绝对不能采取的。

二 破除在民主问题上的几种错误认识

随着中国特色社会主义民主建设的持续推进和民主问题研究的不断深入，人们对民主问题的理解，特别是对中国特色社会主义民主同西方资本主义民主之本质区别的认识更加深刻。但是，仍然存在着诸如"民主万能论""民主永恒论""民主普世论"等错误认识，必须予以澄清和纠正。这是划清中国特色社会主义民主同西方资本主义民主界限的重要前提。

一是破除"民主万能论"。关于民主在国家政治、经济、社会生

---

① 《毛泽东选集》第 4 卷，人民出版社 1991 年版，第 1503 页。
② 《邓小平文选》第 3 卷，人民出版社 1993 年版，第 220 页。

活中的地位和作用，应当说已经形成广泛的共识。但是，一些人竭力宣示对民主的"热爱"，言必称"民主"，把被他们泛化和抽象化了的民主说成是推动经济发展、解决社会问题的灵丹妙药。一些人总结世界历史"经验"，说举凡民主制度发展成熟的国家和地区，也就是经济发达的国家和地区，同时也是国内矛盾缓和、社会长期稳定的国家和地区。还有一些人把民主绝对化，以为民主越彻底越好，越纯粹越好，越广泛越好，可以无条件地运用于人类社会的一切领域，可以解决一切问题。其实，早在若干年前，美国等发达资本主义国家就把"民主国家无战争""民主国家经济持续发展"等作为它们向别国尤其是发展中国家推销西方资本主义民主的重要说辞。因此可以说，一些人所宣扬的"民主万能论"，实质上是"西方资本主义民主万能论"。

无论在西方还是东方，无论是在资本主义国家还是社会主义国家，民主不是万能的，而是像市场一样，有时也会失灵。超出一定的条件和限度，民主甚至还会走向自己的反面。古希腊哲学家苏格拉底是因为倡导新思想而被通过民主的方法判处死刑的，希特勒是通过民主选举上台而成为法西斯独裁者的，一些国家和地区的政客是在行使民主权利时大打出手的。在一些国家和地区，民主还导致政治效率的降低甚至社会的长期动荡。

二是破除"民主永恒论"。在一些资产阶级思想家和政治家看来，西方资本主义民主是人类迄今最好的国家形态和政治制度，因为"历史的终结"，它也将成为这个世界永恒的政治制度和社会制度模式。在我国，也有人认为，既然说没有民主就没有社会主义，就没有社会主义的现代化，人民民主是社会主义的生命，那么民主就是社会主义的一个永恒主题。问题只在于民主的不断完善，而无所谓民主的消亡。

马克思主义认为，民主作为上层建筑的范畴，是具体的、历史的，而不是抽象的、绝对的。任何一种民主的本质、内容和形式，都是由一个国家的社会制度决定的，都要随着一个国家经济文化的发展而发展。从来不存在超越具体历史发展阶段、永恒不变的所谓"一般民主""绝对民主"，也不存在超历史的适合于一切民族和时代的民主观念。民主作为一种国家制度、国家形态，作为一种政权组织形式，将随着国家的消亡而消亡。列宁曾经指出："从专制制度到资产阶级民主，从资产阶级民主到无产阶级民主，从无产阶级民主到没有任何民主，这就是民主发展的辩证法。"① 在未来共产主义社会，人们将建立起真正意义的民主管理制度，但那时的民主制度将完全失去阶级社会中国家政治制度的性质。到那时，民主将成为人们的一种生活习惯，将成为社会的一种生活方式，这也就意味着民主将因此作为政治范畴从人类的日常语言中消失。这不是一些人所歪曲的"怪论"，而是历史唯物主义的常识。

三是破除"民主普世论"。"普世价值论"是美国等发达资本主义国家运用政治、经济、军事、文化等手段推销其社会政治制度和价值观的重要战略之一。一些西方学者给资本主义民主制度披上了一层"普世民主""永恒民主""全民民主"的华丽面纱，使之成为西方政客叫卖推销的政治商品。近年来，"普世价值论"在我国也产生较大影响，成为冲击我国主流意识形态的几大社会思潮之一。

马克思主义认为，不存在超越具体历史发展阶段、永恒不变的所谓"一般民主""纯粹民主""绝对民主"，也不存在适用于一切国家、适合于各个民族的唯一的政治制度和民主模式。一个国家实行什么样的民主政治，选择什么样的民主发展道路，是由这个国家的国情

---

① 《列宁全集》第 31 卷，人民出版社 1985 年版，第 155—156 页。

和国家性质决定的。在民主建设问题上，采取"拿来"和"移植"的办法行不通，生搬硬套很可能造成十分严重的后果。适合一个国家的民主制度和民主形式，不一定就适合其他国家；适合于一个国家一定历史发展阶段的民主形式，则未必适合这个国家的其他历史发展阶段。世界民主发展的历史和实践一再表明，照抄照搬别国民主政治模式从来不能成功，而强行推销和输出西方民主政治模式只会为别国带来动荡和灾难。第二次世界大战结束特别是20世纪80年代以来，在民主政治发展进程中，有多少国家遭受了西方资本主义民主的欺骗，又有多少国家吃尽了照抄照搬资本主义民主模式的苦头！当前，西方大国策动的"颜色革命"纷纷褪色，美国主导的"大中东民主计划"几近溃败。这一系列国际政治的现实告诉人们，建设好我们自己的民主政治，必须深刻认识和高度警惕"民主普世论"。

三　坚定不移地走中国特色社会主义民主政治发展道路

中华人民共和国成立60年来，特别是改革开放30多年来，党领导人民立足国情、不懈奋斗、开拓创新，逐步建立起一个比较系统完备的民主政治制度框架，这就是坚持中国特色社会主义政治发展道路，坚持党的领导、人民当家作主、依法治国有机统一，坚持和完善人民代表大会制度、中国共产党领导的多党合作和政治协商制度、民族区域自治制度以及基层群众自治制度，不断推进社会主义政治制度自我完善和发展。加强中国特色社会主义民主政治建设，深化政治体制改革，就是不断坚持、完善和丰富这个制度。

一是坚持和完善人民民主专政的国体。所谓国体，就是国家的根本性质，或者说国家的阶级性质和阶级内涵，亦即社会各阶级在国家中所处的地位，它决定着一个国家的统治阶级选择什么样的政权组织形式维护和服务本阶级的利益。资产阶级为掩盖其阶级专政的国家实质，往往只讲政体不讲国体，即只讲政权的组织形式和管理形式，回避和歪曲资本主义国家民主政治的阶级本质。《中华人民共和国宪法》明确规定：我国是工人阶级领导的、以工农联盟为基础的人民民主专政的社会主义国家，就是在中国社会主义民主制度下，包括全体社会主义的劳动者、拥护社会主义的爱国者和拥护祖国统一的爱国者在内的最广大的人民享有广泛的民主权利，同时依法对少数敌对分子实行专政。这里说的就是我国的国体，是人民民主专政的含义，也就是中国特色社会主义的民主政治。在现实生活中，不少人谈人民民主多，讲人民民主专政少；一些人避而不谈专政问题，甚至认为"专政"是一个很不合时宜的提法，应该放弃。其实，这是对无产阶级专政或其当代中国的实现形式即人民民主专政的错误认识和解读。在社会主义条件下，人民民主专政是国家职能的一个重要方面，它本身不是目的，而是维护人民民主的一个重要手段，而且必须是以法律和法制的形式施行的。在仍然存在阶级划分的社会历史发展阶段，无论是资本主义国家还是社会主义国家，都必然具有"专政"的职能。在当代中国，只讲人民民主，不讲人民民主专政，不是真正马克思主义者的态度。

二是坚持和完善人民代表大会制度的政体。所谓政体，就是国家政权的组织形式和管理形式，亦即统治阶级采取什么样的方式组织自己的政权机关，实现自己的政治统治。实行以民主集中制为组织原则和活动原则的人民代表大会制度的政体，是与我国人民民主专政的国体相适应的。人民代表大会制度是实现和保证我国人民当家作主的根本政治制度，是我国国家政权的有效组织形式，体现了社会主义制度的优越性和社会主义民主的广泛性。人民代表大会制度坚持民主集中制，而非西方所谓的"三权鼎立"；坚持一院制，而非西方的议会制和两院制；坚持多民族团结统一的单一制国家形式和"一国两制"方针，而非西方的联邦制或邦联制。历史和现实都证明，人民代表大会制度是最具中国特色的民主政治制度，也是最有利于实现人民当家作主的民主政治制度。深化政治体制改革，就是要在坚持人民民主专政的国体和人民代表大会制度的政体的前提下，不断推进社会主义政治制度的自我完善和发展，而不是以西方资本主义民主为坐标来"衡量"和"比对"中国特色社会主义民主政治制度，更不是照抄照搬西方政治制度模式。脱离甚至改变我国国体和政体的所谓政治体制改革是很危险的，一些社会主义国家进行改变国体的政治体制改革而导致国家变质和解体，为我们留下了应当汲取的深刻教训。

三是坚持和完善中国共产党领导的多党合作和政治协商制度。政党制度是民主政治制度的重要内容。一个国家的发展和进步，必须有适合自己的根本政治制度和基本政治制度，这其中当然包括建立和实行适合其国家性质、基本国情、社会发展状况的政党制度。中国共产党领导的多党合作和政治协商制度，是我国的一项基本政治制度，也是独具中国特色的政党制度。它是我国社会主义民主政治建设的伟大创造，是中国共产党同各民主党派和无党派人士长期团结奋斗的政治成果。这一制度既顺应了中华民族走向社会主义、建设社会主义的历史潮流，又体现了中国共产党和中国人民的政治智慧，既体现了社会主义民主的本质要求，又保障了人民民主权利的充分行使，因而具有强大的生命力和显著的优越性。这一制度为各民主党派和各种社会力量提供了参政议政的重要舞台，在这一政党制度的框架之下，中国共产党领导、多党派合作，中国共产党执政、多党派参政，各民主党派同共产党亲密合作。这一制度能够有效反映和表达社会各方面的利益诉求，能够充分调动社会各方面的积极性，能够有效避免政党之间的相互倾轧，减少内耗，维护政治稳定和社会和谐。因此，对于这一制度，我们必须倍加珍惜，长期坚持，不断发展和完善。应当强调，这一制度不是西方资本主义国家所说的一党制，也与西方资本主义国家的两党制、多党制、多党多派轮流执政有着根本的不同。

四是坚持和完善民族区域自治制度。实行民族区域自治，是中国共产党带领中国人民经过长期实践探索而得出的必然结论，是多民族国家政治制度的一个重大创新，也是妥善解决我国民族问题的唯一正确的制度选择。在国家统一领导下实行民族区域自治，体现了国家尊重和保障少数民族自主管理本民族内部事务的权利，体现了民族平等、民族团结、各民族共同繁荣发展的原则，体现了民族因素与区域因素、政治因素与经济因素、历史因素与现实因素的统一。胡锦涛同志明确指出："民族区域自治，作为党解决我国民族问题的一条基本经验不容置疑，作为我国的一项基本政治制度不容动摇，作为我国社会主义的一大政治优势不容削弱。"从纳入我国宪法规定起，民族区域自治制度已走过半个多世纪的发展历程。实践证明，这一制度是完全符合我国国情和民族问题实际的基本政治制度。建设中国特色社会主义伟大事业，推进社会主义政治文明建设，实现中华民族伟大复兴，既要求我们继续坚持这一制度，也要求我们总结经验，进一步丰富和完善这一制度。

五是坚持和完善基层群众自治制度。发展基层民主，完善基层群众自治，是发展社会主义民主政治的一项基础性工程，是我国基层社会组织与治理方式改革的必然要求。党的十七大在认真总结我国基层民主建设经验的基础上，把基层群众自治制度作为我国一项基本政治制度，纳入中国特色社会主义政治制度范畴。这是中国共产党领导人民不断推进社会主义政治制度自我完善和发展的重要成果，是以胡锦涛同志为总书记的党中央对中国特色社会主义民主理论及制度体系的重大创新。基层民主是人民民主的精髓和要义所在，基层群众自治是社会主义民主的直接体现，是实现人民当家作主最有效、最广泛的途径。基层群众自治制度通过以村民自治为核心的农村基层民主、以居民自治为核心的城市基层民主、以职工代表大会为核心的企事业单位的基层民主等形式，把人民民主渗透和扩展到社会生活的各个领域，使人民群众直接参与公共事务和公益事业的管理。这一制度有利于充分反映人民群众的利益诉求，有利于充分调动人民群众参与民主政治建设的积极性。坚持中国特色社会主义政治发展道路，必须进一步坚持和完善基层群众自治制度。要积极推进基层民主选举、民主决策、民主管理和民主监督的制度化、法律化、规范化，切实保证人民群众依法直接行使自己的民主权利，创造自己的幸福生活。

六是服从服务于中国特色社会主义事业。实践表明，中国特色社会主义政治发展道路是中国共产党领导中国人民经过长期实践探索而选择的符合我国国情和实际的唯一正确的道路，是我国发展社会主义民主政治的唯一正确道路，是实现国家富强、民族振兴、人民幸福、社会和谐的唯一正确道路。衡量中国政治制度和政党制度，最根本的是要从中国国情出发，从中国革命、建设和改革实践的效果着眼，一是看能否促进社会生产力的持续发展和社会全面进步；二是看能否实现和发展人民民主，增强党和国家的活力，保持和发挥社会主义制度的特点和优势；三是看能否保持国家政局稳定和社会安定团结；四是看能否实现和维护最广大人民的根本利益。这四个标准相辅相成，缺一不可。

七是充分借鉴人类政治文明优秀成果。在我国社会主义民主政治建设问题上，既要坚决反对照抄照搬别国政治制度模式，也要重视学习和借鉴人类政治文明的优秀成果，以不断丰富和完善自己，增强社会主义民主制度的生命力。这其中，当然包括西方资本主义民主的有益成果。西方资本主义民主有着其必然的历史局限性和不可克服的内在矛盾，但与封建专制相比，它显然是人类政治文明的一大进步。而且，从资产阶级登上历史舞台到今天，资本主义国家在民主政治上的每一个进步、每一项成就，都有工人阶级和劳动人民的功劳。在社会主义政权诞生后，资产阶级在理论、制度、体制等方面也采纳和吸收了社会主义国家的许多东西。经过 200 多年的发展，西方资本主义民主在制度形式和运行机制方面也有不少值得学习和借鉴的成功经验。我们应当根据我国国情，深入研究西方资本主义民主，大胆吸收和借鉴其有益成果，为中国特色社会主义民主建设服务。全盘否定、一概拒斥，不是马克思主义者应有的态度。

建设中国特色社会主义民主，是中国共产党和中国人民面临的一项长期历史任务。实现社会主义民主取代资本主义民主的目标，充分展现社会主义民主的优越性，还需要一代又一代人付出相当艰苦的努力。在新的历史起点上，中国共产党人和中国人民有信心、有能力把中国特色社会主义民主建设好、发展好，对世界政治文明发展和人类进步做出更大的贡献。

自觉划清中国特色社会主义民主同西方资本主义民主的界限*

建设中国特色社会主义民主政治，是中国共产党和中国人民长期的奋斗目标。早在改革开放之初，邓小平同志在谈到民主问题时，就主要强调两个方面：一是纠正"文化大革命"时期的错误，采取各种措施继续努力扩大党内民主和人民民主，"没有民主就没有社会主义，就没有社会主义的现代化"①；二是强调必须向人民讲清楚什么是中国人民所需要的民主。"中国人民今天所需要的民主，只能是社会主义民主或称人民民主，而不是资产阶级的个人主义的民主。"②改革开放30多年来，中国特色社会主义民主政治建设，就是遵循这样的原则，既始终坚持正确方向，又坚定不移地推进。胡锦涛同志在党的十七大报告中提出："社会主义愈发展，民主也愈发展。"同时强调，"深化政治体制改革，必须坚持正确政治方向，以保证人民当家作主为根本"。党的十七届四中全会提出"坚持以党内民主带动人民民主"的任务，也鲜明提出要划清中国特色社会主义民主同西方资

---

　* 原载《红旗文稿》2010年第9期，署名姜辉、赵培杰。《中直党建》2010年第6期、《社科党建》2010年第6期转载；收入《理论热点辨析》，红旗出版社2011年版；收入《论中国民主》，学习出版社2014年版。
　① 《邓小平文选》第2卷，第168页。
　② 同上书，第175页。

本主义民主的界限。这是我们党面对国际国内新形势，坚定不移地发展中国特色社会主义民主政治的必然要求。

一 正确认识民主问题的几个基本点

正确认识民主问题，首先必须弄清民主的真正含义。正如马克思和恩格斯曾经指出的："民主是什么呢？它必须具备一定的意义，否则它就不存在。因此，全部问题在于确定民主的真正意义。"① 时代不同，利益和立场不同，对于民主的看法和态度也就不同。马克思主义是指导中国特色社会主义事业的理论基础，马克思主义的民主理论，是正确认识民主的性质、目的、内容、形式和意义的指南，对于发展中国特色社会主义民主政治有着极为重要的现实指导意义。马克思主义关于民主问题的几个基本点，是结合当今实际来划清界限、推进民主建设所必须掌握的。

一是民主的阶级性。民主不是纯粹的、抽象的、绝对的，它作为一种国家制度和政治制度，以及作为意识形态，属于上层建筑的范畴，归根到底是由一定的经济基础所决定的。在阶级社会里，民主表现出鲜明的阶级性，代表阶级利益，是阶级统治的工具和手段。在阶级社会里，抽象地谈"一般民主""纯粹民主"，是没有实质意义的。马克思和恩格斯指出："国家内部的一切斗争——民主政体、贵族政体和君主政体相互之间的斗争，争取选举权的斗争等等，不过是一些虚幻的形式——普遍的东西一般说来是一种虚幻的共同体的形式——，在这些形式下进行着各个不同阶级间的真正的斗争。"② 列宁也曾说："马克思主义者却决不会忘记提出这样的问题：'这是对

---

① 《马克思恩格斯全集》第 7 卷，人民出版社 1959 年版，第 304 页。
② 《马克思恩格斯选集》第 1 卷，人民出版社 1995 年版，第 84 页。

哪个阶级的民主?'"① 在历史上，先后出现过奴隶主阶级内部的民主，替代封建制度的资本主义民主，替代资产阶级民主的社会主义民主。西方资本主义民主，不管其形式如何，其实质是资产阶级的统治，是少数人的民主。今天的一些所谓"民主国家"，在历史上都是打着民主、自由的旗号，在国内实行资产阶级剥削和统治，对外实行扩张、侵略和掠夺而发展起来的，如今又利用经济全球化，打着民主、人权、自由的旗号，"输出民主"，干涉别国内政，实际上是为了实现国际垄断资产阶级的全球霸权和统治。社会主义民主，实质和核心是人民当家作主，同资本主义民主有着根本的不同，同时也是对资本主义民主的继承、扬弃和超越，是更高类型的民主形态。中国特色社会主义民主，坚持马克思主义民主理论与中国实际和时代特征相结合，是中国最广大人民根本利益的集中反映。

二是民主的目的性。民主是形式与目的的结合，目的决定形式，形式为目的服务。比如竞选、选举，是形式和方法，而不是目的。在现代社会，绝大多数国家的统治阶级都要通过选举制度取得和维护领导权和执政权，其目的是为实现本阶级的利益服务。我们要正确看待选举、政党竞选等问题。在阶级社会里，从来没有超越阶级利益的选举。有的人认为，只要是经过选举的，就是好的，就是合理合法的，经过普选的制度，就是好的制度。这种认识是片面的、偏颇的，实际上混淆了形式和目的，或者是只顾形式，不看目的。西方一些人士推崇或推销西方民主的一种方法，就是将形式与目的分离，只片面论证形式的绝对性，把形式说成目的本身。一些发展中国家和地区，在一些西方国家的鼓动或引诱下，不顾自己的国情以及经济社会条件，盲目按照西方的"民主程序"实行竞选、政党无原则争斗、全民公决，

---

① 《列宁选集》第 3 卷，人民出版社 1995 年版，第 593 页。

甚至街头政治不断，并认为这就是向"民主社会"过渡，甚至认为为了这些"民主程序"，付出经济社会上的代价也值得，相信一些人鼓吹的所谓"必要的民主成本"。这种不顾目的和内容、只有形式和程序的"民主"，是我们坚决反对的。社会主义民主政治，其目的是通过实现广大人民在经济、政治、社会上的平等，推动生产力的发展，实现国家制度和人民权利的有机统一，实现人们在经济、政治和社会上的彻底解放，最终实现马克思所说的人的自由而全面的发展。这里，形式和目的在本质上是一致的，但实现它们的完全统一是一个长期的过程。中国特色社会主义民主政治建设，就是随着经济社会的发展和社会主义制度的不断完善，逐步探索实现民主形式和目的的有机结合。

三是民主的差异性。在历史和现实中，民主制度和体制从来就没有固定的、单一的、不变的模式。每个国家的政体一方面受国体制约，另一方面又受自身的实际条件制约，所以民主制度和体制也千差万别。民主的形式是多样的，在实现政治目的、完成一定任务的过程中，总是有多种方式、方法，多种体制机制。比如政权构成、选举方式等方面，都不可能一样。无论是资本主义民主，还是社会主义民主，都是如此。比如在西方资本主义国家，无论从历史还是现实看，由于各国的实际情况和条件不同，政体的形式也不同。西方政体上有君主立宪制和民主共和制，共和制下，还有总统制、内阁制等。同样实行代议制和政党轮流执政，英国实行的是君主立宪制，美国是民主共和制；同样是民主共和制，美国是总统制，法国是半总统半内阁制，瑞士是委员会制。社会主义民主的制度和道路也有各自的特点和多样性。列宁说过："一切民族都将走向社会主义，这是不可避免的，但是一切民族的走法却不会完全一样，在民主的这种或那种形式上，在无产阶级专政的这种或那种形态上，在社会生活各方面的社会主义

改造的速度上，每个民族都会有自己的特点。"① 他还曾强调，要
"彻底发展民主，找出彻底发展的种种形式，用实践来检验这些形式
等等"②。我们研究借鉴别国的民主制度和体制，一定要看到民主的
差异性、多样性、复杂性，看到民主是具体的、历史的，切忌简单
化、单一化、绝对化。

四是民主的有效性。在特定的社会制度下，在特定的历史时期和
社会发展阶段，一个国家究竟选择什么样的民主制度，怎样对待民
主，就要看它的有效性。对于资本主义民主来说，其有效性是能够维
护资产阶级的统治。如果人民争取真正民主的斗争触犯了统治阶级的
根本利益，对统治阶级的利益和地位构成挑战时，资产阶级国家就会
千方百计地压制、取消这样的民主。毛泽东同志在 20 世纪 40 年代末
评论西方民主的时候，就有一段深刻精彩的话，他认为西方的法西斯
政府实行专制独裁，就是取消人民的真正民主，"取消了或者索性不
用那片资产阶级内部民主的幕布，是因为国内阶级斗争紧张到了极
点，取消或者索性不用那片布比较地有利些，免得人民也利用那片布
去手舞足蹈。""美国政府现在还有一片民主布，但是已被美国反动
派剪得很小了，又大大地褪了颜色……这是阶级斗争迫紧了几步的缘
故。再迫紧几步，美国的民主布必然要被抛到九霄云外去。"③ 60 多
年前毛泽东同志的论述，对于我们今天认识资本主义民主的实质和功
能，仍具有启示意义。而社会主义民主的有效性，就是要看是否适应
本国条件，符合本国实际，有利本国发展，造福本国人民。邓小平同
志在谈到我们的基本政治制度时曾指出，我们不搞西方的多党竞选、
三权分立、两院制，"我们实行的就是全国人民代表大会一院制，这

---

① 《列宁全集》第 28 卷，人民出版社 1990 年版，第 163 页。
② 《列宁选集》第 3 卷，人民出版社 1995 年版，第 181 页。
③ 《毛泽东选集》第 4 卷，人民出版社 1991 年版，第 1503 页。

最符合中国实际。如果政策正确，方向正确，这种体制益处很大，很有助于国家的兴旺发达，避免很多牵扯。当然，如果政策搞错了，不管你什么院制也没有用"①。在当代中国，适合国情、有利于人民当家作主、有利于社会稳定和谐发展、有利于国家统一的民主制度，就是有效的，就是好的；脱离国情、脱离实际，背离广大人民的根本利益，造成经济停滞、社会动荡、民族分裂、危害国家统一和安全的，就是有害的，是绝对不能采用的。

二 破除对民主问题的几种错误认识

随着中国特色社会主义民主建设的持续推进和民主问题研究的不断深入，人们对民主问题的理解，特别是对中国特色社会主义民主同西方资本主义民主之本质区别的认识更加深刻。但是，仍然存在着诸如"民主万能论""民主永恒论""民主普世论"等错误认识，必须予以澄清和纠正。这是划清中国特色社会主义民主同西方资本主义民主界限的重要前提。

一是破除"民主万能论"。关于民主在国家政治、经济、社会生活中的地位和作用，可以说已经形成广泛共识。但是，一些人竭力宣示对民主的"热爱"，言必称"民主"，把一种泛泛的、抽象的民主说成是推动经济发展、解决社会问题的灵丹妙药。一些人总结世界历史"经验"，说举凡民主制度发展成熟的国家和地区，也就是经济发达的国家和地区，同时也是国内矛盾缓和、社会长期稳定的国家和地区。还有一些人把民主泛化、绝对化，以为民主越彻底越好，越纯粹越好，越广泛越好，可以无条件地运用于社会的一切领域，可以解决

---

① 《邓小平文选》第3卷，第220页。

一切问题。其实，早在若干年前，美国等发达资本主义国家就把"民主国家无战争""民主国家经济持续发展"等作为它们向别国尤其是发展中国家推销西方资本主义民主的重要说辞。因此，可以说，一些人所宣扬的"民主万能论"，实质上是"西方资本主义民主万能论"。

无论在西方还是东方，无论是在资本主义国家还是社会主义国家，民主就像市场一样，也会失灵。超出一定的条件和限度，民主就会走向自己的反面。古希腊哲学家苏格拉底是因为倡导新思想而被通过民主的方法判处死刑的，希特勒也是通过民主选举上台而成为法西斯独裁者的，一些国家和地区的政客是在行使民主权利时大打出手的。在一些国家和地区，民主还导致政治效率的降低甚至社会的长期动荡。

二是破除"民主永恒论"。在一些资产阶级思想家和政治家看来，西方资本主义民主是人类迄今最好的国家形态和政治制度，因为"历史的终结"，它也将成为这个世界永恒的政治制度和社会制度模式。在我国，也有人认为，既然说没有民主就没有社会主义，就没有社会主义的现代化，人民民主是社会主义的生命，那么民主就是社会主义的一个永恒主题。问题只在于民主的不断完善，而无所谓民主的消亡。

马克思主义认为，民主作为上层建筑的范畴，是具体的、历史的，而不是抽象的、绝对的。任何一种民主的本质、内容和形式，都是由一个国家的社会制度决定的，都要随着一个国家经济文化的发展而发展。从来不存在超越具体历史发展阶段、永恒不变的所谓"一般民主""绝对民主"，也不存在超历史的适合于一切民族和时代的民主观念。民主作为一种国家制度、国家形态，作为一种政权组织形式，将随着国家的消亡而消亡。列宁曾经指出："从专制制度到资产阶级民主，从资产阶级民主到无产阶级民主，从无产阶级民主到没有任何民主，这就是民主发展的辩证法。"① 在未来共产主义社会，人们将建立起真正意义的民主管理制度，但那时的民主制度将完全失去阶级社会中国家政治制度的性质。到那时，民主将成为人们的一种生活习惯，将成为社会的一种生活方式，这也就意味着民主将因此作为政治范畴从人类的日常语言中消失。这不是一些人所歪曲的"怪论"，而是历史唯物主义的常识。

三是破除"民主普世论"。"普世价值论"是美国等发达资本主义国家运用政治、经济、军事、文化等手段推销其社会政治制度和价值观的重要战略之一。一些西方学者给资本主义民主制度披上了一层"普世民主""永恒民主""全民民主"的华丽面纱，使之成为西方政客叫卖传销的政治商品。近年来，"普世价值论"在我国也产生较大影响，成为冲击我国主流意识形态的几大社会思潮之一。

马克思主义认为，不存在超越具体历史发展阶段、永恒不变的所谓"一般民主""纯粹民主""绝对民主"，也不存在适用于一切国家、适合于各个民族的唯一的政治制度和民主模式。一个国家实行什么样的民主政治，选择什么样的民主发展道路，是由这个国家的国情和国家性质决定的。在民主建设问题上，采取"拿来"和"移植"的办法更行不通，生搬硬套很可能会造成十分严重的后果。适合一个国家的民主制度和民主形式，不一定就适合其他国家；适合一个国家一定历史发展阶段的民主形式，则未必适合这个国家的其他历史发展阶段。世界民主发展的历史和实践一再表明，照抄照搬别国民主政治模式从来不会成功，而强行推销和输出西方民主政治模式只会为别国带来动荡和灾难。第二次世界大战结束特别是 20 世纪 80 年代以来，在民主政治发展进程中，有多少国家遭受了西方资本主义民主的欺

---

① 《列宁全集》第 31 卷，人民出版社 1985 年版，第 155—156 页。

骗，又有多少国家吃尽了照抄照搬西方民主模式的苦头！当前，西方大国策动的"颜色革命"纷纷褪色，美国主导的"大中东民主计划"几近溃败。这一系列国际政治的现实告诉人们，必须警惕"民主普世论"。

三 坚定不移地走中国特色社会主义民主政治发展道路

中华人民共和国成立 60 多年特别是改革开放 30 多年来，党领导人民立足国情、不懈奋斗、开拓创新，逐步建立起一个比较系统完备的制度框架，这就是：坚持中国特色社会主义政治发展道路，坚持党的领导、人民当家作主、依法治国有机统一，坚持和完善人民代表大会制度、中国共产党领导的多党合作和政治协商制度、民族区域自治制度以及基层群众自治制度，不断推进社会主义政治制度自我完善和发展。加强中国特色社会主义民主政治建设，深化政治体制改革，就是不断坚持、完善和丰富这个制度。

一是坚持和完善人民民主专政的国体。我国是工人阶级领导的、以工农联盟为基础的人民民主专政的社会主义国家，这是《中华人民共和国宪法》明确规定的。在中国社会主义民主制度下，包括全体社会主义的劳动者、拥护社会主义的爱国者和拥护祖国统一的爱国者在内的最广大的人民享有广泛的民主权利，同时依法对少数敌对分子实行专政，这就是人民民主专政的含义，就是中国特色社会主义民主政治。

二是坚持和完善人民代表大会制度的政体。实行人民代表大会制度的政体，是与我国人民民主专政的国体相适应的。人民代表大会制度是实现和保证我国人民当家作主的根本政治制度，是我国国家政权的有效组织形式，体现了社会主义制度的优越性和社会主义民主的广泛性。人民代表大会制度坚持民主集中制，而非西方所谓的"三权鼎立"；坚持一院制，而非西方的议会制和两院制；坚持多民族团结统一的单一制国家形式和"一国两制"方针，而非西方的联邦制或邦联制。

三是坚持和完善中国共产党领导的多党合作和政治协商制度。这是我国的一项基本政治制度，也是独具中国特色的政党制度。它是我国社会主义民主政治建设的伟大创造，既顺应世界民主发展潮流，又体现中国共产党和中国人民的政治智慧，具有强大生命力和远大前程，值得我们倍加珍惜、长期坚持。在这一政党制度的框架之下，中国共产党领导、多党派合作，中国共产党执政、多党派参政，各民主党派同共产党亲密合作，与西方的两党制、多党制、多党多派轮流执政和政治制衡有着根本的不同，也与有的社会主义国家曾经存在的一党制有很大的差异。

四是坚持和完善民族区域自治制度。民族区域自治制度是我国的一项基本政治制度，是多民族国家政治制度的一个重大创新。它既体现了统一的多民族国家长期历史演变的客观要求，也反映了我国各民族人民的根本利益。它既保证了各人口较少民族在自己的聚居区内充分实现当家作主的权利，又保证了中华民族的团结和国家的统一。

五是坚持和完善基层民主制度。把基层民主制度确立为我国的一项基本政治制度，是以胡锦涛同志为总书记的党中央对中国特色社会主义民主理论、制度体系的丰富和创新。不断扩大基层民主，是人民民主的精髓和要义所在，是实现人民当家作主的最有效、最广泛的途径，是中国特色社会主义民主建设的重要任务。要积极推进基层民主选举、民主决策、民主管理和民主监督的制度化、法律化、规范化，切实保证人民群众依法直接行使自己的民主权利，管理基层公共事务和公益事业，创造自己的幸福生活。

六是服从服务于中国特色社会主义事业。实践表明，中国特色社会主义政治发展道路是中国共产党领导中国人民经过长期实践探索而选择的符合我国国情和实际的唯一正确道路，是我国发展社会主义民主政治的唯一正确道路，是实现国家富强、民族振兴、人民幸福、社会和谐的唯一正确道路。衡量中国政治制度和政党制度，最根本的是要从中国国情出发，从中国革命、建设和改革实践的效果着眼，一是看能否促进社会生产力的持续发展和社会全面进步；二是看能否实现和发展人民民主，增强党和国家的活力，保持和发挥社会主义制度的特点和优势；三是看能否保持国家政局稳定和社会安定团结；四是看能否实现和维护最广大人民的根本利益。这四个标准相辅相成，缺一不可。

七是充分借鉴人类政治文明优秀成果。在我国社会主义民主政治建设问题上，既要坚决反对照抄照搬别国政治制度模式，也要重视学习和借鉴人类政治文明的优秀成果，以不断丰富和完善自己，增强社会主义民主制度的生命力。这其中，当然包括西方资本主义民主的有益成果。西方资本主义民主有着其必然的历史局限性和不可克服的内在矛盾，但与封建专制相比，它显然是人类政治文明的一大进步。而且，从资产阶级登上历史舞台到今天，资本主义国家在民主政治上的每一个进步、每一项成就，都有工人阶级和劳动人民的功劳。在社会主义政权诞生后，资产阶级在理论、制度、体制等方面也采纳和吸收了社会主义国家的许多东西。经过200多年的发展，西方资本主义民主在制度形式和运行机制方面有不少值得学习和借鉴的成功经验。我们应当根据我国国情，深入研究西方资本主义民主，大胆吸收和借鉴其有益成果，为中国特色社会主义民主政治建设服务。全盘否定、一概拒斥，不是马克思主义者应有的态度。

学理探索

建设中国特色社会主义民主政治，是中国共产党和中国人民面临的一项长期历史任务。实现社会主义民主的目标，充分发挥社会主义民主的优越性，还需要一代又一代人付出相当艰苦的努力。在新的历史起点上，中国共产党人和中国人民有信心、有能力把中国特色社会主义民主政治建设好、发展好，对世界政治文明发展和人类进步做出更大的贡献。

找回城市的个性与灵魂[*]

文化是一个国家或民族的血脉和灵魂，滋养着一个国家或民族的世界观、人生观、价值观，影响着一个国家或民族的思维方式、行为方式、交往方式。古往今来，任何国家和民族的发展与振兴，总是以文化的昌盛和繁荣为支撑的。我们不赞成文化绝对论，但是应当承认，政治、经济、社会、生态等几乎所有领域发生的问题，都可以在文化中找到根源或因子。对于一个国家和民族来说是这样，对于一个城市而言也是如此。

文化是一个城市的独特标识

纵观历史，大凡能够对人类文明进程产生重要影响，赢得世界普遍认可和尊重的国家或民族，往往不是因为其疆土广阔、人口众多，也不是因为其经济和军事实力多么强大，而是因为其绵长的文化传统和深厚的文化积淀，因为其卓尔不群的文化品格与文化魅力。同样，能够在一个国家或民族的发展历程中留下自己的深刻印记，引起他人广泛关注和向往的城市，往往不是因为其发达的经济或繁荣的商业，而是因为其独具特色的历史文化。

---

* 原载《中国社会科学报》2016 年 12 月 7 日。此文发表前后，笔者曾应邀于"中国百人城市论坛""天一讲堂""厦门社会科学普及周""广州论坛"等以讲座或演讲形式展开论述。

自中世纪以来，都柏林一直是爱尔兰的首都，被誉为欧洲最年轻、最友善的城市。但是，都柏林之所以成为都柏林，不是因为其冬季温和、夏日凉爽，没有极端温度的海洋性气候，也不是因为其作为高科技企业聚集的欧洲硅谷的声誉，而是因为那里曾经诞生了叶芝、乔伊斯、萧伯纳、王尔德、贝克特、斯托克、斯威夫特、多伊尔等一大批杰出的文学艺术家，因为那里是音乐圣殿和戏剧之都。

法国首都巴黎对世界具有无可匹及的吸引力，而巴黎之所以成为巴黎，并不是因为它曾经拥有发达的工业，而是因为塞纳河畔悠久和深厚的艺术与历史，因为那里是莫里哀、雨果、巴尔扎克、大仲马等大师艺术创作的不竭源泉。法国西海岸诺曼底的吉维尼之所以吸引全球众多旅游者，并非仅仅因为它绝美的田园风光，而更多是因为印象派大师莫奈选择在此终老一生。

同样，北京之所以成为北京，并非仅仅因为这里是中国的政治中心，而主要是因为其绵长而厚重的历史文化，因为其世界历史文化名城的声誉。可以说，这些城市之所以著称于世，主要是因为其独具特色的历史文化已经成为它们各自的独特标识和身份符号。那些新兴的、后起的城市可以在经济增长上实现"跨越式"发展，但无法在人文精神的培育和塑造上也实现"跨越式"发展，不可能在几年、几十年的时间里打造出令人仰慕和敬重的文化。

城市价值认定的偏执和迷失

从世界范围来看，随着城市化进程的不断加快，城市数量急剧增加，城市规模不断扩大，城市日益成为人类活动的中心，成为人类主要的栖居地。但是，一个具有普遍性的问题是，城市同时也面临着自身发展与文化传承的矛盾。许多历史城市的文化遗产遭受冲击，甚至面临着遭受破坏和毁灭的危险。人文关怀日益丧失，文化冲突不断显现，城市记忆渐渐褪去，富有特色的区域文化和传统历史文化不断被消解弱化的现象日益严重。从国内看，实行改革开放 38 年来，中国经济迅速发展，城市化进程不断加快，推进新型城镇化被提升到党和国家工作一个非常重要的战略位置。但是，城市化在给人们带来工作、生活便利的同时，也出现了文化个性失落、历史遗迹消失、"千城一面"等诸多问题。

特别是在最大限度提升 GDP 的渴望之下，一些城市的管理者脱离自身实际，热衷于城市面貌的"革命"，热衷于推倒重来式的旧城改造，但到头来不过是面子上的光鲜亮丽，不仅没有提升城市的品位和内涵，反而使城市发展遭遇文化传承上的断裂和危机，人为造成现代化和城市化进程中的文化悲剧。其实，随着现代化机械设备隆隆的轰鸣声，倒下的不只是历经千百年风雨的旧建筑，更是记载着这个城市发展变迁的特色与文化。毋庸讳言，这与在城市价值的认定和把握上存在偏执乃至迷失是分不开的。

对城市历史文化的破坏，既有出于愚昧和无知的毁灭性破坏，也可能有抱持良好初衷的建设性破坏。现在，无论走到哪个城市，映入眼帘的几乎是清一色的高楼大厦，数以百计的城市更似一母同胞，而传承和凝结着中华文化精华的古建筑群却在毁灭性地消失，或被淹没在钢筋水泥的森林之中。客观地说，"千城一面"的现象不是中国特有的，但我们更为严重。把几百年、上千年形成的千姿百态的具有个性的城市变成了千城一面，把这样的东西交给后代，只能说明我们这一代的短视、愚昧和无知。

在不可阻挡的旧城改造的大潮中，在追求经济效益最大化的利益驱动下，北京的四合院和胡同、上海的石库门和弄堂等传统建筑越来越少。历史文化本来是祖先给我们留下的宝贵财富，是不可再生的珍稀资源，但是，在资本的强势介入之下，终其一生都在为保护历史文化奔走呼号的中国建筑学大师梁思成夫妇的故居也难逃被拆毁的命运。在社会各界的质疑和谴责声中，虽然梁思成夫妇的故居已被部分"复建"，但这些推倒重来的"旧式新建筑"，即便是按照当初的图纸一比一地恢复起来的，似乎也不可能传承和再现原有建筑曾经的历史文化风貌。

文化不能复制和移植

独具特色的历史文化，包括展现地方历史文化特色的标志性建筑，总能给人以美的享受，当然也可以改善和提升一个城市的形象，甚至助力一个城市的经济发展。但是，复制或移植其他国家或地区的文化，包括其他国家和地区的标志性建筑，不仅不会为自己增添光彩，却可能使自己成为笑料，招来骂名。

近几十年来，在历史文化遗迹不断从我们眼前消失的同时，我国城市间各种表面比美实则比丑的奇葩建筑比赛方兴未艾，各类山寨型、奇异型的建筑不断呈现在国人和世人面前。以弘扬传统文化为标榜却没有任何历史真实性的"古代建筑"纷纷在现代城市落户。摩天大楼建设热情不断飙升，争当中国第一、亚洲第一、世界第一的地标性建筑比赛愈演愈烈，而中国历史文化传统渐行渐远，城市文脉被切断，城市特色难以寻觅，城市个性不断丧失，城市品位日益低下，城市灵魂不知归为何处。

一个城市如何对待自己的历史文化，实际上是这个城市有没有文化自信的重要标志。面对令人眼花缭乱的山寨和奇异建筑，国内外众多人士曾经发出这样的疑问：为什么在中国自己的城市里，建造的不是自己的历史人物的雕像，而是无论有着怎样的想象力都难以说出一二的"超现代"作品？为什么在一个本来有着自己特色历史文化的城市，要复制和照搬另一个城市的地标性建筑？为什么在一个拥有五千年灿烂文化的国家，一些城市会花费几百万、几千万甚至几个亿搞出山寨版的"凡尔赛宫""意大利小楼"或"苏格兰小镇"？我们当然希望能够有像国外某些国家和地区那样优美的自然环境，也赞赏一些国家或地区具有浓郁民族文化特色的建筑风格，但是，简单地依靠形式上的复制，或者给再普通不过的建筑和街道起个洋名字、戴顶洋帽子，是提升不了一个城市的档次和品位的，也彰显不出一个城市对外来文化开放包容的胸怀，更不能说一个城市真正把握了其他国家和民族文化的精华。

文化是城市的品位和底气

文化是一个城市的软实力，是其核心竞争力所在。一个懂得尊重文化的城市，才称得上是真正意义的现代城市，而一个有文化的城市，才称得上有自己的灵魂。如果没有文化的基础性作用，没有文化实力的发展壮大，一个城市是难以生长和发展的。

人们常说，建筑是一个城市的骨骼，经济是一个城市的血脉，而文化则是一个城市的灵魂。我们需要的新型城镇化，是以人为本的城镇化，是既要见物更要见人的城镇化。对任何一个国家和民族来说，只有在与历史文化的对话中，在对历史文化的传承和弘扬中，才能找到自己今天的位置，才能明确自己未来的方向。对于一个城市来说，文化不仅是其品位的标记和灵魂的载体，而且是其内在潜力和发展动力的根基和源泉。城市作为人类最伟大的创造，它所拥有的各具特色的文化，不仅见证着一个城市千百年的发展历程，而且镌刻着人类共同的历史记忆；不仅属于不同的国家和民族，而且是全人类共有的文化财富。文化是一个城市的品位和底气，也是一个城市的感召力和吸引力所在。一个城市如果没有自己的文化，没有自己的个性和品位，无异于文化的荒漠和没有灵魂的躯壳，是没有凝聚力、感召力的，也是没有活力、没有未来的。

一个城市不仅要有便捷的交通、发达的经济、繁荣的商业、宜居的自然环境，还必须有自己的个性文化、良好的人文环境、与众不同的文化风格和文化氛围。只有这样，才会拥有令世人神往的魅力，也会为其长期繁荣、持续发展提供不竭源泉和动力。正如有学者形象地指出，如果一个城市有着良好的硬件环境却缺乏文化魅力，那就如同一个财富可观却思想贫乏、毫无意趣的阔佬或土豪，是很难让人接受亲近的，更无什么魅力可言。

当今时代，生态保护已成为一个引起世界各国普遍关注的共同话题。但是，对于生态保护，我们应该从更广泛的意义上去理解。所谓生态保护，既应包括自然生态的保护，也要包括文化生态的保护。甚至可以说，对当今时代的中国而言，文化生态保护是比自然生态保护更迫切的任务。文化生态保护是自然生态保护的前提和条件，如果没有健康的文化生态，没有深厚的文化积淀，没有良好的文化氛围，自然生态的保护是难以实现的，也是难以持续的。对于自然生态的退化问题必须高度重视，对于文化生态的退化问题更不能掉以轻心。

新型城镇化应当秉持的理念

现代城市发展的历程一再告诉人们，物质生活条件再丰再裕，也不一定能够提升城市居民的幸福指数和精神愉悦感；高楼大厦再高再大，也不过是资本和技术的结果，传承不了民族传统文化的精髓；欧陆式洋房再新再靓，也不可能彰显中华文化的特质与风范；广场再大、马路再宽，也不可能唤起胡同、里弄、曲径曾经给人们留下的历史记忆。我们是一个拥有数千年辉煌历史的民族，是一个有文化的民族。我们必须记住，我们今天在塑造的城市，要能够经得起历史检验和后人评判。

传承历史文脉，突出个性特色，是当今时代新型城镇化或城市化应当秉持的基本理念。早在数千年前，我们的祖先就提出了诗意与恬淡地栖居的生活理想。如何找回城市的个性和灵魂，如何建设有个性和灵魂的城市，如何留住和传承城市的根脉，是摆在各级政府特别是城市管理者、城市居民和广大专家学者面前的一个严峻课题，是需要社会各界共同撰写的一篇大文章。习近平总书记强调，历史文化是城市的灵魂；对传统历史文化要多一份尊重，多一份思考；在城市建设中，要保护弘扬中华优秀传统文化，延续城市历史文脉，保护好前人留下的文化遗产；要结合自己的历史传承、区域文化、时代要求，打造自己的城市精神，对外树立形象，对内凝聚人心。《国家新型城镇化规划》也明确提出，要发掘城市文化资源，强化文化传承创新，把城市建设成为历史底蕴厚重、时代特色鲜明的人文魅力空间。

在建设和发展过程中，城市要形成自己的品格，展现自己的特色，要找到自己的个性和灵魂，就需要有基本的文化自信，大力传承中华优秀传统文化，实现中华优秀传统文化的创造性转化和创新性发展。要善于从中华优秀传统文化中寻找现代城市建设的真谛、生机与活力，把更多中华优秀传统文化因子注入城市血脉，播撒到城市每个角落，不断提升城市文化品位和内涵。当然，也要以开放包容的心态，善于学习和借鉴世界各国优秀文化成果与城市建设经验，让本土文化在与外来文化的交流互鉴中扩大视野、丰富内涵，从而全面提升我们的创新能力，按照时代要求和社会需要，创造出为人民群众所欢迎和接受，又具有强大吸引力和影响力的先进的城市文化。

中国文化的重建及
"最后的学者"*

　　我自知向会议提供的是一个大而无当的题目。作为学者，应该提倡"小题大做"，否则是做不出什么文章来的。多年来，我虽置身于学术殿堂之中，但充其量只是半个学者，确切地说，是学界的一个旁观者。为了在会议上扮演一个学者的角色，也只好说些大而无当的空话——说得好一些，是自己的一些感想。

一　文化的繁荣

　　随着中国综合国力的不断增强和国际地位的不断提升，近年来，我们越来越经常地听到有人在不同的时间和场合骄傲地向世界宣示：

　　* 2005 年 9 月 25—27 日，澳门中国哲学会主办，中国社会科学院哲学研究所和山东大学中国诠释学研究中心协办的"训诂、诠释与文化之重塑"学术研讨会在澳门召开。那时，我在中国社会科学院研究室工作。应好友周柏乔先生（多年来一直在主持和操办澳门中国哲学会的各项学术活动）之邀，笔者参加了此次研讨会并提交该论文。由于自觉文中某些话语具有一定的"刺激性"，思虑再三，并与周柏乔先生商议，该文最终未在会上宣读，所以参加会议的诸位先生只是通过会议手册知道了文章的题目，却未曾知晓文中的内容。2016 年叶秀山先生突然离世，无尽忧伤之中，我重新记起十几年前在澳门想说却最终没有胆量说出来的那个词——"最后的学者"。也许，叶秀山先生正是我所说的屈指可数的"最后的学者"之一。

中华文明必将迎来最伟大的复兴，21 世纪必将是中国文化的世纪。我想，有不少人可能像我一样，曾经为此而激动过，好像这样一幅图景离我们并不遥远。

在上述宣示撩拨的激动之下，我们感觉到那样一种辉煌正一步步向国人走来：中国的电影、电视已经不知道迎来了多少个春天！由我们中国人出演、中国人导演的片子，屡获国际大奖。中国的电影演员已经在世界各类电影节上当上了荣誉嘉宾，为其他国家影片的获奖充当评委。中国的电影导演终于可以与世界级的著名导演站在一排，在戛纳电影节举办场地外的廊道上留下了自己的手印或足迹。中国一年拍摄的电影、电视剧，都超过了过去几十年所拍摄的作品的总和。我们也终于建起了堪与发达国家相媲美的五星级的电影院。从首都北京到山村小镇，人们可以收看到将近一百个频道的电视节目。

中国现在拥有的出版社和杂志社的数量好像也居于世界的首位。我们拥有的教授和作家的数量，都抵得上某个小型国家的人口，他们一年写出的著作，比"文化繁荣"到来前几十年面世的著作都要多，如果再用"汗牛充栋"和"著作等身"这样一些词语描述他们产出的著作的数量，已经是再落伍和无知不过的了。

无论一个地方是不是文化的发源地，无论它是否孕育和培养过文化名人，无论它是有着千百年历史的老城，还是仅建设数年的新兴城市，那里的政府都想尽办法将自己与文化联系在一起。遵照"文化搭台，经济唱戏"这一指导思想，各地都极力把自己所在区域的文化内涵放大若干倍，以此作为招商引资的法宝之一。人们惊讶地发现，短短数年的时间，在全国各地一下子冒出了成千上万个的文化景点和庙宇。地方政府之间为争夺历史文化名人出生地和事业发达地的荣誉而展开的较量，其激烈程度，其投入的人力、物力和财力都是前所未有的，绝不亚于他们在经济实力排行榜上的争夺。

　　有些地方政府的第一领导亲率大队人马，跑北京，走上海，恭恭敬敬地拜托有关专家在浩如烟海的历史文献中找寻"确凿"的文字证据，不管是正史还是野史，只要是白纸黑字就行。在编年史中有记载的人物，当然可以理直气壮地为他们树碑立传。其中没有的，哪怕只是民间甚至神话传说，那也没有关系，先为他们造好庙宇再说。反正无法查证，谁抢了先，就是谁的。时间长了，人们也就默认了。一些地方政府还拿出巨资，或者自己委托和召集人马拍摄关于该地历史文化名人的电影或电视剧，或者为涉及这些历史文化名人的有关电影电视剧提供赞助，至少是邀请有关知名专家和文化界名流到自己这里说一些"好话"。

　　除去国家主持或承认或各省举办的大型文化节日外，全国各地每年还有这样那样的文化节，其规模和造势绝不亚于前者。如果实在找不到上述人文历史资源，那还可以在本地特有的或在数量上占据优势的自然资源上做文章。于是，就有了"牡丹文化节""水蜜桃文化节"等。就是到北京郊区采摘一些水果蔬菜什么的，也被冠以文化色彩很浓的节日！

　　当然，最值得骄傲的还是我们走出国门，到西方国家去举办"中国文化年"。

　　拥有五千多年文明史的中国令人神往。中国被誉为礼仪之邦、文化之邦、仁爱之邦。每年有数以万计的国际文化名人前来中国"朝圣"。一些国际知名的电影制作人纷纷来到中国，从这个国家的文化中找寻灵感，拍摄关于中国文化题材的影视作品。无论是美洲还是大洋洲，无论是欧洲还是非洲，有越来越多的人迷上了中国文化，立志研究中国文化。为读懂卷帙浩繁的中国文化典籍，世界不少国家兴起了学习汉语的热潮。有不少洋人干脆直接到中国的大学读书和深造。即使不专门研究中国的历史文化，那也至少要研究一下中国的餐饮。

在即将成为经济大国的同时，我们也树立起了文化大国的形象，或者说，我们早已经是文化大国。我们有五千多年的文明史，我们是少有的配得上这一称号的国家之一。

二　在文化繁荣的光环之下

在人们似乎都能欣赏得到的文化繁荣的光环之下，我们在现实生活中还看到了另外的一面。

随着与世界的逐步接近，国人在为五千年辉煌灿烂的文明史而自豪的同时，也深切感受到这五千年压在肩膀上的分量。为轻装前进，争取早已汇入现代文明的潮流，一些人争相甩掉这个沉重的历史包袱，与过去和历史划清界限。

经历改革开放 20 多年的发展，当人们的物质和文化生活有了显著改善的时候，社会关系却出现了颠倒和错位，人与人之间最基本的伦常不再被坚守。父子不父子、夫妻不夫妻、兄弟不兄弟、姊妹不姊妹，在许多家庭中已经没有了那曾经持续数千年维系我们社会的亲情。为发泄莫名的怨恨而弑父弑母者有之，为免被逐出家门而对子女卑躬屈膝者有之，为逃避赡养父母的义务而为自己的"贫苦"和"无能"百般辩护者有之，为争夺少得可怜的遗产而同室操戈者有之，为追求婚姻自由而致使尚处幼年的亲生子女流落街头者有之。

在都市的高楼大厦中，人们似乎再也找不到原来大杂院和胡同里那种就像一家人的邻里之间的关爱与和睦。邻里对门数年，形同陌路，老死不相往来。即便是走在楼梯上或碰巧聚在不过几平方米大小的电梯间，也是眼观天地，彼此间不会有只言片语。

一起工作数年，常以要好朋友相称，甚至在别人看来不分你我的同事，为职位和荣誉彼此诋毁甚至在背后下"黑手"者并不鲜见。

在国内是同事，是朋友，但是出了国，却会为了谋到一份报酬并不算高的兼职而当着洋人的面极力贬低对方。于是，就有了下面的故事：一个日本人与一个中国人对垒，日本人怕中国人；两个日本人与两个中国人对垒，还是日本人怕中国人。但是，如果三个日本人与三个中国人对垒，日本人就可以不怕中国人，因为那三个中国人很可能不会齐心。这或许可以从另一个方面解释当年在经济上与我们并无现在这样大差距的弹丸之国为何侵占和蹂躏中国长达 14 年之久。人们常说，在美国的中国人不如黑人有地位，或许也可以从这里找到答案。

夜不闭户、路不拾遗的理想社会状态与我们渐行渐远。随便走过中国城市的一条街道，人们都会看见，即使楼层再高，人们也不得不装上厚重的防盗门和防护窗。即使是对不远千里来到北京、连最廉价的旅馆都不敢住的贫苦求医者，那些专门选择医院作业的贼盗们，也绝不会手下留情，把满怀希望在首都得到拯救的贫困者几乎倾家荡产才凑出来的几千元"救命钱"非法占为己有。

现在，三十岁左右的人也许还记得，在他们还是儿童的时候，虽然大多数家庭的生活还不太宽裕甚至还比较艰难，"拾金不昧"曾经是广泛宣导的社会风尚。在当时的北京，人们有时会在专门设立的"拣拾物品招领处"找回自己丢失的东西。可在人们以为社会文明程度有了很大提高的今天，除了被技术十分娴熟的职业化盗贼偷去的东西无望找回以外，即使是你无意丢了什么东西，最好也别抱找回来的希望。我们在各类媒体刊发的寻物启事中，经常听到和读到的是"如蒙奉还，必有重谢"的恳求和承诺。为找回本来属于自己的东西，有的失主还明码标价，开出了从几百元到数万元不等的"奖单"。我记得，学界和媒体曾对此展开过的讨论。讨论中好像有不少人"公正"地认为：在市场经济社会，人家将拣到的东西还给你，你给予一定的酬谢，是很正常的，也是应该的。此后，曾经有一将失物归还原主而未得到满意酬谢者，竟理直气壮地将失主告上法庭！

人与人之间应有的互助，也不得不遵守市场交易的规则。现在，朋友之间委托办事，常常会说：需要有什么花销尽管说，该打点的要打点，求人嘛！客气一些的要请客送礼，不必客气的是明码标价。只需说声谢谢的，那还不知要让你感激涕零多久，反正你至少欠下了一个人情债！

20年来，社会总资本和总财富有数十倍的增长。应当说，在改革开放之初，许多人的物质和文化生活水准都有了较大的提高。但是，令人难以理解的是，当中国巨富的名字越来越多地出现在国际排行榜上的时候，当中国巨富的名单越拉越长的时候，在中国的农村和城市，却现出了不少贫困者甚至赤贫者。当今贫富悬殊如此之大，已远远超出了国际公认的警戒线。一边是在全国各地甚至世界各地拥有数座高档别墅、日花费数万元的有产者，一边是流落异乡打工数年、没有任何生活和医疗保障的农民工；一边是敢为一餐宴请付出数万元甚至数十万元的阔老板，一边是虽然考上大学而家里却连几百元钱都拿不出来被逼跳下悬崖的贫困学生。一边是身居广厦、生活优裕、被视若掌上明珠的城市"小皇帝"，一边是蜗居草舍、因家境贫困而不能迈入学校大门的农村失学儿童。一边是绿草如茵的高尔夫球场上潇洒的挥杆，一边是在黄土地上乞求苍天赐予甘霖的虔诚但无望的叩首。一边是不舍得花费十几元钱买一双像样的球鞋的重体力劳动者，一边是出手阔绰、花费千万元以上购买世界顶级豪车、连售车老板都不得不惊叹的巨富……财富成了现实生活中一个最强烈的符号，成了证明一个人身份的最有说服力的标志。这就是所谓资本的逻辑，就是所谓市场的逻辑，就是所谓机会均等的逻辑。有人为此进一步做出了合理化的论证：富有是一种权利，贫困也是一种权利。我们暂且不去求证这一论断的因果的真伪，但是，我们必须清醒地认识到：愈益拉大的贫富差距，将来很可能成为引发社会危机和社会动荡的一个重要原因。

国人无论如何努力，如何及时为自己"充电"，都难以欣赏那些荣膺世界级影视大奖的国产"大片"。原因何在？是因为国人愚钝，智力低下，没有欣赏能力，还是什么其他原因？有人认为，原因在于"这些片子有一个共同的特点，就是它们的审美趣味，是力求取悦西方观众的，它们的兴趣，不在中国人的眼睛，而在好莱坞的票房"。这些影片"最突出的特征，是缺乏对人性的深切关怀，对自然与生命的悲悯，对个体尊严的尊重，简单来说，就是没有人文关怀"[①]。实际上，有不少西方人认为，这些片子所描述或反映的就是现在中国人的生活，可国人无论怎样也难以达到与西方人的共鸣。在许多人看来，它们反映的既不是中国人的现在，也不是中国人的过去，好像也不是中国人的未来。于是，也就有人既是开脱也是赞扬地评论说，这些大片的导演们所追求的是纯美的超现实的电影艺术，既然一般大众不懂得什么叫纯美，也不懂得什么是超现实的艺术形式，所以看不懂这些影片也就可以理解了。

现在，各种娱乐速食几乎完全占据了各个电视频道的黄金时间。有的是对西方电视节目的超级模仿，有的是付出不菲的资金买来的版权，有的虽自称"原创"，但观众总是能够感觉到西方文化速食的影子。有不少电视节目，近乎癫狂地煽情、逗乐，直接或间接地鼓吹暴富和不劳而获，宣导奢侈和享受。在那里，没有了问题，没有了忧患，没有了反省，那里有的只是所谓媒体与大众互动的狂欢！

也正是我们的电视媒体在为青少年们塑造着一个又一个的"生活偶像"，提供着一种又一种"新潮的"生活方式，无论是服装还是饮

---

① 陈壁生：《2004：中国人文》，《社会科学论坛》2005 年第 4 期。

食，无论是语言还是思维方式，其教导和"催眠"作用，是任何一个多么出名的特级教师都可望不可即的。面对通过"短信投票"这一"现代民主"的重要形式而推出的"超级女声"在海内外年少的"玉米"和"凉粉"中所煽动起的躁狂，无论哪个真正有实力的科班歌唱家也只能退避三舍，自愧弗如。

无论在世界哪个角落，诚信都是维系社会关系的基本条件，也是保证市场经济正常运转的重要原则。可是，在我们的现实生活中，诚信似乎成了人们茶余饭后的笑料。从现代化的大都市到名不见经传的乡村，从享誉世界的大牌企业到投资不过数百元的家庭作坊，到处都有造假和仿冒者出现。现在有谁还敢说自己从市场上买的每一件东西都是真的？全国知名的商业街或商店都敢卖假，那还有谁不敢卖假？公证处都敢开出假公证书来，那谁还相信什么材料是真的？烟酒可以是假的，服装可以是假，药可以是假的，医院的收费单据可以是假的，文凭可以是假的，公司可以是假的，合同可以是假的，人可以是假的，夫妻可以是假的，善举和良心也可以是假的。

人们见识了如此之多的假，结果就是没有了真假。既然假的可以被当成是真的，而且有时假的比真的更像是真的，那么真的也就很可能被当成了假的。既然真假难辨，所谓诚信也就没了意义。

腐败是时下人们谈论最多的话题。人们一谈到腐败，往往是指称党政司法等部门工作人员的腐败。可是，腐败现象已经蔓延到社会的各个角落。不少人嘴上说痛恨腐败，可一旦有腐败的机会，那也是不愿意放过去的。正所谓"端起碗来吃肉，放下筷子骂娘"。在现实生活中，我们还时常发现，那些嘴上喊反腐喊得最响亮的人，恰恰是实践腐败的典范。即使是再小的部门，再普通不过的岗位，只要一个人掌管着某个环节，那就有可要挟别人之处。

对于上面陈述的现象，不仅诸多国人不理解，就连洋人也搞不懂。人们不禁要问：中国人到底怎么了？有着五千年文明史的文化大国到底出了什么问题？中国人到底信仰什么？

有学者不无悲观地指出："当今中国人的心里几乎已不存在任何神圣，什么都不信，什么都不怕，无尊无卑、无大无小、无规无矩、无法无天，除了功利得失，没有其他是非原则，整个国民精神趋向痞子化。所谓'什么都不信者什么都敢做'，正是中国当今犯罪与腐败以惊人速度蔓延的根源所在。中国已出现全民腐败的症状，犯罪问题也越来越严重。"①

另有一位专家甚至说："至少从表面上看，中国人似乎找不到信仰，道德似乎在堕落，家庭在不断解体，人们的心理越来越焦虑，甚至不乏愤怒，人与人的关系，还有官民关系趋于紧张、甚至敌对，商人之间互相欺骗就不用说，白衣天使也已经成了黑心肠的象征，人们看待世界的方式越来越狂妄，而对本民族的文化越来越丧失信心。"②

三　作为文化守望者、传播者和塑造者的知识分子

以上我们所说，主要涉及社会的一般层面，或者说只是触及大众普遍感知到的层面。那么，在中国的知识界或者说中国的学界，又是怎样的一种状况呢？

长期以来，社会上一直将学界视为一方净土，是一座象牙塔和神圣的殿堂，是市场经济的汪洋中一块未被污染的飞地。在这里从事精

---

① 王力雄：《中国文化结构的解体与劫数》，载《道德中国》，中国社会科学出版社2001年版。

② 秋风：《中国知识分子开始寻找精神重建之路》，《中国新闻周刊》2005年9月10日。

神产品生产的知识分子也被赋予了"人类灵魂的工程师""人类良知的守夜人""中国人最后道德底线的守卫者""中国文化的守望者、传播者和塑造者""中国社会的精英"等荣誉。可是，近年来，无论是海内外知名的国家级研究机构还是为中外学子仰慕和向往的高等院校，却一扫往日的斯文，制造出了一个又一个让世人瞠目结舌的丑闻来。

在一批批政坛高官和经济界的蛀虫纷纷落马之后，中国的知识精英这个"很久以来，以其弱势，一直自称是中国腐败的最大受害者；以其气节，一直自诩为中国腐败的最大抨击者"的阶层，却成为人们反腐注意力集中的焦点。[①] 知名高校的知名教授的剽窃事件，国家某科学研究中心的行贿丑闻，大学招生和高校毕业文凭上的权钱交易，严肃学术成果的伪造，著名经济学家因嫖娼被抓获，频繁在媒体亮相的知名社会评论家出卖国家机密，在文化研究方面颇有一番建树的著名学者包养情妇，等等。

对这样一些几乎是层出不穷的并非花边的新闻，社会上都有些应接不暇了！人们不禁要质问：中国学界到底怎么了？我们的学者怎么会如此堕落？整个中国学界难道不为此感到羞愧？

这些令学界大多数无辜的人斯文扫地的学者确实违背了最基本的道德原则，甚至触犯了国家法律，他们已经捞取或期待捞取的毕竟不是小利！

有一则在社会上通过手机短信流传的"民谣"是这样说的："这年头，教授摇唇鼓舌，四处赚钱，越来越像商人；商人现身讲坛，著书立说，越来越像教授。"在中国经济学界，那些被归入"主流经济学家"之列的大腕们，在从事神圣的研究教学工作之余，身兼数个大

---

① 曾金胜：《学术腐败——走在钢索上》，来自互联网。

型企业的"独立董事"或"顾问"。这些企业每年要向他们奉送数十万元甚至数百万元的"慰劳金",而那些经济学大师们要尽的职责是为这些企业"出谋划策",摇旗呐喊,疏通关系,并从理论上为企业的有关决策提供"合法化"的论证。

一些连普通百姓都能叫得上名字来的著名经济学家,到处发表演讲或撰写文章,竭力为大资产者鸣冤叫屈,公然挑战国家推行的有关政策,把向劳动阶层倾斜的税收政策斥为"杀富济贫""杀鸡取卵"。面对日益加剧的贫富差距,他们告诫政府和社会,改革就是要牺牲掉一部分人的利益,在率先"富裕"起来的有产者与尚不富裕状态的社会大多数之间发生利益冲突时,应当保障前者的利益。针对中国房地产领域若干年持续暴利经营和相当一部分工薪阶层买不起房子现象,政府出台了有关制约措施,而有不少"主流经济学家"则马上提出完全对立的意见,甚至无情地向社会放言:所谓住房制度改革,就是要让有的人买得起房子,有的人买不起房子!其中的某些人还利用自己参与国家决策时在资讯占有上的便利和其他社会资源,空手套白狼,迅速营造起自己的家庭利益集团。

在人文学科领域,一些研究员和教授们也加入了为自己积聚资本的行列。他们走出书斋,与有关研究机构和高校订立"合同",忙于以访问学者和兼职教授的名义到处"讲课",为此他们每年可以轻松地获得十几万元甚至几十万元的"劳动所得"。一些人被誉为课题专业户,他们或者独立,或者联合他人,抓住一切机会,不惜动用一切关系资源,向国家、社会和本单位申请各类研究课题,为此获得少则几十万元多达数百万元的研究经费。一些根据人文社会科学研究规律在过去需要若干人花费数年也不见得完成的课题,在今天短则半年长则一两年就可以"圆满"完成,而且通常可以得到较高的"学术"评价。我们可以测算一下,即使他每天24小时每年365天都不停顿地读书写字敲电脑，也不可能制造出那样多的学术成果来。要解决这个问题，除了自己抄袭自己，还可以雇用包括自己的学生在内的廉价劳动力，实在忙不过来，还可以借用建筑工程方面的经验，实行分包或转包。

这种劳民伤财的学术泡沫化运动，比起我们早就批判过的政府官员耗去巨额人力、物力、财力搞出来但不可能有任何效益的"形象工程"和"政绩工程"，不知道要坏多少倍！

我们能不能问问自己，这样制造出来的东西能称得上是学术研究的成果？这样搞学术研究，什么时候能见到真正的学术精品？

社会上有人说，这样生产出来的东西，注定从一开始就是废品，就是垃圾，即使你出钱为它贴上多少标签都没有用！此话虽然尖刻，却是实话实说！

四　文化重建与"最后的学者"

从以上我所列举的现象，应该不难理解学界自身和社会上对整个中国知识界状况的判断：

有越来越多的知识精英与经济领域中的所谓财富精英相结合，试图垄断学界乃至社会的主要话语权。

有越来越多的学者失去了自己所应具有的最起码的学术良心和社会责任，或者沉醉于观念王国中"范畴的舞蹈"（dance of categories），或者全身心投入近乎疯狂的粗制滥造，离开作为社会主体的劳动阶级越来越远，连亚当·斯密所说的具有最起码的同情和仁爱之心的"公正的旁观者"也懒得去做了。

这就是愈演愈烈的学术腐败，它可能是中国社会最危险的腐败！

这也就是中国学界日甚一日的堕落，它可能是中国社会最可怕的堕落！

因为，学术的腐败带来的不仅是对学者个体和群体尊严的损毁，而且还会带来整个国家学术水准和学术竞争力的降低，以及全社会道德和文化水准的破坏。何王兴先生曾在他的博客中做出这样的总结：知识分子的堕落，败坏的是整个文化，是思想，是道德，是一个民族最宝贵的精神操守。知识分子的堕落，是一个社会和民族彻底的和最后的堕落。

德国的哲人费希特早在《论学者的使命》中就曾告诫我们："如果最优秀的分子丧失了自己的力量，那又用什么去感召呢？如果出类拔萃的人都腐化了，那还到哪里去寻找道德善良呢？"？中国民俗学泰斗钟敬文先生也曾经留下他对中国知识分子最殷切的期盼："知识分子应该是社会的良心，是社会的中流砥柱。"①

近20多年来，我们在文化上出现了比较大的问题，甚至可以说面临着前所未有的文化危机。无论是在大众的日常生活层面，还是在学术界、企业界，都存在不同程度的文化凋零和精神蜕变。人们失去了本来属于自己的精神和文化家园，失去了自己的灵魂。毫无疑问，中国要发展下去，要自立于世界民族之林，就不能不重建或重塑自己的文化。这是国人要花费至少整个21世纪完成的任务。完成这一历史使命，要靠全社会的努力。作为文化守望者、文化传播者和文化塑造者的中国学者或知识分子，尤其担负着更神圣的历史责任。可是，如果中国学界继续照现在这样一条路走下去，那又有谁能够担此重任，谁去完成这样一个使命？

最近一段时间，我聆听了许多学术界前辈关于现代中国学术的发展和中国学术界现状的分析。其间，他们无一不表现出对中国学术未

---

① 钟敬文：《知识分子是"中流砥柱"——谈谈抵制学术腐败》，《科学中国人》2001年第6期。

来发展前景的焦虑和担忧。无论从社会责任感，还是从治学态度和治学方法上，如果与他们的后学比照，我都会有这样一个很强烈的感觉：虽然他们一生可能只写出了一本小册子，甚至只有寥寥几篇文章，或者其中的学术论点也已经过时，但那是他们作为学者用真心写出来的，是在当时的学术界公认有价值的东西。我还在问自己：他们是不是中国学界最后的学者？我也在怀疑自己：但愿他们不是中国学界最后的学者。

面对中国文化重建的历史任务，我们最好先不要去预言成功。我们所需要的，是从当下就应该开始的努力。

人，虚静与恬淡地生存[*]
——老庄哲学对现代生活的矫正

  鲁迅先生于 1918 年 8 月 20 日给许寿裳的信中曾经说过："中国根柢全在道教……以此读史，有多种问题可以迎刃而解。"身处道家思想发源地的人们，实际具有独特的优势，更容易理解道家经典著作的丰富内涵，更有机会了解他们自己的文化。然而，那些正试图揭示道家（以老子和庄子为创始人）或道教学说与当代生活之间联系的人，却主要是德国人、英国人或其他外国人。这种现象，从一方面说，似乎可以归因于中国的现代化进程比欧洲缓慢的事实；从另一方面说，两句中国古诗的说法恐怕也适用于对本国文化的阐释："不识庐山真面目，只缘身在此山中"。

  20 世纪，欧洲人在充分享受现代工业文明成果的同时，也对自己的文化进行了批判和反思，并把目光从喧嚣的现代欧洲转向东方，转向"祥和的"古代中国。在这些人当中有不少是德国学者。理夏德·威廉（1871—1930）和其他一些活跃的中国传统文化传播者，

---

  * Der Mensch—in Leere, Ruhe und Gleichmut verweilend——Die Korrektur des modernen Lebens durch die Lebens philosophie des Laozi und Zhuangzi，收入 *DAO IN CHINA UND IM WEST-EN*，*Bouvier Verlag*，*Bonn*，1999。因论文中文本遗失，故尊请中央编译局柴方国先生自德文译为中文。

把《道德经》《庄子》《列子》等译成了西文，而欧洲人从这些经典著作中发现了老子，见识了他关于自然无为、知足不争、贵柔守雌、绝圣弃智的思想。欧洲人意识到，这是一种与西方传统的浮士德式的世界观截然不同的世界哲学，他们希望用这种哲学来修补西方的思想文化传统，以便寻得一条适合于西方人的、新的"济世之道"。把老子同耶稣、《道德经》同《圣经》拿来相比或许过于牵强，但是，像伟大的德国文学家、诺贝尔奖获得者赫尔曼·黑塞这样的人，也都承认老子的思想长期给予他"最重要的启示"，认为"我们迫切需要的智慧在《老子》里面，把《老子》译成欧洲语言是我们当前唯一的思想任务"。

然而，中国的情况却饶有意味：从 20 世纪初以来，中国人不懈地尝试着创立一种所谓的"新文化"。一些人主张放弃甚至废除几千年的文化传统，引进西方的"德先生"和"赛先生"。中国人在做出这样一种尝试时所表现出来的那种执着和顽强，丝毫不亚于主张翻译老子《道德经》的黑塞。即使在今天，还可以经常看到有些中国人竭力追求西方人已经怀疑或抛弃的东西，对本国本民族拥有数百年甚至数千年传统的东西弃如敝屣，而西方人却把这些东西当作稀世珍品，礼敬有加。我们不得不承认，有些人虽然身处传统之中，但他们却可能离传统很远；有些人虽然身处传统之外，但他们可能同传统保持着更为密切的联系。

当然，西方人不可能把《道德经》这类东方的经典著作视为拯救西方的智慧和福音，也不可能从中找到解决所有现实问题的办法。尽管如此，以老庄哲学为代表的道家思想在欧洲特别是德国却广为传播。许多人研究和崇拜老庄哲学，还有些人长期受到这一哲学的影响。在这些人当中，除了黑塞和布莱希特（1896—1956）这样世界闻名的文学大家以外，还有神学家和哲学家马丁·布贝尔（1878—

1965）、德国存在主义哲学的创始人卡尔·雅斯贝尔斯（1883—1969）和瑞士心理学家荣格等人。他们对道家经典著作的关注绝不是出于什么好奇，也不是为了消磨时间。应当说，道家经典著作中的思想财富受到关注的原因，在于它如此神秘和有吸引力，同时也更加自然，更加接近生活和现实。也就是说，它包含着思想的奥妙，即思想之"门"。

可以断言，思想领域的全部历史都是现实的历史，都是世界历史。老庄哲学，特别是他们的生活哲学，不仅属于产生它的那个时代，也属于现代和未来；不仅属于中国，也属于世界。康德和黑格尔的巨大思想财富也是如此。这些哲学中都包含有引导和矫正现代生活的丰富内容。也许，这正是思想的魅力所在。

一　见素抱朴

老子和庄子在其著作中都把"见素抱朴，少私寡欲"确定为对生活的道德要求和人们"养生"应该秉持的准则。老子说过："出生入死。生之徒，十有三；死之徒，十有三；人之生，动之于死地，亦十有三。夫何故？以其生生之厚。"（《老子》五十章）意思是说，离开了生存必然走向死亡。世上近三分之一的人本来可以长寿，但因过于贪恋享受而毁掉了性命。

《老子》十二章说得更加明确："五色令人目盲，五音令人耳聋，五味令人口爽，驰骋畋猎，令人心发狂；难得之货，令人行妨。是以圣人为腹不为目，故去彼取此。"老子认为，听任性情的摆布，耽于外在的享乐，只能对身心造成伤害；正常的生活方式只求"肚子"吃饱，而不为看上去"好看"。因此，老子一再提醒人们，尽量戒除那种只顾感官快乐、发泄欲望的动物式的行为。他指出，应当抵制外在生活中物欲的诱惑，追求内心的安逸，而不是外在的享受，做到"去甚，去奢，去泰"（摒弃那些极端的、奢侈的和过分的要求）（《老子》二十九章），"不贵难得之货"（不过分看重那些稀有的东西）（《老子》三章）。

在此基础上，老子提出了"见素抱朴，少私寡欲"的思想，并进一步阐释道："治人事天，莫若啬。"（《老子》五十九章）这里所说的"天"，是指顺应天道的人的本性，因此，"事天"也就是保持身体健康。"啬"（节俭、节省）是指要爱惜精神和生命，少用计谋和智巧。只有做到了"啬"，才能顺应至道，自然无为，达到"无不可"的境界，即没有什么不能实现或克服的境界。老子指出，这就是"深根固柢，长生久视之道。"（《老子》五十九章）

庄子接受了老子清心寡欲的思想，并加以发挥。他说道："夫天下之所尊者，富贵寿善也；所乐者，身安厚味美服好色音声也；所下者，贫贱夭恶也；所苦者，身不得安逸，口不得厚味，形不得美服，目不得好色，耳不得音声；若不得者，则大忧以惧。其为形也亦愚哉！"（《庄子·至乐》）庄子认为，追逐荣华富贵、善誉佳名、长寿善终、华衣丽服、美色乐音，对生命是有害的，这样做是混淆了养生的意思，把空洞的快乐当成了真正的快乐。在庄子看来，神静心宽才能于人有益，才是至足至乐，人的内在价值即在于此。他告诫说，一味地追求表面上的名声、财富和享受，只会使人性发生变异，使人生变成悲剧："且夫失性有五：一曰五色乱目，使目不明；二曰五声乱耳，使耳不聪；三曰五臭熏鼻，困悛中颡；四曰五味浊口，使口厉爽；五曰趣舍滑心，使性飞扬。此五者，皆生之害也。"（《庄子·天地》）因此，他主张："圣人不从事于务，不就利，不违害，不喜求，不缘道。"（圣人不去营谋那些世俗的事，不贪图利益，不躲避危害，不喜欢妄求，不拘泥于道。）（《庄子·齐物论》）也就是说，人应当过一种自然的生活，摆脱主观上的希求和算计，摆脱在学界、官场的名声和目标，摆脱各种人为的纷扰。

庄子生于老子之后，其论述比老子更加全面。

在《盗跖》篇中，庄子通过虚构的对话表达了他对待物欲的原则。他承认对感官享受（声色滋味等）的追求属于"人的本性"。他还发问：如此人之性，"孰能辞之？"但是他也指出，过分的物质享受会对身体造成损害，即所谓"物有余而形不养"（《庄子·达生》）。因此，无论饮食还是性欲都要有所节制："人之所取畏者，衽席之上，饮食之间，而不知为之戒者，过也。"（人最该畏惧的，是在枕席之上过分淫荡，饮食之间不能节制，却不知引以为戒，实在是大错特错呀！）（《庄子·达生》）

应当看到，庄子强调节欲而非禁欲，主张过一种均衡适度的物质生活。庄子说过："平为福，有余为害者，物莫不然，而财其甚者也。"（平常、平淡、平安、平等就是幸福，欲望多了，拥有的多了，就可能招致祸害，万事万物莫不如此，而对于钱财来说更是如此）（《庄子·盗跖》）其实，这也就是老子所谓道的本意。

老子和庄子在论及养生原则时，都从个人生活的价值标准出发，主张要节制欲望和知足。这样，他们就把节制欲望、摈弃过分享受的道德要求，同保持生命长久健康的外在必要性紧密联系起来，把节制欲望的道德要求内化为生命本身的现实需要，把外在的美德变成内在的美德。这一点也是道家学说与儒家、墨家学说的区别所在。另外，还可以用这一点来解释道家思想何以在民众中间广为流行，但是没有被官方意识形态所接受。

二　虚静无为

"清静无为"，亦即"虚静无为"，是道家思想的主要内容。老子说过："万物并作，吾以观复。夫物芸芸，各复归其根。归根曰静，静曰复命。"（《老子》十六章）庄子也说过："静则无为。"在老子和庄子看来，"静"是万物本原的存在状态，"夫虚静恬淡寂寞无为者，万物之本也……朴素而天下莫能与之争美。"（《庄子·天道》）在《刻意篇》中又说："夫虚静恬淡寂寞无为者，此天地之本而道德之质也。淡然无极而众美从之。"虚和静是道家用来解释宇宙起源的基本概念，不仅如此，老子和庄子还把这两个概念引进生活哲学，认为没有虚、静，就谈不上"真"和"善"。

老子和庄子认为，纵情享乐、声色滋味、驰骋畋猎、难得之货等等，只会阻塞人心，使人迷狂，失去方向，使社会发生蜕变和扭曲。因此他们告诫说，要离开那种只会给人带来负担的物欲的深渊，重新找回人的本性，即平和、宁静、无欲的本性。在他们看来，"静胜躁，寒胜热，清静为天下正。"（清静能胜躁动，寒冷能胜暑热。清静无为才是天下之正道）（《老子》四十五章），只要内心平静，就可以摆脱物欲所引起的烦躁不安。他们强调，要做到"致虚极，守静笃。"（尽力使心灵的虚寂达到极点，使生活清静坚守不变）（《老子》十六章）"虚静"是人心的本相，一旦受到外来的诱惑，"私欲"就会占据上风，人心就会迷乱和不知所措。要做到"虚静"，就要努力抵制物欲的诱惑，保持一种纯真坦荡、光明磊落的健康心态。

要使内心得到解脱，就要摆脱物欲的诱惑。庄子说过："其嗜欲深者，其天机浅。"（《庄子·大宗师》）即深陷欲海、贪婪无度，就会失去生命中的灵性与智慧，错过人生中许多好的机缘与福报，就不可能成为"真人"和"圣人"。相反，一个人如果淡泊名利，生命中的灵性与智慧就会比较丰富，就会得到人生中许多好的机缘与福报。"圣人之静也，非曰静也善，故静也；万物无足以铙心者，故静也。"（《庄子·天道》）这种观点不同于孔子，孔子把"静"与"仁"这个道德概念合在一起，提出了"仁者静"的观点。庄子则明确指出，保持内心清静，这不是说清静是好的所以才清静，而是为了以此来消除世间万物对内心的搅扰，摆脱诸如业绩、名望、收入和利益等的羁绊，以获得个性的自由和内心的自由。因此，庄子要求"无视无听，抱神以静"（《庄子·在宥》），目无所见，耳无所闻，心无所知，清静豁朗。在他看来，这样人的内心才是纯正清静的，才不会去贪恋钱财、尊严、名声和利益，才不会为喜怒、得失所摆布，"正则静，静则明，明则虚，虚则无为而无不为也。"（各种各样的功利欲望是束缚人的心灵的，去掉此种束缚，那么心中就可不受干扰而处于平正状态，内心平正才能安静，安静才能明澈，明澈才能空明，空明才能顺应自然而没有什么做不到的。）（《庄子·庚桑楚》）可见，庄子所谓的"静"，指的是内心的解脱。

当然，老子和庄子所谓的"静"，不仅仅是一门生活艺术，更重要的还是一种行为哲学。他们主张"清静无为"，无疑与当时灾祸连绵的社会环境有关。社会上到处充斥着阴谋诡计，使人感到痛苦，也使老庄内心受到震动。千百年来，生活现实的痛苦和黑暗造就了许多著名的贤哲和隐士，他们当中大多数人所追求的不是名望和业绩，相反，他们推崇老庄，把"静"当作自己的思想支柱。他们遁入乡间、山林，在那里寻求自己的精神家园。古诗"山居惟爱静，白日掩柴门"就是对这种生活方式的描述。这种生活方式或许无法再现，但是他们所留下的精神财富却让我们浮想联翩，难以释怀。

这里，我们应当引证一下陈鼓应先生对老子和庄子"虚静"的生活这一观点的评价：

> 我们应重视老子所提出的"虚静"等观念，这是对生活上具有批评性与启示性的观念。虚静的生活，蕴涵着心灵保持凝聚含

藏的状态。唯有这种心灵才能够培养出高远的心声和真朴的气质，也唯有这种心灵，才能导引出深厚的创造能量。反观现代人的生活，匆促浮华，自然难以培养出深沉的思想；繁忙躁进的生活，实足以扼杀一切伟大的创造心灵。老子恳切地呼吁人们重视一己内在生命的培蓄，就这一个层面来说，对于现代这种浮光掠影式的生活形态与心理样态，老子的呼声，未尝不具有深刻的意义。①

依老子和庄子的看法，若想达到虚静、无待、无为的境界，就要"抱朴守真"，保持自己的自然本性。老子和庄子认为，学问、智巧和计谋有害于身心健康："为学日益，为道日损，损之又损，以至于无为。"（《老子》四十八章）从事于学问，会使人不断地增加欲望和智巧；只有"从事于道"（为道），才会逐渐地减少求知欲，达到无为的境界。在老子看来，学问是烦恼、忧虑的根源，只有抛弃所谓学问（绝学）才能驱除烦恼（无忧）。老子这里所说的"学问"（知），不是指学术知识，而是指智巧和计谋。老子曾设想过一种纯真朴直的自然状态，也可以说是一种单纯可爱的原始状态，在那里没有任何智巧和计谋。老子把这种纯真朴直的自然状态比作还没有被唤起求知欲的婴儿，批评仁义道德破坏了人的这种纯真朴直的自然状态。他认为，仁义道德是表面性的东西，而世上也不乏虚伪的"仁者"。这也是他一再要求"见素抱朴""复归于朴"的原因。（《老子》十九章、二十八章）

应当注意，老子从未要求人们心甘情愿地回到远古那种蒙昧无知的状态，放弃任何学问和知识，一味地追求所谓内心的清静。实际

---

① 陈鼓应：《老子注译及评介》，中华书局1984年版，第45—46页。

上，老子所提出的生活要求是一种两难的要求，它永远也无法实现。尽管如此，它还是可以成为我们生活中的指导原则。

庄子认为，朴和真是"卫生之经"，有益于身心健康。无拘无束，心胸坦荡，像儿童一样天真纯洁——所有这一切，可以保护我们免遭不幸、疾病和灾难的纷扰。"行不知所之，居不知所为，与物委蛇，而同其波。是卫生之经已。""不以人物利害相撄，不相与为怪，不相与为谋，不相与为事"；"藏不虞以生心，敬中以达彼"。(《庄子·庚桑楚》) 只有做到无忧无虑，内心才会有活力，只有做到内心里真诚坦率，才能与外物交流，影响外部世界。所有这些观点，都要求我们恪守真诚的道德准则，以此来抵御身心的疾病。

现代心理学证实了老子和庄子几千年前提出的观点。在现代社会生活的发展过程中，一方面人与人之间越来越疏远，另一方面人类生活的特点又要求人们建立起尽可能密切的联系。无论人与人之间的关系多么冷淡，有些（也只是有些）人，即那些纯真自然、不过分关心私利的人，也还是会主动或被动地与他人建立联系，与他人和谐友好地相处。相反，那些老谋深算、过于算计私利的人，却无法与他人长期和谐相处，而这无论对他们自己还是对他人来说都没有好处，毕竟人际关系的意义要比单纯的利益调整更加宽泛。另外，把老子和庄子的观点应用于不同社会群体甚至不同国家之间的关系，似乎也是一个很有意义的话题。

三　不为物累

上面谈到的思想，其实已经触及个人"养生"或个人修养与外部环境的关系问题。庄子在这个问题上明确提出了"无己""无待""不为物累"的观点。以老子和庄子为代表的整个道家学派早就正确地认识到，人如果处理不好与外部环境的关系，人的精神就会遇到难以承受的压力。这种人为的压力之所以产生，一个根本原因就是人们过分地关心外物。老子和庄子当时就注意到，人们过于关心名声、地位和财富，不仅绞尽脑汁地盘算着如何达到目的，而且宁愿牺牲自己的"真我"来交换。而过分追求名望和财富，则对这些人的身心健康造成严重伤害，使他们纯真的本性遭到泯灭。

因此，老子质问道："名与身孰亲？身与货孰多？得与亡孰病？"（《老子》四十四章）名利与生命，那一个更亲切？生命与财产，哪一个更贵重？获得名利与失去生命，哪一个更有害？老子希望人们能够在虚名与真我之间、生命与财富之间、获得名利与失去生命之间做出选择。他所给出的答案是不言而喻的。

庄子也指出，目标的真正实现不在于涉身官场或占据高位，而在于保持内心的纯真朴直。官职、名望等都是身外之物，是靠不住的、转瞬即逝的东西。庄子说：贤者"不为轩冕肆志，不为穷约趋俗，其乐彼与此同，故无忧而已矣"。（《庄子·缮性》）只有以同样豁达的心态面对名利和苦难，才能在生活中无忧无虑。相反，如果为了谋取高位而随时放弃自己的志向，就会不断地为既得利益和职位劳神，患得患失，以至于"神不守舍"。庄子把这种为追逐外物而失去自我、随波逐流而丧失本性的人，称为"本末倒置之人"："丧己于物，失性于俗者，谓之倒置之民。"（《庄子·缮性》）

在《至乐》篇里，庄子具体分析了人为外物所累的情况，以及这种情况会对身心健康造成多大的危害。庄子指出，人们都在追求"富贵寿善"，喜欢"身安、厚味、美服、好色、声音"，一旦得不到这些东西，他们就显得十分忧虑和担心。庄子认为，这种对待自己生命的做法实在是太愚蠢了。"夫富者，苦身疾作，多积财而不得尽用，其为形也亦外矣。夫贵者，夜以继日，思虑善否，其为形也亦疏矣。

人之生也，与忧俱生，寿者昏昏，久忧不死，何苦也！其为形也亦远矣。"（《庄子·至乐》）

此外，庄子还指出，处理不好个人养生与外物的关系，就会使人道德败坏，擅于蒙混欺骗。这种人过于关心身外之物，贪心十足，忙于钻营，追名逐利，他们的内心迷乱破碎，他们的生活浮华虚伪，他们不能正确地对待自己，也无法和他人相处。"不能容人者无亲，无亲者尽人。"（《庄子·庚桑楚》）过分贪图身外之物，使这种人变得狭隘，难以容忍他人，结果敌对者越来越多，亲友越来越少，这种人也就算是完了。这些观点可以说是对所有现代人提出的批评和告诫。人们越是只顾自己而损害他人，这些观点就越有警示意义。无论如何，不能忽略这样一点：庄子所提出的摆脱物累的办法，即"弃世"和"应顺"，其实包含着积极的内容，不能简单否定。

本文一开始就说过，从老庄哲学中不可能找到拯救西方或东方的福音。然而，当我们今天遇到各种各样的人类生存问题的时候，再来回顾老子和庄子所代表的道家生命哲学思想，我们确实感到汗颜。所有思想家特别是哲学家的思想，或许都要遭遇这样的命运：在被遗忘了千百年之后，才又被人们重新发现，拿来当作警世箴言和生活戒条。

无论在发达的西方，还是在刚刚走向现代化的东方，物质财富的创造往往是由市场原则和利润原则驱动的。毫无疑问，物质财富的充裕极大地改善了人类的生存状况。可是，我们现在也遇到了滥用物质财富和拜金主义的问题。社会上的有识之士对现代人不断膨胀的消费欲望提出了直接或间接的批评，批评人们成了这种"物欲"的牺牲品。竞争本来是经济发展的推动力，但是，不知从何时起，它也侵蚀了人的本性。随着人们以各种现代手段来满足自己无限膨胀的感官欲望，人们便丧失了自己的内心世界和精神家园，与自己的"真我"

日益疏远。不过，现代人一方面听任欲望肆意泛滥，另一方面又用似乎合理的办法对自己的过失加以弥补。现代文明的发展使传统的伦理道德近乎荒废，与此同时，人们也在呼唤那趋于消失的人的本性。面对这样的问题，人们现在终于把意识形态的分歧搁置一边，为了人类的共同生存而对自己的本性和生存状况进行探讨，并且溯本求源，从先贤的遗言中寻求启示。虽然这种做法不是解决人类生存问题的唯一途径，但从道家的经典著作中还是可以看到许多能够矫正现代生活的内容。

国外知名学者和政治家对全球
金融危机的反思*

由美国次贷危机引发并席卷全球的金融危机引起世界各国学者、政治家、新闻媒体乃至普通百姓的广泛关注。人们从不同的政治层面和理论视角，对此次金融危机的原因、性质、影响及前景进行解读和反思，提出了这样那样的观点和看法，其中既有共识，也有歧见。时至今日，金融危机及其导致的实体经济危机还不能说已经结束，其对世界经济、政治格局甚至人类生活方式的影响也尚未完全显现出来，有关它的研究和讨论当然也不可能停止。

一　市场原教旨主义的恶果

拥有"金融杀手""金融危机纵火犯""金融大鳄""慈善家"等多项"桂冠"因而备受争议的索罗斯（George Soros）在 2008 年初警告说，全球正面临着第二次世界大战以来最严重的金融危机。他认为，在过去几年中，各国金融政策一直被一些基本的错误思想所引导。他将这些错误思想的来源称作"市场原教旨主义"，即认为金融

---

* 原载《理论热点：百家争鸣 12 题》，社会科学文献出版社 2010 年版，署名"肖木"。

市场机制可自我均衡的观点。他说："这种观念是错的，眼下的确存在严重的金融危机。"在《金融市场新范式：2008年信用危机及其意义》一书中，索罗斯认为：过于相信市场的自我修复能力，很可能是造成美国25年来"超级泡沫"的罪魁祸首。2008年4月5日，索罗斯接受《金融时报》记者克里斯蒂娅·弗里兰（Chrystia Freeland）专访时说：自从1980年以来，"市场原教旨主义"一直是美国政府以及英国政府的主导意识形态。所谓"超级泡沫"可以上溯到1980年，当时里根出任总统，而玛格丽特·撒切尔出任英国首相。从那之后，市场上占主宰地位的思维方式是：市场应该被赋予更大的余地，而监管调节机构则全然放弃了他们的监管调节的责任。

2008年9月20日，索罗斯接受法国《世界报》采访时重申了自己的观点，认为华尔街危机是市场原教旨主义这一放任市场和让其自动调节理论带来的恶果。他指责政策制定者放任市场并让其自动调节是导致目前金融危机的主要原因，认为美国联邦储备委员会和美国财政部对使美国和欧洲陷入经济衰退的"超级气泡"的形成负有责任。2008年11月21日，他在中金论坛发表演讲时说："错误认识来源于当前的金融理论，即认为金融市场趋向均衡，偏离均衡只是由偶然的外部因素引发的。这种理论被用来说明追逐自我利益不应受到约束以及市场应放松管制是合理的。我把这种说法称作'市场原教旨主义'，并且我认为这种论断是建立在错误的论据基础上的。仅仅因为监管和其他形式的政府干预被证明是有缺陷的，并不能说明市场是完美的。""由于市场原教旨主义基于错误的假设，因此20世纪80年代将其作为经济政策指导原则的做法必然带来恶果。实际上，从那时起，我们已经经历了一系列金融危机。但是这些恶果对处在全球金融系统最边缘而不是中心的国家造成了重创。因为整个金融系统由发达国家，特别是在国际货币基金组织享有否决权的美国控制。"2009年

2月21日，索罗斯在哥伦比亚大学演讲时表示，目前全球金融危机主要源自20世纪80年代美国开始对金融行业放松管制，同时，这也标志着占资本主义国家主导地位的自由市场模式可能将走向终结。2009年6月7日，他在复旦大学演讲时再次强调，这次危机的根源应追溯至20世纪里根—撒切尔时代，即市场原教旨主义。几天之后，索罗斯在北京参加国际金融协会研讨会时，说自己一直坚信"有效市场"理论是错误的，认为政府要自己承担金融监管责任，防范系统风险。

二 新自由主义的终结

2001年诺贝尔经济学奖得主、哥伦比亚大学教授斯蒂格利茨（Joseph E. Stigiliz）2008年7月在《评论汇编》（Project Syndicate）上发表题为《新自由主义的终结》（The End of Neoliberalism）文章认为，新经济自由主义是由一系列基于市场具有自纠功能、能有效地分配资源并很好地为公共利益服务的原教旨观念组成的混杂观点。就是这种市场原教旨主义支撑着撒切尔主义、里根经济学和所谓的"华盛顿共识"，该"共识"赞成私有化、自由化以及全心关注通货膨胀问题的独立的中央银行的观点。

斯蒂格利茨指出，在长达25年的时间里，在发展中国家之间有一个竞赛，竞赛的失败者很清楚：那些追求新自由主义政策的国家不仅失去了增长的资本，而且当它们确有增长的时候，由此产生的利益也被不成比例地分配给了那些权势阶层。虽然新自由主义者不愿意承认这一点，但是他们的思想也没有通过另一个检验。没人能声称，在20世纪90年代末期，金融市场在分配资源上是卓有成效的。自由市场的说辞在被有选择地加以使用——当它为一个特别的利益服务的时候就会得到认可，当它不能做到这一点的时候就被抛弃。乔治·W.布什政府公开为美国的军事工业集团服务的程度比以前的政府更为赤裸裸。或许，布什政府的少数几个优点之一就是在说辞和事实之间的差距要比罗纳德·里根政府小。在里根所有的自由贸易说辞中，他随意地施加贸易限制措施，包括臭名昭著的对汽车"自愿"出口限制。

斯蒂格利茨认为，自由市场的说辞和政府干预的混合对发展中国家造成了特别恶劣的影响。他们被告知要停止对农业进行干预，因而将自己的农业暴露在来自美国和欧洲的具有毁灭性的竞争之中。他们的农民或许可以和美国及欧洲的农民竞争，但是这些农民无法和美国以及欧盟的补贴竞争。不出所料，发展中国家对农业的投资正在逐渐减少，从而造成食品缺口加大，并最终酿成最近的粮食危机。然而提出这个错误建议的人不必担心要去购买失职保险，因为所有的代价将由发展中国家的人们来承担，特别是穷人。如果测量准确，历史将见证贫困人口的大量增加。

斯蒂格利茨说，市场原教旨主义的拥护者企图将市场失灵的过失转变成政府失职的责任。有人说美国政府应该对低收入的美国人的房屋问题给予更多的帮助，可是美国政府没有这样做。但并不能改变现实：美国的银行普遍对风险处理失当，并由此产生了全球性的恶果，但与此同时，那些经营这些银行的人却拿着数亿美元的补偿溜掉了。新自由市场原教旨主义一直是为某些利益服务的政治教条，它从来没有得到经济学理论的支持。而且现在看来，显然它也没有得到历史经验的支持。吸取这个教训，或许是现在乌云密布的世界经济的一线希望。

三 市场原教旨主义是一场灾难

美国知名语言学家、马萨诸塞理工学院教授诺姆·乔姆斯基

（Noam Chomsky）2008 年 11 月 7 日在西班牙《起义报》发表文章认为，目前这场国际金融危机标志着以自由市场原教旨主义为理论的文化模式的终结。当前的金融危机是将自由市场原教旨主义作为主要理论的文化模式的危机。没有任何人知道这场危机有多么严重。它是多重危机：一是金融危机，还处在最初的阶段。二是实体经济的衰退，也就是说生产性经济的衰退。三是美国私人医疗体系低效率和高成本的紧迫的危机，如果不严肃地处理，它将破坏联邦的预算。而且，这些因素将以复杂的方式相互作用。

乔姆斯基说，眼前最大的教训是，市场原教旨主义是一场灾难，这一点也不应当使拉丁美洲人或其他屈从于它的人感到吃惊。更具体地说，金融的自由化导致灾难。自由化是对民主的沉重打击。现在的金融危机是一场"文化模式"的危机，如果说这是指一个理论体系，那就是自由市场的原教旨主义。但是，这一理论从来没有被西方的权力中心自己接受，尽管它们在指教别的国家时感到"幸福"。美国前总统里根是公认的"自由市场最高的神父"。乔姆斯基认为，关于这场经济危机在文化领域会带来什么后果，还难以预料。

乔姆斯基在另一篇文章中指出，在很大程度上，南方大部分国家遭遇的粮食危机和北方国家遭遇的金融危机有一个共同的来源，即20 世纪 70 年代以来向新自由主义的转向，它终结了第二次世界大战后美国和英国创立的布雷顿森林体系，终结了"资本主义的黄金时代"。在新自由主义时代拆除布雷顿森林体系的限制，恢复了对付民主的强大武器。一般来说，自 70 年代以来，在实行新自由派规则的地方，经济表现越来越糟糕，社会民主工程也遭到削弱。在部分接受这些原则的美国，大部分人的实际工资在过去 30 年里几乎停滞不前，并没有像从前一样跟随生产力增长而提高。经济增长进入了少数人的口袋，越来越多地进入金融业。金融业在 20 世纪 70 年代时占 GDP

的几个百分点而已，现在已经上升到三分之一以上，而生产性工业开始下降，伴随它的是大部分工人生活水平的下降。经济已经被泡沫、金融危机和达到新高峰的公共救助破坏了。一些国际著名的杰出经济学家从一开始就解释和预测了这些结果。但是关于"效率市场"和"理性选择"的神话占上风。这不是意外：因为它对提供"政策设计"的少数特权者和权势者是有很大好处的。

四　新自由主义全球化的死亡

美国当代著名学者沃勒斯坦（Immanoel Wallerstein）2008 年 2 月 1 日发表文章称，资本主义的新自由主义全球化阶段将走向终结。他说，20 世纪 80 年代早期以来，新自由主义全球化意识形态滚滚向前。它事实上并不是一种新理论，尽管它宣称如此，而是非常陈旧的理论，即世界各国政府不要干预有效的大型企业在世界市场争夺优势的努力。第一个政策含义就是，政府即所有各国政府都要允许这些公司带着它们的货物和它们的资本自由穿越各国边界。第二个政策含义是，政府即所有各国政府，都不要在它们本身充当这些生产性企业所有者方面发挥任何作用，而要把它们拥有的一切都私有化。第三个政策含义是，政府即所有各国政府，都要把向本国人口的所有各类社会福利转移支付最小化，如果不是完全取消的话。这种陈旧的理论以前总是周期性地成为时髦理论。在 20 世纪 80 年代，这些理论被提了出来，以对抗同样陈旧的凯恩斯主义和（或）社会主义理论。

沃勒斯坦认为，新自由主义全球化纲领利用了世界范围的利润停滞。新自由主义反攻是美国和英国的右翼政府（里根和撒切尔）领导的，加上两个主要的政府间金融机构即国际货币基金组织和世界银行，它们联合打造并实施了后来所说的华盛顿共识。这个全球性联合政策的口号就是撒切尔夫人所说的 TINA，或"没有其他选择"。口号意在向所有政府传达这样的信息，即它们必须同意这些政策建议，否则他们将遭到增长缓慢和在可能面对任何困难的时候得不到国际援助的惩罚。华盛顿共识的许诺是重启各国经济增长和摆脱全球利润停滞。从政治上说，新自由主义全球化支持者们是非常成功的。一个又一个政府，无论在南半球、社会主义阵营还是发达的西方国家，都实行了产业的私有化，都向贸易和金融流动开放了本国边界，也都削弱了福利国家。社会主义理论，甚至凯恩斯主义理论，在公共舆论中大多名誉扫地，并遭到政治精英唾弃。最戏剧性的可见后果是东中欧和苏联共产党政权垮台。

但是，这种巨大政治成功的唯一问题是没有与之相称的经济成功。工业企业的利润停滞在世界范围内继续存在。各地股票市场的急剧走高不是建立在生产性利润上，而主要建立在投机性金融操纵上。世界范围和各国国内的收入分配都变得非常偏斜——世界人口中10%高收入人群，特别是1%的顶层，其收入大幅度增加，而世界人口中其他人群的实际收入大多下降了。对一种无限制"市场"的崇拜在20世纪90年代中期开始幻灭。很多国家那些更注重社会福利导向的政府重新掌权；重新呼吁政府出台保护主义政策，特别是来自劳工运动和农业工人组织的呼吁；世界范围内异向全球化（alterglobaliza-tion）运动的发展，其口号是"另一个世界是可能的"。这种政治反应进展缓慢，但持续增强。与此同时，新自由主义全球化支持者们不但顽固不化，而且通过乔治·W. 布什政权加大了他们的压力。布什政府在推动更加扭曲的收入分配（通过对富人大肆减税）的同时，推行强硬的单边军事主义外交政策（入侵伊拉克）。它用借债（负债）的急剧扩张对此提供资金，而这是通过向世界能源供应和低成本设备的控制者出售美国国库债券实现的。

沃勒斯坦认为，政治平衡正在往回摆动。10 年之后，新自由主义全球化将被作为资本主义世界经济历史的一次周期性摆动记录在案。真正的问题不是这个阶段是否结束，而是回摆是否能够，正如从前一样，恢复世界体系的相对均衡状态。或者，造成的破坏已经太大了？我们现在是否已经进入世界经济以及从而作为整体的世界体系的更加暴力的混乱之中？

五　全球自由资本主义之死

英国《金融时报》首席经济评论员马丁·沃尔夫（Martin Wolf）2008 年 4 月 7 日在《金融时报》上撰文说，2008 年 3 月 14 日是全球自由市场资本主义梦想破灭的一天。30 年来，我们一直在努力缔造市场主导的金融体系。美联储（Fed）——美国货币政策负责机构和自由市场资本主义的首席倡导者——决定拯救贝尔斯登（Bear Stearns），宣告了这一时代的终结。市场的自我修复能力不再值得相信，政府解除管制已达极限。

沃尔夫断言，这场危机肯定标志着对金融自由化态度的转折点，而美联储将安全网延伸至投行并不是唯一原因。如果美国本身已越过了解除金融监管的"高水位"，这将产生广泛的全球影响。直到不久以前，西方还可能告诉中国人、印度人或那些过去 20 年遭受过严重金融危机的人，世界上存在一个既自由又强劲的金融体系。形势已不复从前。事实上，我们将很难说服这些国家相信，美国及其他高收入国家暴露的市场问题不是一次可怕的警告。他们会问，如果拥有丰富经验和资源的美国都不能避开这些陷阱，那么为什么要期待我们做得更好？这是危险的时代，也是具有历史意义的时代。美国正展现出解除监管的极限。我们必须从正确的地方开始，认识到即便是最近的过去也是一个陌生的国度。

六 自由资本主义制度已走到末路

2008 年 10 月 7 日，美国《耶鲁全球化》在线杂志发表资深新闻记者巴希尔·戈特（Bashir Goth）的文章认为，"私有化狂热"的恶果已暴露无遗。一致的观点是，资本主义当前的自由统治及其对所有社会结构的全球化适应性已经走向末路。戈特说，正如在生态学中需要并倡导生物多样性一样，经济领域同样需要经济多样性。在很多发展中经济体和第三世界国家，公共部门在保护贫困人口免受经济困难的冲击方面发挥着重要作用。但随着信息技术爆炸、互联网出现、".com"泡沫交易、庞大的跨国公司飞速扩张、投机市场飓风像爆米花机一样飞快制造出财富，每个国家都被迫服从命令，接受美国自由贸易的全球标准，包括公共机构的私有化。全球化需要自由市场的统一，需要输出一些超现代的美国银行体系概念，对冲基金、不可靠的企业债务评级公司、虚假的抵押体系以及"我死之后，哪管洪水滔天"的流动公司已经占领了全世界。公共部门、政府所有和集中管理曾被打上"过时"的烙印。在私有化的狂热浪潮中，世界很多国家都有成千上万的人失去生计。世界上每个人都在做着发大财的美国梦。但正如每次淘金热所证明的那样，在其他老百姓债务缠身和人们对消费主义无尽追求的同时，只有少数幸运儿能真正发财。

戈特认为，西方国家领导人愚弄了全世界。虽然世界的相互关联性已经如此紧密，以赢利为目的的投资不断从一处跳往另一处，但似乎没有人注意到灾祸降临的预兆。很显然，如果不采取迅速的补救措施，美国的金融旋涡将把整个世界经济卷进去。除了现在提出的紧急救援以外，至关重要的一点是，当前的资本主义制度应当改变路线。

世界应当以全局观和多样化结构为基础进行彻底的经济改革，而不是继续支持一个老化的体系。我们需要这样的经济：它尊重其他国家经过时间考验的金融制度，它不会像避开皮包公司一样避开第三世界国家的汇款公司，也不会把阿拉伯国家的主权基金当作投机者。这类外国资本如今可以为急需资金的美国经济解困。当前人为的金融危机预示着一个资本主义新时期的到来；它预示着一场重大变革的开端。现在，所有人都必须清楚，如果某一制度只照顾极少数富人而不尊重每个人的经济福利，它便注定会落得同样的下场。

七　自由放任主义意识形态的失败

　　著名网站 Slate 主编雅各布·韦斯伯格（Jacob Weisberg）2008 年 10 月 18 日在美国《新闻周刊》上发表文章称，金融崩溃证明了自由放任主义意识形态的失败，自由放任主义已经终结。韦斯伯格指出，当金融大屠杀到来之时，自由放任主义的鼓吹者急忙解释说，之所以爆发全球金融危机，是因为政府干预过多而非干预太少。但是，除此以外，对于问题到底出在哪里，自由放任主义的捍卫者没有提供任何令人信服的解释。

　　韦斯伯格认为，关于自由放任主义的鼓吹者或捍卫者，如果我们说得好听一些，那就是因为他们的观点源于抽象的理论，所以他们可能具有高度的原则性，更讲究逻辑的严密性。如果说的难听一些，那就是他们在思想上是幼稚的，观点上是僵化的。他们中的许多人在中学时代就曾如饥似渴地阅读过艾茵·兰德（Ayn Rand，1905—1982，俄裔美国哲学家、小说家，个人主义、理性利己主义及彻底自由放任资本主义的信徒、倡导者）的小说。对资本主义所持的英雄主义观点使他们难以接受市场可能是非理性的，可能会误判风险，也可能会错置资源。他们无法看到，如果没有强有力的政府监管和注重实效的干预能力，金融体系无疑是在制造灾难。韦斯伯格说，他们破产了，但这次他们不会得到任何紧急救助。

八　是宣布新自由主义试验失败的时候了

澳大利亚总理陆克文（Kevin Rudd）撰文认为，当前，全球金融危机已演变为经济危机和就业危机，对金融、实体经济及各国政府收支平衡产生巨大冲击。在很多国家，甚至演变成社会危机和政治危机，对地缘政治，对西方尤其是美国的全球地位产生战略性影响。他说，这一后果的始作俑者就是过去30多年来自由市场意识形态所主导的经济政策。这一政策被称为"新自由主义、经济自由主义、经济原教旨主义、撒切尔主义或华盛顿共识"，其主要哲学包括：反对征税、反对监管、反对政府、反对投资公共产品，推崇不受管制的金融市场、劳动力市场和自由修复的市场。在20世纪30年代的大萧条中，不受约束的自由市场主义本已名誉扫地，但到70年代，由于英国首相撒切尔和美国总统里根的推崇而重新翻身，成为经济界的正统。事实证明，新自由主义及其所伴生的自由市场至上主义，不过是披着经济哲学外衣的个人贪欲。在1987年的股市崩盘、1994年的墨西哥金融危机、1997年的亚洲金融危机、2000年的互联网泡沫破裂期间，美联储一直盲目相信市场的正确性，坚持通过大幅降息的方法增加市场流动性，这一方法屡试不爽，直到本次次贷危机爆发。事后，美联储前主席格林斯潘也不得不承认，自由市场主义是不正确的。

陆克文还说，此次全球金融危机已向人们表明：这是一场涉及体制、理论和意识形态领域的危机。它让人们开始质疑过去30年来盛行的新自由经济理论——在此理论基础上建立的国家和全球监管框架是如此不堪一击，根本无法阻止经济重创造访全球。他认为，需要对新自由主义在造成当前经济危机的原因中所起的核心作用进行坦诚的分析。新自由主义政策源于无管制市场至上的核心理论信仰，尤其是无管制的金融市场。而这些说法又以"效率市场假说"为基础。新自由主义理论认为，市场有效性出现偏差都应归结为外部原因。泡沫和其他问题的产生是政府和其他方面的"不完善"导致的，而非市场自身原因。这一理论支持个人自我利益不受任何限制，市场决定的收入分配是自然的和天然公正的。市场是文明社会自发的和自我调节的产物，政府是外来的强行入侵者。由于目前的危机，现在是宣告过去30年伟大的新自由主义试验失败的时候了，是宣告皇帝没有穿衣服的时候了。

法国总统萨科齐2008年9月25日表示，全球金融市场陷入动荡显示出市场和放任主义的失灵。他认为，那种认为市场永远正确的观点是愚蠢的；那些关于自律能解决问题、放任主义以及全能型市场的看法都是错误的。萨科齐说："用自律来解决任何问题，该结束了；不干预主义，该结束了；认为强大市场永远正确的观点，该结束了。我们必须从这场危机中吸取教训，来防范危机不会再次发生。"

美国加利福尼亚大学洛杉矶分校教授罗伯特·布伦纳（Robert Brenner）指出，大部分人对新自由主义从来不感兴趣。劳动人民从来没有认同过自由市场，自由金融市场，或者其他的新自由主义思想。但是，绝大部分的人过去被说服了，认为没有其他的选择。现在，危机彻底摧毁了新自由主义式的经济模式，人们的态度开始有所改变了。这在美国民众对待美国救助银行以及金融部门的态度中已经很明显了。今天他们会说：我们被告知只有救助金融机构，救助金融市场才能够使经济复苏，但是我们并不相信。我们不想再把钱给那些刚刚已经打劫过我们的人了。

九　新自由主义与金融危机是关联体

美国经济学家大卫·科茨（David Kotz）教授认为，导致这次金融危机的深层次原因是新自由主义的资本主义。20 世纪 80 年代，新自由主义形式的资本主义取代了原来国家管制的资本主义形式。新自由主义的理论家们宣称，如果没有国家的管制，金融市场会更有效率，人们就能把有限的资源投入回报率最高的领域。但是他们忽略了一个重要的事实，即没有管制的市场非常容易发生危机，而且在新自由主义条件下金融危机会变得更加严重。

为什么新自由主义的资本主义更容易导致金融危机？科茨认为，二者的关联性主要体现在两个方面：第一，解除对金融的管制。解除管制是新自由主义的资本主义的一个重要特征。没有国家严密监管的金融市场是非常不稳定的。1980—1982 年，美国国会通过了两个重要法案，解除了对金融机构的管制。这样，美国的银行及其他金融机构就可以自由地追逐最大利润。因此，越来越多的金融机构被吸引从事投机性业务。由于能给金融机构带来很高的回报，诸如次级贷款和由按揭所支撑的证券以及其他的所谓"创新"不断增加。第二，贫富分化日益严重。新自由主义造成了日益严重的贫富分化，GDP 增长的绝大部分都进入了少数富有阶层的口袋。从 1980 年到 2005 年，最富有的 1‰的人口的收入占社会总收入的份额翻了番。原因在于在新自由主义条件下，工人和工会在与资本的博弈中处于弱势地位，社会缺乏为工人提供援助的相应政策和计划，导致工资不升反降而利润却不断上涨。

科茨认为，这次金融危机是 1980 年以来新自由主义在全世界泛滥所导致的一个非常符合逻辑的结果。当前，在美国的主流学界，大家都在讨论是不是需要对美国经济尤其是金融体系进行重构，以让国家对金融体系进行更多的监管。应当推动对整个世界经济进行一些更具根本性的变革，而不仅仅是用另外一种形式的资本主义代替当前新自由主义的资本主义。

十　新自由主义议程早已丑态百出

德国著名哲学家和社会学家尤尔根·哈贝马斯（Jürgen Habermas）接受德国《时代》周报访谈时认为，私有化的幻想已走到末路，新自由主义的议程早已丑态百出；人们不要再对新自由主义信以为真，而是要让它离开舞台；那些在"市场命令"下毫无限制地征服生活世界的全部计划都必须经受审查。

最让这位哲学家和社会学家担忧的是骇人听闻的社会不公：制度失灵所产生的社会成本对最脆弱的社会群体的打击最为无情。普通大众本来就不是全球化的受益者，但是面对金融体系可预见的功能失灵给实体经济带来的后果，现在他们却被再次要求埋单。从全球范围来看，经济上最虚弱的国家也难逃这种被惩罚的命运。这就是政治丑闻。现在他们又找到了替罪羊。投机者们一直是在法律框架内按社会所承认的利润最大化的逻辑行事的。当政治进行道德说教而不是寻求民主立法者的支持时，就显得很可笑。负责公共福利导向的是政治而不是资本主义。

哈贝马斯说，随着布什时代的结束和新自由主义所吹牛皮的破裂，人们不要再对新自由主义信以为真，而是要让新自由主义离开舞台。那些在"市场命令"下毫无限制地征服生活世界的全部计划都必须经受审查。新自由主义的议程早已丑态百出、声名狼藉：承认证券商们绝对的主导地位；对日益增长的社会不公无动于衷；容忍底层人群贫困、儿童贫困、低工资等现象的出现；怀着私有化的妄想，削弱国家的核心功能；把公共领域廉价出卖给了金融投资商；文化和教育则取决于赞助商们随经济行情不断变化的兴趣和心情。在美国，这场危机加剧了业已暴露出来的物质和精神、社会和文化上的弊端，这些弊端是布什上台以来推行去国有化政策的结果。养老和医疗、公共交通、能源供应、判决的执行、军事安全以及学校和高等教育都被私有化了，市镇区乡的文化基础设施也交由私人捐助者的责任心和慷慨来负责，这样一种社会设计所产生的危险和影响同一个社会的和民主的法治国家的平等主义原则严重不符。不能任凭存在脆弱的生活领域遭受证券投机的风险的摆布，这样的生活领域也不允许把养老金变成股票。民主的宪政国家也有这样的公共物品，不应按照金融投资商们对利润率的期待来裁减。公民对信息的需求不能通过私人电视节目那种点心式文化来满足。

西方政治家及其经济顾问早就知道金融市场需要管制，但在美国和英国，只要毫无限制的投机运转顺利，政治精英们就认为这种投机是有利的。而在欧陆，人们对"华盛顿共识"顶礼膜拜。华盛顿共识是臭名昭著的经济计划，是由国际货币基金组织和世界银行在20世纪90年代制订的计划，据说提供了经济改革的模板，首先是拉美，然后到半个世界。其中心承诺就是"滴漏"：让富人更富，财富就将渗透到穷人身上。苏联的解体在西方导致了一种致命的胜利主义情绪，一种经济政策学说被吹嘘成了一种世界观，渗透到所有生活领域。市场原教旨主义所具有的社会达尔文主义潜力，不仅在社会政策上，也在对外政策上得到发挥。

十一 新自由主义导致资本主义自我毁灭

曾担任多届政府智囊的日本著名经济学家中谷岩撰写的《资本主义为什么自灭？——结构改革急先锋的忏悔书》一书自 2008 年年底以来在日本持续畅销。作者对日本套用基于美国个人主义价值观形成的新自由主义思想推进改革造成的恶果以及自己过度相信"市场"和经济全球化的"愚蠢"进行了反思和忏悔。中谷岩认为，日本套用基于美国个人主义价值观形成的新自由主义思想推进改革，结果导致日本丧失优良传统和产业竞争力，日本社会开始分裂。中谷坦言，过去相信资源分配应该尽可能交给反映个人自由意志的"市场"，"国家"应该尽可能回避介入"市场"。换言之，为了最大限度地尊重个人自由，政府的作用越小越好。这种看法至今仍受到许多经济学家的认同。

中谷说，现在看来，自己过度相信"市场"和经济全球化既愚蠢又危险。他认为有许多应该汲取的教训：其一是经济学所说的"市场效率"。假设市场参与者都拥有完全信息，但在现实世界，信息是不对称的。信息被操纵，"市场"也就没有效率。我们不能否定"市场"，它是人类最大发明之一，但我们不能被"市场"完全左右。其二是必须关注经济全球化引发的泡沫破裂和世界萧条。资本主义的本质是"投机"，投机必将产生泡沫并导致破裂。例如，1987 年美国的"黑色星期五"、1990 年的日本泡沫经济破裂、1997 年的亚洲金融危机、2001 年的 IT 泡沫破裂以及此次金融危机。可以说，泡沫是常态，绝不是个别现象。因此，必须适当管理"市场"。其三是贫困人口增加和社会分裂。现在美国大企业总裁与普通员工的平均收入相差 400 倍，而在 40 年前，这个数字是 40 倍。在美国有 5000 万人没有参加健康保险，这些人如果患病接受手术，多数将会因负债过多而破产。美国拥有最先进的医疗技术，但能享用的只是少数人。有统计数字显示，美国贫困阶层能享用的医疗水平，还不及邻国古巴。在新自由主义者具有主导影响力的社会，主流观点认为贫富差别是个人责任。近20年，日本年收入200万日元以下的贫困人口激增，临时工增加，不平等意识蔓延，原本以凝聚力而自豪的日本社会急剧分化，缺少了原有的"人情"和"温暖"。这种隐性损失难以估量。

十二　金融危机的实质是金融寡头专政

曾于2007—2008年担任IMF首席经济学家的美国麻省理工斯隆管理学院教授西蒙·约翰逊（Simon Johnson）2009年5月在《大西洋月刊》上发表题为《无声的政变》的文章认为，金融危机的实质是金融寡头专政。他说，金融产业已经有效捕获了美国政府，新兴市场的这种事态更加典型，这也是很多新兴市场危机的核心所在。如果IMF的职员能对美国畅所欲言，所有国家就都能听到下述警告：如果我们不能打破阻碍实质变革的金融寡头专政，复苏就没有希望。留给我们防止一场真正的大萧条的时间已经不多了。

西蒙·约翰逊说，精英商业利益集团，也就是美国的金融家们，在制造危机与越赌越大上扮演着核心角色，政府暗中支持，直到步入必然的毁灭。更令人警醒的是，他们正在运用他们的影响力，阻止可以迅速避免经济暴跌的必要变革。政府看上去无能为力，或者根本就是不愿意反其道而行之。顶级投资银行家和政府官员们，喜欢把当前的危机归咎于互联网经济泡沫之后美国利息率的降低，或者归咎于中国高额储蓄的对外流动。一些右翼人士喜欢抱怨房利美和房地美，或者旨在扩大自住房比例的长期努力。当然，每个人不用证明就会抱怨监管者没有承担维持"安全与牢靠"经济环境的责任。

西蒙·约翰逊认为，正如美国拥有世界上非常发达的经济、军事和技术，它也拥有非常发达的寡头专政。美国金融产业获取政治权力不是靠贿赂游说，而是通过积累一种文化资本———一种信仰制度。历史上的美国人一直相信，对通用汽车有益的对美国就有益。过去十年间，美国人又产生了一种观念，即对华尔街有利的对国家就有利。银行与证券业成为政治竞选的主要捐款大户。金融业影响美国政府的一个重要渠道，是华尔街与华盛顿之间的人员流动。罗伯特·鲁宾（Robert E. Rubin）曾是高盛公司的主席，在克林顿政府时期担任财长，卸任后成为花旗集团的主席。亨利·保尔森（Henry Paulson）曾是高盛公司的董事长，后任小布什政府财长。保尔森的前任约翰·斯诺（John Snow）离任后担任博龙资产管理公司的主席。格林斯潘离开美联储后成为国际债券市场最大玩家 Pimco 共同基金的顾问。因此，华尔街是十分诱人的地方，到处弥漫着权力的气息。华尔街的总裁们真的相信他们控制着推动地球转动的杠杆。美国整整一代的政策制定者都被华尔街催眠了。他们总是无条件地相信，银行界说的都是对的。美国的监管者、立法者和学术界几乎全都假定，华尔街的银行家知道自己在做什么。但是，他们实际上什么都没有做。华尔街诱人的权力甚至延伸到那些在大学校园闭门做学问的金融学与经济学教授身上。大学教授的参与给金融产业的蓬勃发展披上了学术合法性的光环。

西蒙·约翰逊强调，随着越来越多的富人在金融业大赚其钱，金融拜物教就渗透到整个美国文化中。在一个崇尚金钱拜物教的社会，很容易推断出，金融部门的利益就是国家的利益。于是，人们相信金融界的赢家们比华盛顿的公务员更懂得什么对国家更有利。对自由金融市场的信任已成为一种常规智慧，在《华尔街日报》的社论与国会议事厅中都可以听到这种声音。寡头专政和帮助维护这种专政的政府政策，不是去年爆发的金融危机的唯一罪魁祸首，还有很多其他原因，包括房主过度借贷和金融世界借贷标准太低。但是，主要商业银行、投资银行以及和它们同舟共济的对冲基金，正是房地美、房利美和这十年股票市场泡沫的大受益人，它们的利润由日益增长的交易汇聚而来，这些交易是以较小的实体资产为基础的。一笔贷款，每次销售、包装、证券化和再次销售，银行都收取了交易费，购买证券的对冲基金随着持有量增长而收获了更多费用。在联邦政府为金融业提供2430 亿美元的紧急救助后，华尔街在年终分红时，发给在纽约员工共 180 亿美元的奖励。在金融恐慌发生后，政府本该反应迅速而坚定有力，但联邦政府对金融危机的反应基本上是始终在拖延，缺乏透明度，不愿意去打扰和干预金融界。联邦政府对金融危机的反应也许最好可以被看成一种"以交易当政策"。财政部和美联储没有按照任何公开对接原则行事，而只是确定一次转账，然后宣称这是最好的解决方案，能够在当前的环境中实施。这是一种在深更半夜进行的后门交易。在金融危机期间，联邦政府极其小心地不去干扰金融机构的利益，或去质问金融体制是如何把国家拖进危机的。2008 年 9 月，保尔森要求国会提供不附带任何条件的 7000 亿美元购买银行的有毒资产，也不对这一购买决定进行司法审查。

十三　英美式的自由放任资本主义要对
金融危机负责

2008 年 11 月 15 日，法国总统萨科齐（Nicolas Sarkozy）在 G20会后的新闻发布会上，毫不留情地对目前英美所主导的世界资本主义体系进行了批判。他说："英美式的资本主义，如果不能说行将死亡的话，也是一个需要修补的体系。"萨科齐认为，英美式的自由放任资本主义，要为很多本次危机中发生的问题负责，需要"重建和重塑"。第一，所有的金融产品都应该受到监管。像本次金融危机发生的一些金融监管漏洞，简直就是不可思议。对于任何金融产品，都应该处于某种监管之下，不应该有例外。第二，那些金融机构的高层管理人员拥有巨大的薪酬，让金融公司承担巨大的风险，却跟他们个人的收入几乎没有什么关系。因此，金融机构高管的薪酬，需要跟他们所管理的公司所承受的金融风险进行一定的挂钩。第三，针对那些不负责任的评级公司，需要有一定的监管手段。第四，全球还有一些"避税天堂"存在，这些"避税天堂"也理应在"全球管治"的框架下解决。在 2009 年 1 月 29 日世界经济论坛（WEF）年会上，美国前总统克林顿（William Jefferson Clinton）承认，美国是这场全球金融危机的祸首。

日本民主党党首、现任日本首相鸠山由纪夫也公开批评美国奉行的市场原教旨主义。在 2009 年 8 月 26 日发表于美国《纽约时报》网络版的《日本的新道路》一文中，鸠山一开始就指出，冷战之后，日本持续受到美国主导的市场原教旨主义的冲击。如何终结缺乏节制和道德的市场原教旨主义和金融资本主义，保护国家金融和国民生活，是日本面临的一大挑战。鸠山认为，当下的经济危机源于这样一种思维模式，即美国式的自由市场经济是全球通用的理想经济模式，其他国家都应该依据全球标准来改变它们的传统和经济治理方式。鸠山说，回顾冷战后日本社会的变化，可以毫不夸张地说，盲目的全球化已经破坏了日本的传统经济并破坏了当地社区。鸠山表示，政治家有责任将注意力重新放到那些被全球化抛在一边的传统价值上，政策必须顺应民心，要更重视自然环境，要重建福利和医疗系统，提供更好的教育和育儿帮助，缩小贫富差距。

十四　里根主义早该退出历史舞台

　　20 年前以提出"历史终结论"而名声大噪的约翰·霍普金斯大学国际关系高级研究院院长弗朗西斯·福山（Francis Fukuyama）在美国《新闻周刊》撰文说，曾为美国金融界最炙手可热的投资银行一夜间令美国股市损失上万亿美元，美国纳税人不得不为 7000 亿美元的救市资金埋单。华尔街上金融公司更大规模的倒闭似乎不会出现。然而，当大多数美国人仍在为自己掏出的真金白银感到费解之际，极少有人意识到一个无形的，但会令美国遭受更大损失的潜在问题——金融危机正在令美利坚这块"金字招牌"遭受难以想象的破坏。

　　福山认为，自里根开始执政的 20 世纪 80 年代起，理念便成为美国最重要的输出品之一，也是从那时起，两个基本思想开始在全球盛行。第一是资本主义的愿景——主张低税收、轻政府监管以及削减政府开支的原则是经济增长的助推器。里根改变了长达一个世纪的大政府管理体制，应该放松政府监管的理念不仅在美国得到认同，更在全世界盛行。我们很难去估量这次金融危机对美国"软实力"的伤害到底有多大。2002—2007 年，当全世界都沉浸在前所未有的经济增长带来的喜悦中时，曾经被欧洲社会主义者和拉丁美洲民粹主义谴责为"牛仔资本主义"的美国经济模式很容易被忽视。现在，昔日作为世界经济引擎的美国经济已经脱轨，势将累及全球经济。此次金融危机的罪魁祸首就是美国自身的经济模式。放松管制的信条使得华盛顿当局未能充分监管金融机构，任由危机蔓延以致全面危及社会。许多评论家指出，华尔街风暴标志着里根时代的结束。这种说法无疑是非常正确的，即使麦凯恩最终在 11 月成功当选。革命性的思想总是诞生在一个特定的历史时期。在现实环境发生戏剧性的变化时，只有极少数人能够幸存，这就是为什么政治总是左右摇摆，周而复始。

福山说，在国际范围内，里根时期的革命性举措被誉为"华盛顿共识"。根据这一共识，华盛顿以及在其影响范围内的众多机构，包括国际货币基金组织、世界银行开始共同倡导发展中国家开放经济。与其他改革一样，里根主义之所以会迷失方向，根本原因在于它被追随者们认为是无懈可击的完美样本，而非对于当时福利社会面临的尾大不掉等诸多问题的实际应对。里根改革之后，有两个概念被追随者们神圣化并奉为圭臬：第一，减税等于自筹资金；第二，金融市场可以自我调节。里根时代信奉的第二个思想——放松金融管制，是由不甚神圣的相信者联盟以及华尔街的公司鼓噪而出的。到了 20 世纪 90年代，这也同样被民主党所信奉。放松管制产生了潮水般的如债务抵押债券等金融创新产品，造就了这场危机，而很多共和党人至今仍然执迷不悟。

福山强调，里根主义早该退出历史舞台。种种迹象表明，里根时期遗留的经济政策的隐患早在 10 年前便已出现。1997—1998 年的亚洲金融危机就是一个预警。诸如泰国、韩国这样的亚洲国家，在美国的建议和压力下，在 20 世纪 90 年代初期开放了资本市场，数量可观的热钱流入本国经济形成投机泡沫，随后遭遇到相当大的麻烦。与此同时，没有受美国控制，保持金融市场的封闭或严格管制的中国、马来西亚等国家，受到金融危机带来的影响相对较少。

十五　罪魁祸首是里根及其顾问班子

2008 年诺贝尔经济学奖得主、普林斯顿大学经济学和国际事务教授保罗·克鲁格曼（Paul R. Krugman）被称为一个有良知的经济学家，一个愿意吹"警哨"的经济学家。在这位里根时代曾担任政府经济顾问的经济学家看来，30 年来以新自由主义为代表的里根经济学终于到了全面崩盘的时刻。

2009 年 6 月 1 日，保罗·克鲁格曼在为《纽约时报》撰写的专栏文章中说，越深入探究当前危机的源头，就会越清楚地发现，关键性的错误转折点发生在 20 世纪 80 年代初里根执政时期，造成当前金融混乱的罪魁祸首是里根及其顾问班子。里根在 1982 年签署《加恩－圣杰曼存款机构法案》时曾说该法案是半个世纪来对金融机构而言最重要的立法，为问题重重的互助储蓄机构提供了一个长远解决办法，因此他觉得他及其领导的政府中了头彩。克鲁格曼说，他关于解决互助储蓄银行困境的说法恰恰错了。相反，这项法案将储蓄贷款机构的一般困难变成了彻底的灾难。至于头彩，它终于在 25 年之后到来了，那就是 20 世纪 30 年代大萧条以来最严重的经济危机。里根开启了一个少数人暴富而工薪阶层收入微薄的时代。他还打破了长期以来在财政方面慎重行事的规则。从第二次世界大战结束到 1980 年，国家债务占国民生产总值的百分比持续下降。债务在里根执政时期开始上升，克林顿执政时期再次下降，到布什政府时期恢复上升，致使我们对现在遭遇的危机措手不及。放松金融管制引发了私人债务的增加，国债相形见绌。对美国金融规则的改变是里根的最大政绩，而且这份"厚礼"一直发挥着作用。

克鲁格曼认为，里根时代的立法变化基本上终结了罗斯福新政时期对抵押贷款的限制。20 世纪 30 年代刚刚经历了一场严重金融危机的政治领导人实施这些限制措施，是为了防止再次发生危机。但到了 1980 年，关于金融危机的记忆逐渐消退。里根宣称，政府不能解决问题，政府本身就是问题，必须释放市场经济的魔力。所以，很多预防措施被废除了。除了放宽其他种类消费信贷的放款标准以外，还导致了美国人的行为方式发生巨变。在里根放松管制之后，节俭逐渐从美国人的生活方式中消失了，在金融危机前夕，美国人的储蓄率普遍接近于零。里根上台时，家庭债务只有收入的60%，与肯尼迪执政时期大致持平。到了2007年，这个数字上升到119%。一旦房地产泡沫破裂或失业率开始上升，过度借贷的美国人就会相继大量拖欠债务。这些拖欠现象反过来又使金融体系陷入混乱，同样主要由于里根时代的放松管制政策，金融体系以极少的资本去冒巨大的风险。如今人们会提出种种批评，但造成混乱的罪魁祸首是里根及其顾问班子，这些人忘记了美国上一次金融危机的教训，致使美国现在不得不重蹈覆辙。

十六　撒切尔时代的终结

英国《金融时报》首席评论家、专栏作家吉迪恩·拉赫曼2009年4月28日在该报撰文说，30年前，撒切尔夫人提出了以私有化为核心的政策，这种思想随后风靡世界，形成了影响深远的撒切尔主义。随着金融危机的爆发和各国政策的逆转，撒切尔时代宣告终结。撒切尔在1979年5月3日赢得她的首次大选胜利前夕曾经说道："英国民众放弃了社会主义，30年的实验彻底失败了——他们准备尝试别的东西。"但是，随着这位"铁娘子"入住唐宁街10号30周年日子的到来，许多英国民众认为，又一个"30年的实验彻底失败了"。不过，这次是撒切尔主义的实验。

拉赫曼认为，撒切尔时代的终结是具有重大国际意义的事件。她那届政府在英国率先推行的许多政策，为世界其他地区所效仿：包括私有化、去监管化、减税、取消汇率管制、打击工会力量，以及颂扬财富创造、而非财富再分配。她的两位最亲密的顾问出版了《将世界私有化》(*Privatising the World*)一书,书名洋溢着欣喜之情。她本人欢欣鼓舞:"人们不再担心染上英国病,他们排队来领取新的英国药方。"然而,在她离开唐宁街近20年后,英国经济再度深陷困境。撒切尔夫人反对的几乎所有事物——国有化、增税和凯恩斯经济学——再度流行。在英国,撒切尔时代的标志性政策和成就正被逐一粉碎。目前,英国实质上也已将国内大型银行国有化,与法国在密特朗时期的做法如出一辙。最深得撒切尔时代精髓的改革,当属1986年的金融去监管化"大变革"。这场变革为伦敦金融城不可阻挡的崛起奠定了基础。但伦敦金融城如今颇遭冷遇,而当局正急于重新加强对金融服务业的监管。在国际上,撒切尔主义也不再流行。2007年尼古拉·萨科齐(Nicolas Sarkozy)当选法国总统时,曾私下支持自己是法国的撒切尔夫人这种观点。但这些日子在拍照的时候,他喜欢手拿一本《资本论》。撒切尔夫人推崇美国的自由企业。但奇怪的是,美国新总统似乎却倾心于欧洲的社会制度。

拉赫曼说,最可悲的或许是,撒切尔主义已丧失了道德高地。"铁娘子"曾经有些感觉不祥地说:"经济学是一种方法,其目的是改变灵魂。"言下之意,英国人必须重新发掘诸如努力工作、勤俭节约等传统美德。"不劳而获"的社会已经结束。然而,有关撒切尔时代重新确立了德行与公正回报之间的关系的观点,实际上已被以下怪现象所摧毁:银行家在将自己的机构拖入破产境地之时,还能领取数百万英镑的奖金和丰厚退休金。拉赫曼认为,危机爆发后几个月的经济灾难和政策转向表明,撒切尔时代肯定结束了。但是,到目前为止,英国或西方世界没有一位重要政治人物真正条理清楚地提出能够取代自由市场原则的思想,而自由市场思想源于撒切尔主义。在此之前,撒切尔时代不会真正结束。

十七　华尔街危机打破发展中国家"自由市场"幻想

美国哥伦比亚大学教授、诺贝尔经济学奖获得者约瑟夫·斯蒂格利茨在 2009 年 7 月号《名利场》杂志撰文认为，当前经济危机使华盛顿奉行的理论与实践遭遇前所未有的尴尬；危机结束之时，美国式资本主义将受到沉重打击，幻想被打破的发展中国家很可能将告别"自由市场"等西方核心价值观。

斯蒂格利茨说，1989 年以后，一度曾出现这样的情况，仿佛共产主义的失败意味着资本主义的必然胜利，而且将以美国式的资本主义取得胜利。弗朗西斯·福山将民主的市场资本主义定义为社会发展的最后一个阶段，以此宣告"历史的终结"。但随着许多大银行和金融机构的倒闭，接连不断的经济动荡和危险投机，美国人的这一短暂胜利就要结束了。同样，关于"市场原教旨主义"的争论也不再持续，人们不会再围绕"无约束的市场自身是否将确保经济的繁荣和增长"这样的问题争论不休。今天，只有那些上当受骗者仍在坚持市场具有自我调节性，在相信依靠市场参与者的利己行为就可确保任何事情的规范运作和有序运行。

斯蒂格利茨认为，在世界大多数地方，像国际货币基金组织和世界银行这样的全球性机构，开始被看作后殖民时代的统治工具。这些机构推行市场原教旨主义（又称"新古典自由主义"），督促金融机构实行"三化"：非管制化、私有化和贸易自由化。它们说，它们所做的一切都是为了发展中国家的利益。它们为一批信奉自由市场的经济学家所支持，其中大多数来自自由市场经济学的大本营——芝加哥大学。但"芝加哥人"的计划没有带来他们曾经许诺的硕果。收入停滞不前；哪里有增长，哪里的财富就流向社会顶层。经济危机在特定国家发生得越来越频繁——单在过去 30 年里，就出现过上百次的剧烈危机。发展中国家的人们越来越不相信，西方人提供帮助的动机是出于利他主义。他们感觉，自由市场这套花言巧语，即人们通常所说的"华盛顿共识"，只不过是对原有商业利益的包装。西方人的伪善更加重了他们的这种猜疑。自由市场思想原来只是新的剥削形式的一种托词。"私有化"意味着外国人可廉价购买发展中国家的矿产和石油，可以从类似这样的垄断或类垄断当中谋取更多的利润。"自由化"意味着他们可以从他们的放贷中获取更高的回报；当放贷失败时，国际货币基金组织就强迫损失社会化，即让所有人为其银行埋单。它也意味着，外国公司可以消灭新兴的行业，即打压创业者的发展。资本在流动，但劳动力却不能流动。在亚洲，一直有人在抑制华盛顿共识。中国和印度这两位亚洲巨人，都采用各自的方式管理和经营它们的经济，并取得了前所未有的增长。但在其他地方，尤其那些受世界银行操纵的国家，情况却并没有好展。

斯蒂格利茨强调，发展中国家认真仔细地审视美国经济的失败，其动机并不是出于幸灾乐祸，它们更多的是想要真正了解，究竟哪一种经济制度将对它们来说奏效。它们越来越相信，美国所倡导的一切经济理念只能远离，不可亲近。世界对美国式的资本主义模式感到失望，我们提倡的意识形态已经失去昔日的光环，它诱蚀得已经不需要再进行修补了。如果每一个人都按着美国的路子走，即使这种做法能够行得通，那么我们还能够再存活下去吗？在发展中国家，人们在注视着华盛顿，在思考它的政府管理体制。人们看到的是，华盛顿及其体制允许华尔街巨头们根据自身的利益书写规则，从而将风险加给整个全球经济；而危机一旦降临时，华盛顿又转向华尔街求助，索取经济复苏的药方。他们看到接二连三的重新分配，财富从普通民众那里源源不断地流向金字塔的顶端。斯蒂格利茨说，这次经济危机在很大程度上是由美国的行为酿成的，它对民主和市场等"核心价值观"的打击，远远大于任何"极权体制"对这些价值观曾经造成的损害。

十八　盲目信任市场经济自我纠正能力让亚当·斯密震惊

1998 年诺贝尔经济学奖获得者、哈佛大学经济学和哲学教授阿玛蒂亚·森（Amartya Sen）于 2009 年 3 月 26 日《纽约书评》发表文章，对危机之后的资本主义进行了分析。他说，现在出现的最激烈的问题是：资本主义的本质是什么？它是否需要变革？一些支持无约束的资本主义（unfettered capitalism）、拒绝变革的人们相信，将短期经济问题归咎于资本主义，是一种过分的谴责。他们认为这些问题是不良的政府管理（比如布什政府的不良管理）和不良的个人行为（或者约翰·麦凯恩在总统竞选中说的"华尔街的贪婪"）导致的。然而，另外一些人却看到了现行经济安排中的真正严重的缺陷，并想要进行改革，他们正在寻找一种被越来越多的人称为"新资本主义"的替代方案。

阿玛蒂亚·森认为，在历史上，资本主义观念确实具有过重要的地位，然而到如今，其有效性或许已经所剩无几了。就在资本主义通过市场进程带来的积极贡献正被阐释和说明的同时，其消极的一面也常常为同一些分析家所洞察。虽然大量的社会批评家（其中最突出的当属卡尔·马克思）对资本主义提出了影响深远的谴责，以及对它的最终取代方案，但是，即便是对于亚当·斯密来说，完全依靠市场经济和利润驱动的巨大局限性也同样是足够清楚的。事实上，包括斯密在内，市场运行的早期提倡者们并没有把纯市场机制看作一种独立的、完美的运行体制，同样，他们也并不认为利润驱动就是所需的一切。市场机制最切近的不足之处，就隐藏在那些市场无所作为的事情之中。斯密的经济学分析根本不是把一切交给市场机制的"看不见的手"。他不仅支持国家在提供公共服务方面的作用，比如教育和贫困救济（同时，要求那些接受援助的贫困者获得比当时的《济贫法》给予他们的更大的自由），而且他深深地关注可能存在的赤贫和不公正现象（除非消除它们，否则市场经济便是不成功的）。

阿玛蒂亚·森指出，很多自称追随斯密的人对市场的必然性和自足性缺乏清楚的区分，因而对斯密对市场机制的评估产生了一些误解。他说，斯密从未使用"资本主义"这个术语，然而，想要从他的著作中塑造出任何一种论证市场力量的自足性或论证接受资本统治的必要性的理论也是很难的。斯密认为，市场和资本在它们自己的领域之内运转良好，但是，首先它们需要来自其他机构——包括公共服务，诸如学校——以及纯粹利润追求之外的价值的支持。其次它们还需要来自其他机构的限制和纠正——例如设计良好的金融规则和国家对穷人的援助——以防止不稳定、不公正和不正义。如果我们想要寻找一种组织经济活动的新方式，它包括对各种公共服务和考虑周良的规则的合乎实效的选择，那么，我们会是在跟随而不是背离斯密对资本主义所做的辩护和批评中所描绘的改革计划。

阿玛蒂亚·森认为，利润导向的资本主义始终要依靠其他制度性价值的支持。但是，由于充斥着衍生物的二级市场和其他金融工具的迅速发展，与交易相联系的道德和法律的义务及责任在近些年来已经变得难以辨认。现在，一个误导借贷者承担轻率风险的次级贷款的贷主，可以将金融资产转移给远离原初交易的第三方。可问责性被严重削弱了，监督和规范的需要变得更加强烈。然而，就在同一时期，由于越来越相信市场经济的自我调控性质，政府（特别是美国政府）

的监督任务被急剧缩减了。恰恰在更需要国家监督的时候，被需要的监督却收缩了。去年实际发生的灾难就是这一隐患的结果，它无疑在很大程度上导致了今天这场困扰着世界的金融危机。金融活动规范的不足，不仅牵涉非法活动，而且隐含着过度投机的倾向。正如亚当·斯密所说，这一倾向将很多人掌控在他们的紧张得令人窒息的利润追逐之中。对于市场经济的自我纠正能力的盲目信任，在很大程度上，要为美国的制度规范之被取消负责，它如此忽视投机分子的活动，足以令亚当·斯密震惊。

阿玛蒂亚·森说，目前的经济危机，部分产生于一种对于市场进程的明智性的过度高估，而现在，这场危机正在被金融市场和一般的商业领域中的焦虑和信任缺失所加剧，这种焦虑和不信任在市场对一系列刺激计划的反应中表现得非常明显。也许不是巧合，斯密在18世纪就已经指出了这些问题，尽管如此，它们还是被近些年来的权威人士所忽略（特别是在美国），并且被那些一直忙着引用亚当·斯密以支持无约束的市场的人们所忽略。针对一些人对凯恩斯主义回归的期待，他说，只是在非常局部的意义上，凯恩斯能够是我们的救星。凯恩斯主义在处理他们的问题上面的局限性，需要引起我们更多的注意。

十九　西方保守主义"思想牛市"崩盘

英国《金融时报》首席评论家、专栏作家吉迪恩·拉赫曼（Gideon Rachman）2008年10月8日在《金融时报》网站发表题为《保守主义兴衰》的文章认为，起源于1979—1980年撒切尔—里根改革时期的保守主义思想，在盛行了30年后，目前正在衰落。格林斯潘在1987—2006年担任美联储主席，其间他盛赞金融市场的魔力，斥责呼吁加强监管的人愚蠢。格林斯潘曾被视为大师，地位无比尊崇，以至于参议员约翰·麦凯恩提议由其领导一个税务改革委员会。但眼下格林斯潘的声誉正在下滑，而麦凯恩则摇身一变，充当起监管的拥护者，指责"腐化和无节制的贪婪给华尔街造成了一场危机"。

拉赫曼说，当思想牛市崩盘时，就会发生这种思想倒戈。当前的金融危机可溯源到里根—撒切尔时代的三种核心思想：提倡拥有住房、放宽金融监管和强烈信奉市场。30 年来，这三种思想都发挥了出色的作用，增进了繁荣和自由。但这些思想走过头了，在它们的共同作用下引发了一场灾难。次级抵押贷款是当前金融危机的核心问题，它助长了无力供房者的购房梦想。2005 年 4 月，格林斯潘称赞次级抵押贷款帮助更多人拥有了住房，称为"市场反应的代表，推动了我们国家整个历史上金融服务业（的发展）"。

拉赫曼认为，作为里根—撒切尔改革的奇袭部队，投资银行家被容许拿他们的银行在这个新市场上押宝，因为监管者和政治家坚定地认为，市场具有神秘的自我调节机能。其他具有里根—撒切尔时代特征的思想，包括私有化、对环境论的怀疑以及促进民主等，也经历了同样的过火阶段。保守主义时代的思想根源在于对发展过度的凯恩斯共识的反应。如今思想周期已如此坚决地摆向与里根—撒切尔时代的右翼思想相反的方向，它在这个方向上必然也会摆到过度的位置。欢迎政府监管的喜悦将很快变得索然无味。过不了几年，对华尔街欢乐年华，对新保守主义令人鼓舞的道义确定性，人们的怀旧情绪将会油然而生。

二十　金融危机标志凯恩斯主义归来

英国《卫报》专栏作家谢默斯·米尔恩（Seamus Milne）2008 年

10 月 23 日撰文认为，在金融风暴席卷全球之际，濒临死亡的并非资本主义，而是自由市场模式。正如法国总统萨科齐所宣布的那样："自由放任主义结束了。"真正迅速恢复地位的其实是凯恩斯主义。

米尔恩说，随着信贷崩溃掀起的尘埃渐渐落定，真正的世界经济衰退呈现在人们面前，资本主义的狂热追随者开始用幽灵来恐吓自己。《泰晤士报》2008 年 10 月 21 日用一个整版刊登了一幅马克思的肖像，并警告该报读者："他回来了！"从德国财政部长到梵蒂冈教皇，人们纷纷向马克思对资本主义的分析表示敬意。过去几周的事件无疑揭示出解除管制的资本主义已告破产，执政的精英贪婪无能。但濒临死亡的并非资本主义，而是自由市场模式。这一点从民意中可以看出来：《金融时报》与哈里斯公司本月在发达资本主义国家进行的民意测验显示，绝大多数人认为导致金融危机的原因是"滥用资本主义"而不是"资本主义自身的失败"——唯一的例外是德国，在那里，指责资本主义制度的人升至 30%。

米尔恩说，正如萨科齐所宣布的那样："自由放任主义结束了。"迅速恢复地位的其实不是马克思，而是凯恩斯。这一切都是迫于无奈。在采取资本主义历史上最大规模的政府干预经济行动之后，政治家现在不得不为它唱赞歌。英国财政大臣达林表示："凯恩斯写的很多东西现在仍有道理。"凯恩斯主张国家采用扩张性的经济政策，通过增加需求促进经济增长。现在，英国首相也为借更多的钱来应对需求的减少辩护。正式回归凯恩斯主义的象征意义不应该被低估。

有人说当前危机标志着资本主义的终结或一种新社会主义的诞生，这些说法只不过是搭起了一个稻草人，转移了人们对真正生死攸关问题的关注。把社会主义当作一种替代制度，目前这显然不在资本主义核心地区——或其他地方（拉美可能除外）——的议事日程上。对共产主义丧失信心以及工人阶层作为一支社会政治力量势力削弱，都使左翼人士难以充分利用资本主义这次的惨痛失败。危机必然会使人们更加需要资本主义内部和外部的替代选择。它已经使主宰这个世界二三十年的经济模式（给世界造成了长期动荡、普遍的不平等以及环境破坏）名誉扫地。正如美国新政时期或第二次世界大战后的欧洲那样，应对经济需求的压力将塑造经济新秩序。目前的干预形式已经与以往的危机截然不同，银行国有化提供了一种新的可能很有威力的经济杠杆。毫无疑问，我们正进入一种新型资本主义。不过，它会采取何种形式将由来自上上下下的压力决定。

二十一 向"修正市场主义"过渡

日本早稻田大学教授榊原英资提出，目前，金融泡沫正在破灭。可以说这是一场百年不遇的危机。这场危机引发的世界变革也将毫不逊色。与 20 世纪 30 年代的经济大萧条一样，世界将以与前一个时代完全不同的形式发生巨变。此次金融危机的爆发，结果可能会导致资本主义本身发生很大变化。也可以说，当前的情况是市场原教旨主义的崩溃。进入 20 世纪 90 年代后，在罗伯特·鲁宾主导下，美国推进了"放宽限制"，创建了以市场为中心和以金融为中心的经济发展模式。泡沫经济的破灭宣告了市场原教旨主义的失败。不管喜不喜欢，今后政府必须有组织地进行某种程度的干预。

20 世纪 30 年代出现大萧条时，资本主义从亚当·斯密的古典自由主义转变为凯恩斯的修正资本主义。这次也会发生同样的情况。20 世纪 90 年代，资本主义回到了近似于古典自由主义的市场原教旨主义。尽管市场原教旨主义已经崩溃，但却没有一个人会否认市场的重要性。今后将摸索实行政府部门在不抹杀市场职能前提下进行干预的"修正市场主义"，并向"修正市场主义"过渡。第二次世界大战后，吸取经济大萧条的教训，建立了布雷顿森林体系。此次金融危机结束后，也许有必要召开新的布雷顿森林会议，讨论建立新体系问题。必须考虑在这种新体系下解决基础货币问题。正如约瑟夫·施蒂格利茨所主张的那样，也许各国会摸索建立一个类似于国际货币基金组织特别提款权（SDR）的系统。这样一来，就需要进行多边协调，而不是由一极主导。这次危机过后不会有胜者。在无极化的世界，世界经济的稳定取决于各国能否通过协调达成协议。虽然非常困难，但必须这样做，不然各国都会成为受害者。希望各国知道 20 世纪 30 年代的经济大萧条这个缺乏协调引发世界悲剧的范例。

二十二　让资本主义更"人道"些

伦敦政治经济学院教授理查德·莱亚德（Richard Layard）2009年 3 月 19 日为英国《金融时报》撰文认为，当前危机要求我们必须找到"什么是进步"这个问题的答案。按照益格鲁—撒克逊文明的教化，进步意味着苦难减少、幸福增加。进步并不意味着财富创造或革新，它们有时是管用的手段，但绝非最终目标。因此，我们必须停止对金钱的顶礼膜拜，创建一个更人道的社会——在这个社会中，人类体验的质量才是评判标准。倘若我们的所得与我们的生产力相符，我们就能够选择任何一种最有利于提高我们生活质量的生活方式。自20 世纪 50 年代以来，人类虽然创造了大量的财富，但幸福并未增长。加速经济增长并非是值得我们为之做出巨大牺牲的目标。特别是我们不应牺牲最重要的幸福源泉，即人际关系的质量——在家里、在工作中以及在社区的人际关系。在追求效率和生产力增长的名义下，我们在这些方面已做出了太多的牺牲。

莱亚德说，最重要的是我们已牺牲了我们的价值观。在 20 世纪

60 年代，60％的成年人认为"大多数人是可以信任的"。今天这一比例为 30％，在英国和美国都是如此。在银行业，值得信任的行为减少是显而易见的，但在家庭生活（离婚增多）、在娱乐场合（可信任的朋友减少）、在工作场所（同事间竞争加剧），也都可以看到这种趋势。我们越来越把个人利益看作唯一可靠的动机，将人与人之间的竞争看作能够最有效地发挥他们才能的途径。这往往适得其反，通常也无助于营造快乐的工作场所，因为地位竞争是一种"零和游戏"。反之，我们需要一个基于"正和游戏"的社会。人类是利己主义和利他主义的混和体，但通常而言，相互帮助比钩心斗角让人感觉更好。我们的社会已变得过于个人主义，有着过多的争斗，但共同目标不足。我们过度崇拜成功和地位，从而削弱了彼此间的尊重。最高贵的人生，是给世间制造最少苦难、创造最多幸福的人生。这一规则也应适用于商业和职业生活。人们应该做对社会有益的工作，而不只是创造账面利润。所有职业——包括新闻、广告和商业——都应具备清晰、专业、合乎道德的准则，从业者都必须遵守。我们必须远离过度的个人主义，朝着具有更高社会责任感的方向前进。

莱亚德认为，商学院传授的三种思想对此负有很大的责任。一是"有效资本市场"理论，该理论如今看来明显不足信。二是"委托代理理论"，该理论认为，在巨大的经济动机下，代理人的行为能够取得最佳效果，使他们自己的利益与委托人的利益相一致。这导致与绩效相关的报酬过高，往往会削弱单纯想把工作做好的动机，并在同事间造成不必要的紧张关系。最后是具有沙文主义色彩的"不断变革"理论，它是由自私自利的咨询公司提出的。这种理论忽视了人类对于稳定的根本需求——名义上是为了追求效率增长，但这种增长通常无法兑现。我们的确需要更具人道色彩的资本主义——不仅建立在更完善监管的基础上，也建立在更好的价值观基础上。价值观至关重要，它受到理论的影响。我们不想要一个建立在人与人相互竞争的达尔文主义基础上的社会。除了生存之外，任何社会所能提供的最佳体验，是其他人与你站在一起的感觉。这才是我们想要的资本主义。

二十三 "历史终结论"的终结

在美国总统奥巴马首次访问中国前夕，新加坡国立大学教授基肖尔·马赫布巴尼（Kishore Mahbubani）于美国《基督教科学箴言报》撰文说，在许多人看来，柏林墙的倒塌标志着所谓"历史的终结"和西方最后的胜利。20年前，西方学者从弗朗西斯·福山的名著《历史的终结》中得到的唯一信息似乎就是西方的胜利。那时，空气中弥漫着西方的傲慢。1991年，比利时的一位高官代表欧洲对一群亚洲人说："冷战已经结束。只剩下两大超级力量：美国和欧洲。"这种傲慢也解释了西方人士为何没有预见到，人们将目睹西方对世界历史的主宰地位的终结和亚洲的崛起，而非西方的胜利。几个亚洲国家成功了，因为它们最终理解、吸收和贯彻了西方思想的7大支柱，即自由市场经济、科学技术、精英领导、实用主义、和平文化、法治和教育。但是，清单上少了西方政治自由主义——尽管福山宣称"西方和西方观念的胜利首先明显地表现在，根本没有能替代西方自由主义的可行的思想体系。"

马赫布巴尼说，西方人在读了福山著作后产生的一个普遍看法是，世界不管怎样都将变得更加西化。然而，情况刚好相反。现代化蔓延到全世界。不过，与现代化相伴的是"去西化"，而非西化。就连福山本人目前也认同这一观点，就像他在最近接受采访时说的，"现代化观念的老版本是以欧洲为中心的，反映的是欧洲本身的发展。那确实包含试图以一种相当狭义的方式定义现代化的特征"。

马赫布巴尼认为，西方世界已经丧失了道德权力。在那次采访中，福山还强调，要实现政治现代化，就必须创建一个能执行规则、把统治和责任结合起来实施法治的有效国家。实际上，这些就是许多亚洲国家渴望实现的政治现代化的特点。如果没有有效的政府，一个国家是无法运转和发展的。在最近的金融危机之后，我们尤其感到这一观点的正确性。美国之所以遭难，原因之一就是像格林斯潘之类的美国关键决策者头脑中存在一种根深蒂固的观念，即里根说的"政府不是我们解决问题的办法，政府就是问题"。但幸运的是，亚洲人没有陷入这一观念。在21世纪，历史发展的方向将与西方学者在1991年所预见的相反。那时，他们都认定，历史的终结是西方的胜利。然而我们今天看到，历史的回归将是西方的退却。在19—20世纪，西方在世界的足迹是超大型的，但在21世纪将显著缩小。亚洲人几乎不会相信，西方社会在贯彻自由市场经济和法治这些西方观念方面做得最好。实际上，认为西方能有效地实施统治和管理这一普遍看法，将为西方在管理经济上已经变得相当不称职这一认识所取代。不过，糟糕的是在《历史的终结》一书出版20年后，在最近有关该书的所有讨论中，几乎没有一个西方评论者敢于指出西方做法上的这个最大退步。对于西方学者在对世界其他地方大谈人权的时候仍然认为，他们能把自己和他们的国家标榜成学习的楷模，许多人感到不解。西方还有什么道德权力在人权问题上指手画脚？这种道德权力的丧失与西方在1989年庆祝柏林墙倒塌时所期待的结果刚好相反。

马赫布巴尼说，与亚洲崛起相伴随的将是亚洲惊人的文艺复兴，许多不同的亚洲文化将在其中重新发现他们丧失的艺术和哲学传统。毫无疑问，亚洲人将在21世纪庆祝历史的回归。唯一的问题是，西方将加入这些庆祝活动，还是继续等待历史终结的到来？

二十四　西方国家需要从望远镜的
另一端看问题

英国《金融时报》专栏作家菲利普·斯蒂芬斯（Philip Stephens）撰文认为，这场金融危机有两点独特之处。首先，这场危机极其猛烈，难以确定拿它和20世纪30年代的危机相比有多大用处。其次，是这场危机的地理分布，西方世界首次成为震源所在。在华盛顿、纽约和巴黎看来，金融危机向来是发生在别人身上的事情——比如拉丁美洲、亚洲和俄罗斯。地震冲击波有时也会拍上西方世界的海岸，通常是需要富裕国家拯救本国那些鲁莽的银行。但是那些危机还在南北之间、在工业化国家和发展中国家之间划了一道线。新兴国家陷入困境，西方国家严厉地教导它们必须怎样做才能摆脱困境，教导的形式是名副其实的"华盛顿共识"。这些令人痛苦的处方包括市场自由化和稳固财政，是得到国际货币基金组织（IMF）金融援助的代价。这次危机始于华尔街，触发因素是美国住宅价格的急剧下跌。新兴国家成为受害者而不是罪魁。这种角色对调的原因何在？新兴国家已经吃够了西方开出的药。十年前，在1997—1998年的危机对一些亚洲最具活力的经济体造成毁灭性打击后，亚洲表示，再也不会容许此类危机重演。在追随变得并非易事后，亚洲不会再毕恭毕敬地追随西方。为了避开IMF破坏性的规则，各国政府将通过积累外汇储备来建立自己的灾难防御系统。

斯蒂芬斯说，让富裕国家坦然承认地缘政治意义与为肆意挥霍付出国内代价一样痛苦。西方国家道德权威受到侵蚀始于伊拉克战争，现已急剧加速。西方的债务人再也不能指望债权人聆听他们的训诫。这中间隐含着更为广泛的教训。全球经济力量向东方转移，已经成为政治对话中的老生常谈。谈到中国崛起的速度、印度成为地缘政治参与者、巴西和南非在国际关系中扮演日益重要的角色时，西方人无不带着敬畏之情。然而，富裕国家仍需正确面对这些意义。他们可以想象分享权力，但他们理所当然地认为协议会依照他们开出的条款达成：新兴国家将被纳入——注意，是以西方国家选择的步调——人们熟知的国际论坛和机构。欧美外交官们谈到新兴大国成为国际体制中负责任的利益攸关者时，他们的真实意思是，不能允许中国、印度和其他国家挑战现有准则。正是在这种思维框架下，比利时、荷兰和卢森堡在 IMF 的投票权份额仍然多于中国；而七大工业国集团（G7）认为自己依旧是重新设计全球金融体系的最佳人选。

斯蒂芬斯认为，最重要的教训在于，西方国家再也不能想当然地认为，全球秩序将依照它们的模子重新制定。两个多世纪以来，欧美国家毫不费力地行使着经济、政治和文化霸权。那个时代即将终结。西方国家需要从望远镜的另一端看问题。金融系统的灾难反映了不断变化的地缘政治平衡，为西方世界应如何看待新兴的全球秩序提供了建议和警示。

二十五　马克思是 21 世纪最有影响力的思想家

美国著名专栏作家克里斯托弗·希钦斯（Christopher Hitchens）在 2009 年 4 月号美国《大西洋月刊》发表题为《卡尔·马克思的复仇》的文章提出，在某些学术圈子中，把马克思著作束之高阁已经是一种普遍现象。不过，马克思理论与当前时代的相关性将被重新发现。1999 年出版《马克思传》的英国作家弗朗西斯·惠恩，最近出版了一本《〈资本论〉解析》，他的结论是，马克思并未被埋葬在柏林墙的瓦砾之下，他真正的重要性也许现在才刚开始显现。马克思可能会成为 21 世纪最具影响力的思想家。在去年进行的一次广播民意测验中，雄辩的惠恩甚至劝说英国广播公司（BBC）的听众，称马克思是历史上最重要的哲学家。

希钦斯说，就在此时，各大报纸开始不断报道商人们如何不惜一切把信贷危机前囤积的大宗商品倾销给消费者。"于是，'生产过剩'这个词开始浮现在我的脑海。我想到在马克思著作里还曾读到，他预言美国的资本主义制度将陷入停顿并开始腐朽，由于疯狂投机，底特律汽车城有可能停止生产汽车。我好像还读到过金融资本和工业资本之间的激烈争斗；资本主义危机爆发时，失业和饥饿开始蔓延；某个偏僻角落的动荡会导致整个体系的中心发生动荡和恐慌等。"《经济学家》杂志有两个资本主义体系的最积极倡导者——约翰·米克尔思韦特和阿德里安·伍尔德里奇。他们在有关全球化的著作中也坦承，马克思是全球化的先知，他关于"各民族普遍相互依赖"，也就是全球化的观点现在仍然惊人地适用。他对全球化的形容在今天仍像 150 年前一样犀利——"利润率下降，趋于垄断……"这位大英博物馆阅览室的年老常客说的有什么错吗？

希钦斯说，马克思并不相信存在任何"经济"有机体。他与之前的任何思想家所不同的是，将生产力和生产关系严格区分开。马克思认为，在一种剥削制度中一定包含着某种系统性的冲突，如果不解决就会导致生产停滞甚至下滑，但是，如果能够合理解决，也许会产生更好的协同作用，促进物质的极大丰富。希钦斯引述恩格斯的话说，马克思希望像《物种起源》的作者达尔文那样，揭示经济活动的客观规律，从而摒弃那些对经济规律的主观和理想化的解释。例如，剥削并不是个道德用语，而是一个用来衡量如下差别的冰冷尺度：使用价值与交换价值之间的差别，以及矿工所获工资与他为矿主所创造的真正价值之间的差别。

希钦斯在文章中转引《纽约客》经济专栏作家约翰·卡西迪的话说，"只要资本主义存在，马克思的著作就值得阅读。"这似乎意味着马克思主义与资本主义是共生的关系，任何一方都不能独立生存。不过，这并不是那位当年在图书馆中苦读的先知所希望的。马克思曾向恩格斯发誓说："我希望资产阶级直到垂死都会记住我指出的芒刺。"

二十六　金融危机导致马克思理论的回归

英国著名历史学家埃里克·霍布斯鲍姆（Eric Hobsbawm）在接受英译本《政治经济学批判大纲》编辑马切罗·木斯托（Marcello Musto）访谈时指出，在资本主义世界中，大众对马克思的兴趣无疑正在复苏，在《共产党宣言》出版150周年之际，我们在超高速自由市场全球化过程中遇上的这次极为戏剧性的国际经济危机，加快了这一复苏。基于他对资本主义社会的分析，马克思150年前就预言了21世纪初期世界经济的本质。有点头脑的资本家，尤其是那些在全球化金融机构工作的，会觉得马克思很了不起，这一点也不惊奇，因为他们必须比其他人更清楚资本主义经济的本质和不稳定性。

霍布斯鲍姆认为，对马克思的兴趣的回归很大程度上是或主要是因为当前资本主义社会的危机。这次世界金融危机很可能在美国会变成一次严重的经济萧条，它使得对不受控制的全球自由市场崇拜的失败变得极度戏剧化，连美国政府也不得不考虑执行自从20世纪30年代以来就被遗忘的公共行为。他说，有一点很清楚，任何"马克思的回归"都在本质上是向马克思对资本主义及其在人类历史进化中的位置的分析的回归——首先包括他对资本主义发展的不稳定性的分析，也就是资本主义是在一系列自身引发的阶段性经济危机（也带有政治和社会向度）中发展的。没有一个马克思主义者会相信新自由主义意识形态分子在 1989 年所说的话——自由资本主义从那时起永远稳固了自己，历史已经终结，或者说任何人类关系可能是最后的、决定性的。

霍布斯鲍姆指出，没有一个社会主义者可以放弃马克思的思想，因为资本主义之后必须有另一种社会形式的这个信念不是基于希望或者意志，而是基于对历史发展——尤其是资本主义时代的历史发展——的严肃分析。马克思关于资本主义将被一个社会性的管理或者计划的系统取代的预言看来仍然合理，但是他当然也低估了将在任何后资本主义时代的系统中存在的市场元素。关于社会主义的目标，马克思不是唯一想要一个没有剥削和异化的社会的思想者，在这样的社会中，每个人都能充分实现他的潜力，但马克思表达这种抱负的方式要比别人更加有力，他所说的话至今保留了激发抱负的力量。但是，马克思的著作不应该被当成政治规范（不管是不是权威的），或者是当今世界资本主义的现实描述，它们应该被当作怎样理解马克思对资本主义发展本质的分析的指导，否则马克思就不会作为一个政治灵感回归左翼。

2008 年 10 月，霍布斯鲍姆在接受《泰晤士报》访谈时指出，人们对于马克思的兴趣仿佛是一种正名，因为他对资本主义的分析将矛头直指（资本主义的）经济全球化、周期性危机和不稳定性。在过去数十年里，人们以为市场可以解决一切问题，这看来更像是种宗教信仰而缺乏现实性。他认为，人们现在重新认真对待马克思的这些分析是件好事。2009 年 7 月，霍布斯鲍姆在接受法国《新观察家》杂志记者吉勒·安克蒂尔的专访时再次强调，席卷全球的金融危机导致马克思理论的回归。他认为，马克思理论的中心是批判和解析资本主义。当前的全球危机验证了马克思对资本主义的解析。危机的发生肯定将带来资本主义系统的重构和改革，改革之后出现的将是一种仍可称之为资本主义的混合经济。而更接近于理论的"市场原教旨主义"已经失败。

霍布斯鲍姆指出，马克思明白了一些被传统经济学家所忽略的东西：资本主义是一种通过危机以不稳定方式进行演化的系统。危机发生之时，该系统就会进行重构。资本主义系统想要毁灭除市场本身以外的一切。正是由于极端自由经济的这个病根，眼下的危机才会超出我们的预期，而且它肯定将带来资本主义系统的重构。改革之后出现的将是一种我们仍旧可以称为资本主义的混合经济。如果人们继续追求资本利润的最大化，那是行不通的。更接近于理论的"市场原教旨主义"已经失败。他说，令人意外的是，在 20 世纪末和 1997—1998 年的亚洲经济危机期间，重新发现马克思理论合理性的居然是一群生意人。自本次危机爆发以来，人们谈论更多的还是《资本论》的作者马克思，因为马克思理论的中心就是批判和解析资本主义。霍布斯鲍姆还特别强调，凯恩斯的回归也存在，但那是一种实用主义。凯恩斯是一位伟大的经济学者，但不是马克思那样的经济史解析大师。

二十七　金融危机让人们重新发现社会主义

2009 年 5 月，英国著名历史学家霍布斯鲍姆在接受法国《解放报》记者专访时认为，显而易见，根本不可能再将一种完全集中的计划经济主张提上议事日程。而这种主张也绝非马克思的主张。但是，自由主义低估了共产主义运动的希望和成果。完全诋毁共产主义运动这种始于冷战时期的神话还未消失，在欧洲议会仍很有市场。欧洲议会像在 20 世纪 60 年代一样继续通过反对"极权主义"的决议。如今，资本主义陷入危机，共产主义思想的回潮尤其是对自由主义宣传的一种回答。

霍布斯鲍姆说，柏林墙的倒塌曾经被一些人当成共产主义终结的象征，似乎共产主义尝试不可避免地结束了。然而，资本主义正处于类似的处境：自去年9月以来，大家都清楚不再可能回归自由放任的经济意识形态。此外，近30年来经济增长最强劲的经济体根本不遵从消费者自由选择的理论。只是在1997年亚洲金融危机爆发期间，商界人士才开始觉得有些东西行不通，并重新发现马克思。霍布斯鲍姆认为，现在的形势类似于1929—1933年的形势，当时曾同样遵循"自由放任"理论的体系崩溃了。"决不重蹈覆辙"成了新的口号，实际上，政府做了很多自由派人士难以想象的事情：把充分就业摆在绝对优先的位置，将工人运动纳入企业管理，建设福利国家，甚至采取了苏联的一些创新做法，如计算国民生产总值。这是整体考量经济的一种方式。

霍布斯鲍姆认为，市场与计划像过去那样互相排斥和相互对立的状况已不再是现实。国家主义这种"社会主义的极端形式"已经失败；自由主义这种资本主义的极端形式也正在经历同样的命运。新世纪的经济应是混合经济。正如人们所认为的那样，差别将不在于结构中，而体现于要达到的目的上：这将涉及提高个人收入还是减少不平等，提高所有人的能力……而正是在这方面，人们不仅在重新找到马克思，而且还重新发现社会主义传统。

二十八　现代社会印证了马克思的预见

加拿大约克大学政治学教授利奥·巴尼奇（Leo Panitch）在美国《外交政策》双月刊2009年5—6月号发表文章认为，经济危机再度掀起了人们对卡尔·马克思的兴趣。《资本论》在全球的销量一路飙升，这标志着此次危机范围之广、破坏力之大，已使全球资本主义和其卫道士陷入意识形态的恐慌。然而，即使对新自由主义的正统理念破灭，为什么复兴的会是马克思主义呢？首先，马克思远远领先于其所处的时代，预测了近几十年来资本主义成功的全球化。他精准地预见到引发今天全球经济危机的一些致命因素：在由竞争的市场、商品生产和金融投机组成的世界里，他所称的"矛盾"是固有的。

巴尼奇说，当马克思完成他的大作时，距法国大革命和美国独立战争结束还不到一百年，但马克思已经预见了一个半世纪后美国国际集团和贝尔斯登公司的震颤。他非常清楚资产阶级在人类历史中发挥的他所谓"最革命的作用"——资产阶级就是今天华尔街银行家和公司高管的先驱。正如马克思在《共产党宣言》中所说："资产阶级如果不使生产工具经常发生变革，从而不使生产关系——亦即全部社会关系——经常发生变革，就不能生存。"但无论是在他所处的时代还是我们这个时代，马克思都不是资本主义全球化的推动者。然而，他认为，"不断扩大产品销路的需要驱使资产阶级奔走于全球各地"，并预见资本主义的发展会不可避免地"为更深广的危机铺平道路"。马克思清楚，投机行为会引发并恶化危机，对整个经济破坏极大。而且他也看透，所谓通过渐进式改革永远避免危机不过是场政治幻象。马克思的话在今天仍颇有意义。如果看到现在的经济衰退，马克思一定愿意阐述资本主义固有缺陷引发当前危机的原理。他会明白债券化和金融衍生品等金融领域的现代发展，是如何使市场扩散全球经济一体化风险的。无疑，马克思会认为这次危机是个完美的事例，说明资本主义像是"一个魔法师，但无力再控制自己召唤出来的魔鬼"。

巴尼奇认为，几十年来，这个杠杆化、不稳定的全球金融系统对全球经济增长做出了贡献。但它也造就了一系列难免的金融泡沫，其中最危险的泡沫就出现在美国房产部门。正是由于它在维持美国消费需求和推动国际金融市场方面发挥的中心作用，该泡沫随后的破灭在全世界引发了深远的影响。无疑，马克思会认为这次危机是个完美的事例，说明资本主义像是"一个魔法师，但无力再控制自己召唤出来的魔鬼"。尽管我们现在深陷困境，但马克思对经济灾难本身就能带来变化的说法不抱幻想。曾任英格兰银行货币政策委员会成员的威廉·比特提议将整个金融部门作为公共事业，认为银行没有任何理由继续作为私有的赢利机构而存在。这一提议呼应了马克思自己在《共产党宣言》中所提的"把信贷集中在国家银行"中的要求。对马克思而言，金融系统的彻底变革会加强工人阶级赢得"民主战争"的胜利的意义。

巴尼奇说，各种党派基本上都不曾认真讨论是否应该以激进的方式实现经济民主化，而我们至今仍为贬抑这些意见付出代价。马克思曾鞭辟入里地分析过植根于资本主义市场基本逻辑中的非理性因素，而现在这些因素再次昭然显现。为了保持收支平衡，所有的工厂和公司都解雇员工并降低在职员工的薪酬。而工作的不稳定削减了整个经济的需求。正如马克思指出的，微观的理性行为会造成宏观经济的最差结果。我们现在知道了，忽视马克思而笃信亚当·斯密会把人们置于何种境地。今天的金融危机所暴露的不仅是金融方面的非理性思维。马克思会坚称，解决气候变化等全球问题需要我们破除资本主义市场的思维，而不是通过国家机构来强化这种思维。金融危机正抽干世界许多人民的血液，令每一个年龄阶段、宗教和种族团体的人民都感受到了不安，而且和之前一样，普通劳动人民受到了最沉重的剥削和负担。变革主义的政治家认为自己可以废除阶级内部固有的不平等，废除资本主义社会不断循环的危机。但是，如果当前的危机说明了一个问题，这个问题就是，马克思比他们都现实。

二十九　马克思对资本主义观察"是正确的"

2008 年 9 月 27 日，英国圣公会领袖谴责股市投机者是从不受约束的资本主义中获利的"银行抢劫犯"，并导致了全球金融危机。坎特伯雷大主教罗恩·威廉斯呼吁加强对金融业的监管，并且表示共产主义之父卡尔·马克思的部分观点是正确的。约克大主教、圣公会第二号人物约翰·森塔穆也严厉抨击利用股价下跌来赚钱的投机者。威廉斯曾在右倾的时事周刊《旁观者》上撰文，说马克思在 19 世纪发表的有关资本主义的评论在一定程度上是正确的。他写道："马克思在很早以前就观察到了不受约束的资本主义如何变成一种神话。就算马克思的其他观点不对，但他在这一点上是正确的。"

马克思关于"宗教是人民的鸦片"的名言肯定是无论哪个教会都不愿意听的，马克思主义也一直被罗马教廷看作是现时代的"瘟疫"之一，但令人意外的是，他却与伽利略、达尔文和王尔德一道，成为受到罗马天主教会称赞的历史人物。梵蒂冈报纸《罗马观察家报》表示，马克思早期对资本主义的批评凸显了"大多数人"对"社会异化"的感受。至今，这"大多数人"仍被排除在经济和政治的决策过程之外。任教于贵格利大学的当代哲学史教授格乔格·桑斯撰文说，当今时代，随着人们在个人需求和自然环境之间寻找"新的和谐"，马克思的著作格外具有现实意义。他认为，马克思的理论有助于解释长久以来资本主义社会存在的收入不公现象。桑斯教授写道："我们必须问问自己，资本主义制度是否像马克思所说的是各种异化的根源"；"既然金钱自身不会增殖，那我们该如何解释为什么财富集聚在少数人手中？"教廷对马克思的认可推翻了一个世纪以来天主教对马克思学说所持的敌视态度。教皇一直忙于对现代资本主义进行重新评估。本笃十六世曾在 2009 年 7 月发布通谕，针对当前的经济衰退公开表示：全球资本主义已经迷失了方向，教会呼吁关注弱势群体所遭受的不公正，对市场进行更加严密的监管，这将有助于恢复经济的健康。

关于民主的"东西"之争[*]

　　俞可平《民主是个好东西》一文发表及同名著做出版后，在海内外理论界引发讨论。此后，针对理论界提出的不同意见，俞可平又相继发表文章或访谈予以回应。对于俞可平的观点和主张，一些人表示赞同，一些人在赞同的同时有所保留，当然也有一些人表示反对。但无论赞同或反对，大家对民主问题的重要性、民主政治建设的紧迫性、完善和发展民主政治制度的必然性都持肯定的态度。我们认为，理论界乃至社会上的普通百姓给予民主这个在不少人看来仍然具有一定政治敏感性的话题越来越多的关注，对于中华民族民主素养的培育和社会主义民主政治建设的推进，毕竟是一件好事。

　　应当指出的是，理论界关于民主的"东西"之争并未局限和停留在民主是好是坏、比较好或比较不坏的简单判断上，也就是说，它不是关于要不要民主这类政治生活常识的讨论，而是涉及民主的本质、民主的一般性和特殊性、民主实现的条件等深层次理论问题，

一　民主是个好东西

　　2009 年 9 月，在中华人民共和国成立 60 周年之际，俞可平接受

* 原载《理论热点：百家争鸣 12 题》，社会科学文献出版社 2010 年版。

《中国新闻周刊》记者访谈，再论"民主是个好东西"。他说，从中华人民共和国60年政治发展的实践看，可以得出这样的一个结论：正常的民主和法治建设进程一旦中断或遭受破坏，国家和民族就会经受困难，甚至招致灾难。从中华人民共和国成立后我们经历的民族灾难中，可以吸取很多惨痛的教训，其中之一就是，民主和法治建设是社会主义政治文明的核心内容，与人民的安居乐业和国家的长治久安休戚相关。民主法治破坏了，民生必定受到严重影响。

俞可平认为，民主与法治是一个硬币的两面，它们是不可分割的。现在有极个别的人说，中国只要法治不要民主。不论持这种观点的人是教授还是博士，要么是对人类政治发展史的极端无知，要么是对国家的极不负责。在漫长的人类政治史上，民主一直不被政治思想家和政治家当作"好东西"；直到近代以后才被越来越多的人接受，最终在当代成为世界历史潮流。民主从原先的"坏东西"变成"好东西"，从城邦国家发展到民族国家，从特殊政体变为常规政体，从西方文明变成世界趋势，一个重要的原因，就是法治的推行。民主只有与法治结合才能成为真正的"好东西"；反之，只有在民主政治条件下才能实行真正的法治。

俞可平说，民主是人民当家作主，具体地说，民主就是一系列最大限度地保障公民自由、平等、公正和人权的制度安排。民主当然不是万能药，民主的主要作用在于能够较好地解决权力的产生和制约，即通过一系列的制度安排，把人民自己喜欢和认可的官员选拔出来，授予他们管理国家的权力，然后对其权力进行有效制约。

二 民主是我们的生命

许耀桐撰文说，他赞成"民主是个好东西"这个比喻。但更赞成党的十七大报告中"民主是社会主义的生命"这样的比喻和命题。民主是"生命"之于民主是"好东西",实在是高得多、重得多。两者甚至无法比较:你怎么能拿"生命"和"东西"相比呢?因为"生命"是鲜活跳动的,最高贵的,必须倍加珍惜;而"好东西"毕竟还是东西,它是死物,可以经常被人寻思替代乃至于遗弃。因此,"民主是生命"的比喻,反衬出"民主是好东西"的十分贫乏、困窘。把民主比喻为"生命",彻底巩固了其至高无上不可动摇的地位,而绝非"好东西"那样,欠缺甚多,难免还有后顾之忧。

许耀桐强调,我国自1978年实行改革开放以来,民主始终成为一个热门话题,由此形成了研究民主理论和实践持续的潮流。但30年来,我们在这个话题上不知产生了多少的争论、冲突,以至于使民主话题变得过于复杂、沉重,令人厌倦。其根本原因就在于,我们充其量不过把它当作东西看待。既然是东西,为什么就不能争论这东西的优劣呢!在说好的时候当然也可以给予完全的否定!但是,一旦把民主当作我们的生命,我们还有什么理由对生命说三道四呢!难道我们甘冒犯罪非要扼杀生命不可!所以,现在对于民主,就要从党的十七大报告的高度,从生命的原点去认识和把握了。

许耀桐认为,从民主是我们的生命出发,下述的认识和把握至为重要。

其一,民主是治理国家的根本制度。人类社会自出现国家后,有两种治国的根本制度,一为专制制度,一为民主制度。除这两种制度之外,还找不出其他的第三种制度。我们说民主是生命,首先就要明确,民主是国家制度之命根。民主作为国家制度与专制作为国家制度是根本对立的,在治理国家是实行民主制度还是专制制度面前,人们无法回避。如果实行的不是民主制度,就必然实行专制制度。而在实行民主制度不彻底的地方,也必然留有专制制度的痕迹。世界自欧洲文艺复兴以来，民主已成大势，渐入佳境。在民主治国的时代，社会主义国家更是如此，它是人民当家作主的国家，只能实行民主制度。民主作为国家制度，只有它才是为人民而存在的，人民也只有通过它，而不可能通过别的什么制度，才能向前发展，在未来社会实现每一个人的自由而全面的发展。

其二，民主包含四个本质规定：（1）确认并维护宪法赋予公民的基本民主权利和自由与平等。宪法列出的基本民主权利和自由与平等主要是，公民有选举和被选举的权利，有言论、出版、集会、结社、游行、示威的自由以及人身不受侵犯的自由，在法律面前一律平等。（2）实行国家和地方各级民意代表机构的选举和公共行政权力机构主要政治官员的选举。民主必须赋予公民以选举权，选举采取普选的方式，实行选民提名候选人、竞选、秘密投票等方法。（3）需要经由表决做出决定的，实行少数服从多数的原则即多数决原则，同时，对少数人实行保护的原则。（4）实行公共事务的公开性、透明度。民主本身就是一种公开，民主社会就是一个公平、开放的社会。其中第一个关于公民的民主权利和自由、平等的规定，是实行民主的基本依据和前提条件；第二个规定是民主的核心和关键内容；第三和第四个规定则是民主有序运行的根本保障。四个规定缺一不可，才能保证民主的完整性。如果这四个规定没有实现，民主就没有实现，也不可能实现。

其三，民主要正确运用而不要滥用。任何生命体都有其存在和活动的范围，这个范围不可能无限大，不可能没有边界。民主也是这样，它的生命存在和活动范围，就是民主所包含的四个本质规定涵盖的存在和活动范围。如果超出这样的范围，民主就会被滥用，把不是民主所有当成民主所有。其结果，民主就会变形走样，或者效率低下，反过来败坏民主的名声，使民主失去应有的功能。因此，正确运用民主，就要严格按照民主的范围进行活动。借民主形式做非民主之事，不是民主的正确运用。

其四，民主选举要尽快走出村庄层级。改革开放以来，农村基层自治组织村民委员会的直接民主选举如火如荼，成为民主政治发展的一道亮丽风景。但是，应该认识到，在从中央到地方的行政区划中，我国的村庄处于最末梢，它不是国家的一级政权组织。农村的村委会选举只能算是基层自治组织的民主活动，还算不上是国家政治体系的民主制度。如果不解决国家政权组织体系内的民主选举，农村基层自治组织的民主选举将难以为继。现在，我国的民主选举再不能停留在村庄层级了。真正的国家民主选举，循序渐进地走从下至上的路径，至少应该从乡镇政权这一级起步。目前，民主选举首先要以乡镇和县（市）这两级政权为中心展开，再徐图发展。

其五，党内民主应当先行，而人民民主必是主体。在我国，由于中国共产党是执政党，其党内民主对于人民民主具有更为重要的意义，它是民主的头脑、心脏。发展党内民主，是政治体制改革和政治文明建设的重要内容。党内民主对人民民主具有重要的示范和牵引作用，发展党内民主可以很好地带动人民民主。如果党内民主滞后，或者没有党内民主，人民民主将受到很大的影响、限制；假如党内民主未取得一定的建设成果，便贸然在社会上开展人民民主，则可能因为执政党的领导不力而出现失控、混乱的局面。但是，把党内民主列为先行，不等于党内民主就是一切，可以取代人民民主。人民民主是民主生命的全部意义，是民主生命的骨骼和血液，它始终是民主制度的主体、主阵地。在现阶段力倡党内民主先行，不是要把人民民主撇在一边，发展党内民主只是为了发展人民民主探路排障，是为了更好地推进人民民主。为此，在发展党内民主时，一定要使人民民主得到不断发展，例如，使我们的人民代表大会制度的民主更好地发展起来，使公民的普选权更好地得到落实，等等。

三　民主从来不是抽象的东西

石仲泉撰文认为，对"民主是个好东西"这个论断应当予以肯定。他认为，"民主是个好东西"的论断，从提出的本意来说当然是好的，是对的，对于推进我们党提出的民主政治建设的任务具有积极意义，而且讲得很通俗，很大众化。应当肯定这个说法。但是，在解读时要注意，民主从来不是抽象的东西。

石仲泉指出，不同的时代、不同的国度，对民主有不同的要求。对民主的诉求，要以时间、地域和条件为转移，其内涵是不一样的。东方国家与西方国家对民主的要求有区别，发展中国家与发达国家有区别，在中国与在美国有区别，在目前的中国与在将来比如 21 世纪中叶的中国也有区别。对民主既不能抽象而论，也不能拿一个模子而不问具体国情和历史要求去套用。有些东西，特别是代表人类文明进步标识的那些民主形式，在我们国家目前暂时不能实行，并不是说将来永远不能实行。一切要以时间、地域和条件为转移，一切要看对国家的发展、人民的福祉是否有利来决定。所以，对于民主这个好东西，要采取辩证的、历史的态度来认识。目前，最重要的是为实现这个好东西创造好的条件，使它不变形、不扭曲，真正成为一个好东西。推进民主政治建设，就是为使它真正成为一个好东西而为广大人民群众所享用。

四　优质民主才是真正的好东西

2009 年 6 月张维为接受人民网记者采访时说，我们讲的"人民民主"指的是优质民主，不是指劣质民主。光说"民主是个好东西"还不够全面，这就像说汽车是个好东西，因为汽车比马车跑得快，谁都懂这个道理，但我们还要了解道路的状况，泥泞的小路汽车就没法开。另外，比汽车跑得更快的交通工具还有很多，如高速火车、磁悬浮、飞机等，人类还会有新的创新。所以"民主是个好东西"后面还应加上一句"优质民主才是真正的好东西"，这样我们对民主的认识才能变得更为深入和全面。"好民主"指的就是"优质民主"，"烂民主"指的就是"劣质民主"。最好不用"好民主"与"坏民主"的概念，因为"好"与"坏"容易被误解成一种道德判断，而"好"与"烂"是一种事实判断。

张维为认为，中国的民主应是使人民幸福的优质民主。中国人要实现的民主是能给中国带来国运昌盛，人民幸福的优质民主，而不是那种使中国四分五裂，无数生灵涂炭的劣质民主。民主本应该是内容丰富、文化深厚、操作精致的，但现在西方把它大大简化，连经济发展、教育水平、法治社会、公民文化这些优质民主的基本条件都可有可无，以为只有一人一票的"程序民主"才代表真正的民主，结果导致了第三世界出现了一大批"烂民主"。

张维为认为，讨论民主一定要回归"实质民主"，把民主简化为"程序民主"其实是对民主的异化。民主应该是"实质民主"和"程序民主"的结合，但首先是"实质民主"，即体现民主的内容及其所要服务的价值，民主的内容就是要体现人民的意愿，民主的价值就在于实现国家的良好治理和人民高品质的生活，而民主的程序和形式应该由各国根据自己的民情和国情来探索，这个探索的进程远远没有结束。

五　民主如何才是一个好东西

童世骏撰文指出，只有在现代社会，"民主是一个好东西"才会成为一个相当广泛的共识。民主的本意是人民的"自我决定"，因此，民主是否真是一个"好东西"，还要看人民的"自我决定"或民主决策是怎样进行的。民主涉及的是集体行动，也要一方面体现"自愿原则"，另一方面体现"自觉原则"。民主要真正成为一个好东西，民众的意志必须与民众的理性有机结合；民众自愿表达的要求应该是经过自觉思考和理性判断的。民主选举不能是唯一重要的环节，因为自愿原则不能是民主的唯一重要的原则。

童世骏认为，民众的意志总是有所指向的，总是以民众作为一个集体要做什么事情作为具体内容的。因此，民众的理性如果要与民众的意志一起在民主政治中发挥作用，他们就必须围绕"要做哪件事情""如何做成某件事情""由谁来做这件事情"这样的问题进行理性的讨论和协商。讨论和协商的具体形式可以有各种各样，但它的实质内容，却是任何真正称得上"好东西"的民主政治的必要成分。也就是说，民主要真正成为一个好东西，它必须是围绕实质问题而不是抽象词句而运作的，必须是以有关实质性问题的民主讨论作为其基本形式的。

童世骏认为，民主讨论和协商之所以必要，不仅是因为民主决策所涉及的问题常常相当复杂，而且是因为影响决策的人们和被决策所影响的人们常常是分属不同群体的。对于现代民主理论和实践来说非常重要的一个事实，是用讨论协商来处理人们之间的利益分歧、价值分歧和认同分歧。通常来说，用讨论协商来解决利益分歧比较容易一些：即使无法借助普遍原则找到共同利益，也可以通过利益权衡、各自让步而达成暂时妥协。用协商讨论的办法来解决价值分歧比较困难一些，但通过协商讨论澄清各自的价值立场，发现对方立场的合理之处，甚至找到各自立场的重叠之处，也不是不可能的。最困难的是认同分歧，很难通过实际利益的让步和妥协来解决，也很难通过价值立场的澄清和调整来弥合。当然，认同之争背后往往隐藏着利益之争和价值之争，但真正要进行有意义的民主商议，必须在认同问题上尽可能相互尊重，在价值问题上尽可能求同存异，并且在此基础上把利益问题作为中心议题，以求得对利益分配的公平安排。不管怎么样，民主要真正成为一个好东西，它不能把认同之争作为一个争论焦点，尤其不能把一些个人无法进行自由选择的认同特征如种族、肤色、部落和性别作为争论焦点。

童世骏还强调，要使民主真正成为一个好东西，除了合适的物质条件和制度框架之外，还需要合适的文化土壤。

六 民主无所谓是"好东西"还是"坏东西"

刘仰认为，民主的本质就是一个社会内部调节利益均衡的手段。民主本身不是可用优劣评价的道德原则，民主只是一个利益平衡的工具。社会利益平衡结果的好坏，实际上反映民主工具使用的好坏。人们有时称颂历史上的集权君主，因为这些集权君主可以利用集权而实现社会的利益平衡。人们有时候指责底层民众的暴动，例如英国克伦威尔革命、法国大革命，因为，这个多数人的民主并没有实现社会各阶层的利益平衡。此外，像希特勒这样的"民主产物"，造成了巨大的危害，也显示出民主本身不具备道德价值，民主只是一个工具，运用得好，对社会有益；运用得不好，对社会有害。所以，民主本身不会必然带来符合道德的结果。只有正确使用民主这个工具，才有可能带来人们所希望的道德效应，实现社会各阶层的利益平衡。

刘仰说，如果不是在特定的语境中，那么他对于"民主是个好东西"这种笼统的结论性的论述并不赞同。民主好比是一把刀，可以杀猪宰羊、切菜剖瓜，方便人们的生活，但也可以杀人；民主好比是一个杯子，可以装满美酒，也可以装满毒药；民主好比一根绳子，可以用于生产，创造财富，也可以用于上吊或谋杀，等等。民主只是一个工具，这个工具的使用效果，在于使用工具的人，而不在于工具本身。所以，民主无所谓是"好东西"还是"坏东西"，民主只在乎是"好结果"还是"坏结果"。一些崇拜民主的人，经常会对民主伴生的一些现象表示愤慨，他们把这种现象称为"民粹主义"。这些民主崇拜者就是把民主当成了绝对的道德标准，因此，不能容忍民主必然伴随类似"民粹主义"这样的不良现象。如果他们能够理解"民主是一个工具"，不要再对民主抱有天真的道德崇拜，也许有助于他们正确对待民主所产生的不良现象。

刘仰认为，评价民主只有一个标准，那就是结果。因此，民主的形式不具备任何道德价值，某一种民主形式就像某一种工具的演化，本身不具有超越其他形式的道德权威。每一种民主形式，只在不同的环境中发挥自己最大的使用价值。而且，历史证明，中国人完全有能力最有效、最合理地使用民主这一工具。对于中国的未来，我们相信，中国人完全有能力继续正确而有效地使用民主这一社会管理工具。

七　民主不一定是好东西

来自互联网署名"以圆来化"的文章认为，俞可平提出"民主是个好东西"，是在具体性上说的，而在具体性上说，民主不一定是好东西。古希腊人以民主的形式判了哲学家苏格拉底的死刑，希特勒通过民主选举上台，民主可以决定发生大规模杀人的战争，民主可以造就贪腐的领导人，可以产生乱象，可以决策破坏生态环境的向自然进军，可以使好多不好的事发生。具体的好是相对的，是有条件的，所以不能说民主绝对是好东西。只说"民主是个好东西"也不全面；民主不一定是好东西，所强调的是另一面。

文章认为，与民主相对的是专制，以专制是不好的，就认为民主是好的，这种二元思维掩盖了具体中哪种样式的民主，哪种条件下的民主以及哪种人实行的民主等许多问题。民主不是外在于人的客体，对于不同文化背景，不同国民素质的人们，民主不就是好东西，民主不能无条件地是好东西。既然"民主可能破坏法制，导致社会政治秩序的一时失控，在一定的时期内甚至会阻碍社会经济的增长；民主也可能破坏国家的和平，造成国内的政治分裂；民主的程序也可能把少数专制独裁者送上政治舞台"，若我们不以此为好，那么所说的民主并不就是好东西。既然所说的民主"常常会使一些本来应当及时做出的决定，变得悬而未决，从而降低行政效率；民主还会使一些夸夸其谈的政治骗子有可乘之机，成为其蒙蔽人民的工具"，那么就应该说：民主不就是好东西；既然所说的民主是可以"不切实际地推行"的东西，可以是一些政客把民主当作其夺取权力的工具，以"民主"的名义，哗众取宠，欺骗人民，在他们那里，民主是名，独裁是实；民主是幌子，权力是实质，那么肯定地说，这民主不就是好东西。

文章说，具体上的民主是东西，而民主是个整体性概念，只知道叫作东西的民主，对民主本身还没有整体的认识。对民主是个好东西的确认，认识会停留于好东西的水平，这是不妥的，因为还存在着具体的民主不就是好东西的问题一面；其不妥，更在于民主这一整体性概念是需要在整体上认明的，确定民主是好东西，就不需要做整体性认识了。具体中，我们当然应做民主的推进，但对民主不一定是好东西要有理性。只限于民主是好东西和民主不一定是好东西，那是认识上的短视。

八 民主不是西方的东西

王长江在接受《南风窗》记者采访时指出，很多人认为选举民主是西方的东西，言下之意就是中国特色的民主是不选举的，这就等于承认在社会主义制度下，公众对自己的权力受托者没有选择的权利，这是一些无良的学者见风使舵的荒谬之言。民主不是随心所欲打扮的小姑娘，想怎么样就怎么样。中国的民主要有自己的特色，但前提是遵守民主的普遍规律，这个普遍规律就是有竞争的政治。历史证明，这条基本原则是不容超越的。

王长江认为，在当前这一场经济危机中，中国所受影响较小，这不能证明我们调控经济的手段有多高明，只是因为经济中的市场经济成分还不够多之故。我们还是要继续搞市场经济，不能以此为借口走回头路。这就好比全世界发生了饥荒，非洲人靠吃野果躲过了危机，但全世界不能因此就退回到原始状态。民主和经济增长并不是一一对应的关系，出现滞后、不对应是普遍现象，非常正常，有时候非民主国家的经济增长会超过民主国家，但这不能成为不进行体制改革的理由。因为经济不会一直增长，一个政党的合法性也不能只靠经济增长来维持。

王长江认为，中国目前已经到了非大力推进民主不可的程度。一个政党的执政必须得到老百姓的认可，否则难以长期维持，即便你掌握着国家机器，采取各种强制措施，也不可能长治久安。当然，我们目前的形势还没到那一步，因为 30 年经济的飞速发展，执政党积累了丰厚的合法性，但我们不能一直吃老本。很多人认为只要经济好，社会稳定，有没有民主无关紧要，问题是经济不可能一直增长，社会的发展也不可能没有曲折，把未来建立在一系列假设之上是很危险的。要解决当前政治发展中一系列棘手问题，非实行民主不可。

九　民主究竟是什么东西？

梅宁华撰文认为，民主一开始是指多数人的权利，是个好东西。但是，民主的发展、发育不是凭空的，而是要建立在一定的政治、经济、文化发展之上。从最一般的意义上讲，民主是一种国家制度，是统治阶级为实现其当家作主的权力而采取的管理国家的制度、形式。民主有内容与形式之分。就其内容来说，有作为国家权力的民主，有作为国家制度形态的民主，有作为公民权利的民主，但民主的核心内容是保证人民的权利如何实现、国家的权力如何健康运行。民主的形式，则是为贯彻民主而采用的制度、体制、措施与做法。民主的形式具有多样性。作为形式的民主，可以存在于不同的国家和社会制度之中。民主不是哪一个国家的专利，不同的国家有不同形式的民主。

梅宁华强调，任何国家都是有自己的国情的，一个国家民主的发展必须从自身国情出发，选择、确立适合本国国情的民主形式和道路。没有一个国家的民主制度是照搬别国的，也不可能照搬。离开一国国情，不仅无法判断一种民主制度、一种民主形式的优劣，也无法判断其是不是民主的。历史一再证明，只有建立适应本国国情的民主制度，才能结出政治文明的硕果。民主不仅有国情性，而且有阶段性，即一个国家不同的发展阶段，有着不同的民主形式。评价一个国家的民主形式的优劣没有绝对的标准，应主要根据这个国家的经济社会发展阶段，根据国情具体地加以判断。只有适应一个国家经济社会发展的阶段和历史文化传统、符合经济、社会、政治、文化的发展要求并且能促进这种发展的民主，才是"好东西"。发展民主政治，一个关键问题就是要根据本国的具体情况、社会发展面临的主要任务选择合适的民主形式，生搬硬套别国模式必然导致水土不服。

梅宁华认为，民主和任何制度一样，既有优点，也有不足。民主是一把"双刃剑"，它既可以推进决策的科学化、民主化，也可能导致议而不决；既可以实现多数人的权利，也可能造成"多数人的暴政"；既可以推进公众政治参与，也可能破坏政治秩序……所以，简单地把民主当作一个招牌对推进民主启蒙、民主建设并无太大积极意义，关键是我们在什么意义、什么层面上，全面、客观、理性地认识民主以及以何种方式、在何种程度上运用民主。

十　凭什么说民主是"好东西"

刘熙瑞认为，人类任何一种制度都要经过时间和实践的检验。判断一种民主制度的所谓"好""坏"，也是如此。一般说，民主是个好东西。但仔细推敲，这话也不全面，还应该说"怎样的民主才是好东西"。民主既然是"由民作主"的问题，那么这个"作主"自然也包括享受到成果即"利益实现"在内，这甚至还是"作主"的实质内容。否则，只周游于"意见（利益）表达"机制，是谈不到真正"作主"的。

刘熙瑞认为，根据以上分析，判断一个国家的民主是否适宜、合理，就有三个标准：一是公民的利益表达机制是否畅通；二是是否有力促进该国该时段经济发展；三是公民是否共享了发展成果。一般情况下，保障了公民意见、利益表达，促进了经济社会发展，又能最终让公民共享了成果、促进人的全面发展的，肯定就是"最好的"、最适宜的、最合理的民主。而那些虽然给了公民意见和利益表达权利，在一定程度上也促进了经济的发展，却不能使公民共享发展成果的民主，就是不完全的民主；至于只建立了公民意见和利益表达机制，却造成了社会的混乱，根本就不能促进经济和社会发展，更谈不上公民共享成果的，应该说就是最差劲的"民主"。

刘熙瑞认为，用以上标准判断中国的现实，应该说，我们大致属于最好的那一类。经济社会发展已不存在疑义了；共享改革发展成果我们正在做，也取得了历史性的成绩，全社会已经基本迈入小康，而最起码的生存权在全社会成员中都得到了保障；我国公民的意见和利益表达机制，是国外某些人常常批评的，但除了对那些损害国家根本利益、反对四项基本原则的所谓"意见"在表达上有限制外，公民正常的意见和利益表达之畅通，有谁能够否认呢？我们甚至可以说，在我们长期实行的代表制体制下，通过比西方某些国家有力得多的参与机制和上下各级间的协商机制，公民的意见和利益表达更充分。全球金融危机的爆发引起人们对中国模式的进一步关注，而这客观上也构成了对中国民主模式更多的兴趣。这是我们进一步坚持中国特色民主发展道路的基础。

文化个性与国家品牌战略[*]

当今时代，文化越来越成为民族凝聚力和创造力的重要源泉，越来越成为综合国力竞争的重要因素，越来越成为经济社会发展的重要支撑。目前，文化问题已成为世界范围内普遍关注的热点、焦点问题，引起世界几乎所有国家特别是经济发达国家的高度重视。文化研究无疑是整个人文社会科学领域最具前沿位置的"显学"，当然也是与人类生活和发展本身联系最为密切的学问。从当前国际学术界的论争看，从文化在各国政治、经济、社会及周边和国际战略中所处的位置看，文化问题已远远超出了狭义的文化本身，远远超出了学术研究的范围，成为摆在世界各国面前涉及世界格局和未来趋势、关系民族国家前途命运和综合国力竞争成败的全局性课题。

一 文化概念的规定性

如果让我们给文化下一个定义，那么用有些哲学味道的话说，文化是一种专属于人类的社会历史现象，是一个国家或民族的历史、地理、风土人情、传统习俗、生产方式、生活方式、思维方式、行为方

　　* 此为科技部重大项目"国家品牌与国家软实力研究"成果之一，原载《国家品牌与国家文化软实力研究》，经济管理出版社 2014 年版。

式、文学艺术、宗教信仰、价值观念、社会心理和制度形式等的综合体。

数百年来，尤其是近现代以来，包括中国学者在内的世界各国的哲学家、历史学家、语言学家、社会学家、人类学家、文学家等不同学科领域的专家学者，一直尝试对文化概念做出某个比较明晰的界定。但迄今为止，无论是在卷帙浩繁的学术著作中，还是在各种颇具规模的百科辞书中，人们仍然不能获得一个尽可能切近文化本质的、得到广泛公认的文化定义。必须承认，对文化这样一个意识形态领域的范畴做出具有科学规定性的界定，毕竟是一件非常困难的事情。因此，任何已有的定义，或者今后仍然会不断出现的更多的定义，都是接近文化"内涵"或"深邃"的重要步骤，都是不应受到指责的。当然，也可以说，谁也不可能靠一个定义去穷尽文化的"真理"。

据学界和社会上非常有心的文化研究者梳理，迄今关于"文化"的各种定义有 500 余个，一说至少有 200 个，一说至少有数十个。无论怎样，似乎都可以这样说，在整个人文社会科学领域，就基本的概念范畴而言，关于文化的定义不是最多的，也是最多的之一。由于定义者所处的时代不同，学科背景不同，历史观和价值观不同，关注点和个人旨趣不同，如此多的定义彼此间必定存在差异甚至很大的差异。当然，不管这些定义之间存在多么大的差异，从它们的外延上，总是可以看出某种程度的一致性、共同性和重叠之处。不过需要强调的是，仅仅从外延上给文化下定义还是很不够的，因为它们毕竟没有回答或确切回答文化"是什么"的问题，没有准确把握文化的"玄机"所在，至多是给文化划定了一个大体上的范围，即指出了哪些事物、现象或过程可以归到"文化"这个名目之下。这样只能使人知其然而不知其所以然，而不能告诉人们为什么要将这些事物、现象和过程称为"文化"。随着人类社会的发展和进步，能够归入到文化项下的内容可能会越来越多，但我们不能把一个无限的序列抛给人们，让他们自己去体悟文化到底是什么。

多年来，在文化研究领域，人们引用最多的恐怕要数英国学者泰勒（Edward Tylor）一百多年前在《原始文化》（1871）一书中提出的关于文化的定义了。按照泰勒的说法，所谓文化是指包括知识、信仰、艺术、道德、法律、习俗以及作为社会成员个人所获得的其他任何能力、习惯在内的一种综合体。把这些内容涵盖于文化概念之下，应该不会有多少人表示异议。但是，有研究者指出，问题在于这一类定义只是满足于列举定义者所理解的文化的各种成分。虽然这对文化研究工作来说或许有某种合理性、必要性，但既然是给文化下定义，只满足于列举和划定范围而未能揭示这些成分形成文化"综合体"的基础和根据何在，因而为什么应当将它们称为文化，不能不说是一个缺陷。而且，即使是从外延上划定"文化"的"领地"，从当今时代作用于人类生活的众多文化因素考虑，除去语言、文字、知识、信仰、道德、法律、习俗、习惯、音乐、文学、艺术、绘画、雕塑、戏剧、电影、电视等要素外，至少制度（社会政治制度）因素是不应被排除在外的。

在苏联和中国的文化研究中，有的学者曾经把文化定义为人们在社会发展过程中所创造的物质财富和精神财富的总和。从外延上讲，这样一个定义比泰勒一百多年前的定义要宽泛得多。而且，鉴于文化仅仅依托于人而存在，所谓文化仅仅是人或人类的文化，甚至可以说整个人类生活自始至终就是一种文化生活，对文化做出这样一个界定似乎也没有什么错。但是，任何定义都是对事物的内涵或本质做出规定的，如果过于宽泛，也就不成其为定义。而且，面对上述定义，人们同样可以提出这样的质问：既然用物质财富、精神财富这样更宽泛的概念，既然文化完全可以包含在物质财富和精神财富之中，那还有什么必要用文化这个概念来概括呢？

从词源学上考察，西方语言中的"文化"（英语：culture；德语：kultur）一词源于拉丁文的"cultura"，其原意是对土地的耕耘和植物的栽培，后又引申为对人的身体和精神的培养。我们认为，像其他随着历史的演进而被忽略或丢弃其原始含义或最初转义的概念范畴一样，文化一词的这个最原始的含义比后来甚至当今时代许多关于文化的定义要深刻得多。"回归"或继承文化这一原始含义，需要做的工作正是实现该词的原意和转义（对自然的改造和对人本身的培育）之间的辩证统一。因为这恰好就是人类实践活动首先是劳动的本质内容和特征。还可以进一步地讲，文化是一种主动而非被动、积极而非消极的创造性活动。它不仅包括群体或个体的向外的实践活动，而且包含个体自身的精神活动、内省内修等。

同样，中国早在远古时代就有"文化"一词，其最古老的含义是"文治教化"或"人文教化"，以区别于武力之功。特别值得指出的是，在中国古人看来，"文"不仅是指"人文"，还包括"天文"，即所谓"观乎天文，以察时变；观乎人文，以化成天下"。在中国传统文化里面，"人文"和"天文"是相对的，分别指的是对人间世态和自然万象两个方面的观察和探究，而且两者是相互依赖、相互补充的，缺一不可。这也许就是作为中国文化本质特征之一的"天人合一"的本意之一。所谓文化，即以文化人，文是基础和工具，教化则是重心和目的所在。

尽管中西文化概念的原始含义有所不同，但都与人类的生活实践的本质内容、实践所要解决的矛盾和问题紧密相关。由此可以说，文化是标志人解决自身与环境之间矛盾的努力所达到的程度和水平的概念。科学地揭示文化的本质，必须以厘清和辨析文化与实践之间的这种联系为前提。简而言之，文化的本质就在于通过实践活动对环境的改造提升人作为历史主体的价值，是人作为主体的扩大再生产。或者换一个说法，文化本质上是创造价值的活动，是把旧人改造成新人，"造成新的力量和新的观念、造成新的交往方式、新的需要和新的语言"的活动。文化的最高价值就在于实现真善美高度统一的自由境界，"文化上的每一个进步，都是迈向自由的一步"，为实现自由王国所做的一切努力，就构成文化的本质内容。

遵循以上理论逻辑，似可做出这样的概括：文化是标志作为目的本身的人的发展过程及其成果的范畴，是从人作为主体的自我实现这个角度对社会历史的一种科学抽象。文化是人的本质力量（社会力量和潜能）在实践中，在对象化和非对象化矛盾的不断解决中得以形成、存在、积累、传递、发展和发挥的永不停息的活动过程及其结果，是体现在人类创造的物质和精神财富之中、以价值体系为核心的一整套规范的结构和功能的统一；它是人与外部世界之间的关系、同时代人与人之间的社会联系和交往、不同时代人们之间的历史联系的中介和桥梁。文化既不是本体也不是实体性存在，更不是以自身为本体和实体的观念自己产生自己的独立的神秘运动，也就是说，文化的发展史不是什么纯粹的观念史。实现作为主体的人的扩大再生产，是文化的根本功能。文化只是作为实践的产物，才以活动的要素的方式发挥其功能。人的自由而全面的发展，是文化的最高价值和目的。

为了便于理解，也可以对文化做出这样的概括：文化是一种普遍的社会现象，存在于社会生活的各个领域、各个层面和各个部分之中。文化具有多样性的特征，是不同社会共同体在长期的实践创造中形成的产物。文化是一种独特的历史现象，是社会历史的积淀，是人类物质和精神活动的凝结。文化是一种生活方式，决定一个社会的发展方向和发展速度，甚至决定一个国家如何捍卫自己的主权和应对外来的挑战。

文化可以从狭义和广义来理解。狭义地讲，文化是指一个国家或民族的历史地理、风土人情、传统习俗、语言文字、宗教信仰、价值观念、道德规范、审美情趣、文学艺术、行为方式、思维方式、社会心理等。广义地讲，文化除包含上述内容外，还应涵盖科学技术、生产方式、经济结构、社会组织、社会制度等社会生活的各个部分，就是说，它包含社会的物质生活、精神生活和制度体系等各个层面、各个领域的内容。无论是狭义还是广义地理解，从根本上说，文化都只有表现形式的不同和先进落后之别，没有优劣高下之分。

二 文化的存在形式

文化所指称的不仅仅是实践活动的成果，还包括创造成果的活动本身。也就是说，文化不仅仅以活动的产品形式存在，也以活动本身的形式存在。从活动的产品或者说产品的形态这个角度看，文化通常有物质文化产品和精神文化产品之分；从活动主体的角度看，文化又可区分为社会化形式和个性化形式。

但是，物质文化和精神文化的划分是相对的而不是绝对的，是相互贯通、相互渗透和相互转化的。物质产品如果没有凝结人类的精神价值，也就谈不上是什么文化产品；精神文化的生产不能脱离物质生产实践而孤立地进行，不能没有物质手段和物质资料，精神文化本身也不能离开物质载体而独立存在。同样，把文化区分为主体和客体两种存在方式，也只具有相对的意义。二者在实践活动中，处在永不停息的相互转化之中，最终归结于主体本身的生产和再生产。

文化活动的主体，可以相对地划分为共同体和个体。与此相对应，文化的主体存在形式，也可以区分为社会化和个性化两种形式。人类共同体是由诸多个体组成的，文化作为人的本质力量的对象化，实质上也就是诸多个体的力量和能力的社会化。人类历史上存在过的各种社会共同体就是这种社会化的具体实现形式和文化活动的承担者。或者说，各种社会共同体本身就是人类在文化上的伟大创造。共同体的社会化程度是文化发展水平的重要标志，文化发展史与共同体的演变史不可分割地联系在一起。

三　文化个性与文化共性

文化本身是确认民族、国家或社会共同体归属的重要标准，是区分不同民族或国家的重要尺度。拥有自己独具特色的文化，拥有得到本民族和其他民族认可的文化个性，是一个民族国家自立于世界民族之林的重要标志，否则就称不上是一个真正意义上的民族国家。因此，在民族国家这个层面上，任何文化都是个性化的文化。从这个意义上讲，"文化个性"实际上是一个同语反复的概念。但是，遵从科学和理论的逻辑，从学术研究需要出发，对"文化个性"做出分析和界定也是非常必要的。在文化个性研究方面卓有建树的黄河清先生曾经介绍说：在当今西方，讨论一个民族、一个国家的"文化个性"是一个重要话题。进入 21 世纪，一些国家和地区开始回归自己的文化传统，重新认识并强调自己的"文化个性"。这一现象，对于今天的中国，具有重大启示意义。

（一）文化个性

在人类社会漫长的历史发展进程中，不同民族形成了各自鲜明的个性文化。就其本来形态讲，不同民族国家的文化是千差万别、五彩缤纷的。也就是说，历史和现实中存在的所有文化，都是具有个性的文化。文化个性，即文化的特殊性、独特性、殊异性，又可称为文化品性、文化品格、文化性格。我们或许可以这样说：文化个性是不同民族在长期的文化价值创造过程中的历史积淀；文化个性是文化的本质属性，是一个国家或民族区别于其他国家和民族的最根本特征和最显著标志；文化个性是一个国家或民族文化精神的凝结，是一个国家或民族的文化品格，是一个国家或民族走向世界的身份证；文化个性是文化多样性的前提，是文化发展进步的动力和基础。没有了个性，也就谈不上所谓的文化；没有了个性，文化必然走向衰微和消亡。

从根本上说，不同民族国家的文化之间存在差异，是由各民族所处的不同的物质生活条件（包括直接的自然条件、地理环境和该民族自己创造的社会历史条件）决定的。然而，对于不同民族之间的文化差异，必须以历史的、发展的观点去看待，分清文化的时代性差异和非时代性差异。所谓文化的时代性差异，是指由于各地域或民族发展的不平衡性而产生的处于不同发展水平上的差异，是发展程度上的差异，或者说先进与落后的差异。确认文化的时代性差异或历史性差异，是以承认人类历史与文化的发展进步原则为前提的。既不能否认文化时代性或历史性的存在，以免陷入文化问题上的多元主义和相对主义，也不能把文化的时代性或历史性差异绝对化，导致文化独断主义和文化霸权主义。所谓文化的非时代性民族差异，是指不以时代的变化为转移的、超越时代的差异，它不是由发展水平和发展程度的差异造成的，而是民族形式、民族风格、民族特色方面本来存在的差异。正是在这个意义上，不同文化之间不仅没有高低优劣、强弱大小之别，甚至可以说没有先进落后之分。从人类文化多样性和文化价值考虑，恰恰是这样一些差异或不同，才是最为宝贵和最值得呵护的。

迄今人类历史发展的进程表明，每个民族都会有区别于其他民族、贯穿于各个时代、为各个时代的人们所接受、作为传统而保持下来的个性特征。民族的这种个性特征，对内表现为本民族的共同性，其基础在于长期共同活动、共同生活所形成的共同的需要和利益，共同的命运和理想。民族的这种共同性，通过民族的风俗习惯、民族的感情、民族的语言、民族的艺术风格等形式，在同其他民族的交往中表现出来。

文化的民族差异性并不意味着各民族间在文化上享有的地位和权利的差异性，更不意味着可以容忍或默许不同民族间文化上的不平等。无论所处何地、人口多少，每个民族的文化都有其独立的、不可取代的价值，都是人类文化宝库的一个有机组成部分。人类文化原本就是多姿多彩的。德国哲学家斯宾格勒曾把各民族的文化比作"田野里的花"，各种花颜色不一样，互相差异，各有特色。也就是说，世界是一个文化的百花园，不可能只存在一种颜色、一个样式的花朵。否则，无论它是多么珍贵和艳丽，都将失去美的价值。同样，我们也不能想象世界上只存在一种文化形态、一种文化模式。文化的民族性差异是人类文化多样化的根源，是促进和推动人类文化发展的能动因素。所有文化都有其存在的价值，共同构成了这个世界充满生机的文化版图。尊重民族文化个性，使之享有平等的话语权，是文化走向繁荣的前提。探寻民族文化的个性，是平等地进行民族间或文化间对话的基础。人类文化总是处在共性与个性相互作用、相互影响的辩证运动之中。

在英语词汇中，有几个词与我们所说的"文化个性"相关。如，cultural identity，在以中文发表或出版的文章著作中，通常被翻译为"文化身份""文化认同""文化属性""文化同一性"；cultural individuality，通常被翻译为"文化个性""文化差异"；cultural personality，通常被翻译为"文化个性""文化品格"。在哲学层面上，我们更倾向于将 cultural identity 解读为"文化个性"；在次哲学层面上，我们倾向于将 cultural personality 解读为"文化品格"。当然，正如有的学者指出的，在国内翻译出版的某些著作文章中，将 cultural identity 几乎一概译为"文化认同"而非"文化个性"，是不符合有关作者和著作的本来含义的，因此是需要做出纠正的。

（二）文化共性

与任何事物的发展一样，在文化的发展过程中，文化的普遍性和特殊性、文化的共性和个性、文化的社会化形式与文化的个性化形式，都是不可分割地联系在一起的，任何一方都不能脱离另一方而孤立地存在。也就是说，文化既具有个性化的特征，又具有普遍性的品格。在人类社会发展进程中，由于各种因素的共同作用和影响，形成了不同的社会共同体和多姿多彩的文化。不同社会共同体之间，在文化上有共通性或普遍性，但是也存在个性差异或特殊性。而且，正是因为有文化上的共通性或普遍性，不同社会共同体之间，不同文化和文明之间，才有了进行对话、交往、交流和相互学习、相互作用进而不断丰富和发展的可能性；也正是因为存在文化上的个性差异或特殊性，人类文化的发展才具有了不竭源泉和动力。

哲人莱布尼茨曾经说，世界上没有两片相同的树叶，也就是说，世界上的任何事物都是各别的、殊异的。但是，不能机械地、简单地仅仅强调事物的各别性、殊异性，否则就曲解了莱布尼兹上述哲理的含义。因为，树叶虽各有不同，但毕竟都是树叶，如果树叶之间没有共同之处，就无所谓树叶，也就不会产生"树叶"这个概念。文化共性存在于文化个性之中，人类文化的普遍性存在于具体民族或国家的文化个性之中；没有文化个性就无所谓文化共性，没有民族国家文化的特殊性，也就谈不上人类文化的普遍性、同一性、共通性。这就是文化发展的辩证法。人类文化之所以具有普遍性，是因为文化具有超越民族界限的品格，是因为无论哪个民族的文化，作为那个民族的人们所特有的把握世界的方式，遵循着同样的发展规律。否认或者忽视文化的普遍性、同一性、共通性，就不能将不同文化进行正确的比较，就不能确切地把握某一民族文化的特征，甚至为民族沙文主义和文化沙文主义的滋生和泛滥提供理论依据。在这方面，德国、意大利法西斯主义和日本军国主义及当代文化帝国主义文化政策造成的灾难，是值得全人类永远记取的。

四　文化个性的边界

文化个性一旦形成，就将处于相对稳定状态。如上所述，文化个性是某个民族共同体的专有属性。但是，对任何一个国家和民族来说，都不存在绝对的、不变的文化个性。它是在民族国家的发展和进步中不断沉淀和持续累积形成的，是在时代的大潮中不断陶冶和提炼出来的，也是需要随着时代和实践的发展，在与其他民族的交往和互动中，不断矫正和提升、丰富和发展的。

在人类社会这个大家庭里，从来没有哪个民族是囿于一隅、关上大门、与其他民族老死不相往来能够发展好的，也没有哪个民族能够坚持说自己的文化是百分之百纯粹、不掺杂其他民族文化成分的。当然，一个民族文化的发展主要依靠本民族在实践中的创造和创新，但是还必须以其他民族为师，吸收借鉴其他民族的优秀文化成果，以滋养和充实本民族的文化。也就是说，只有扎根民族的土壤又面向世界的文化，才可能是不断发展和绵延的文化。故步自封、僵化守成是没有出路的。

文化差异越大，越应该相互尊重、相互补充。姹紫嫣红，百花齐放，才是文化的百花园。任何民族或国家当然要高扬和彰显自己的文化个性，但是文化个性是有边界的，文化个性的实现是有条件的。在人类文化发展的历史长河中，不能说哪个民族的文化个性是绝对好或绝对坏的。对本民族可能是好的、适用的，如果在其实现过程中缺少必要的约束或限制，则有可能对其他民族造成损害，甚至给本民族带来灾难性的后果。一个民族或国家的文化个性在一定时代是适合自己的，但随着时代和实践的发展，其中某些内容或因素可能就是落后的，如不及时矫正和创新，则有可能给自身的发展造成妨碍和制约。

塞缪尔·亨廷顿（Samuel P. Huntington）认为，一个孤独的国家在文化上必然缺乏与国际社会其他国家的共同性（共通性）。日本是这方面最典型的一个例子，因为其他国家没有与之相同或相似的文化，而且在其他国家中，日本移民要么在数量上不重要，要么被那些国家的文化所同化（如日裔美国人）。日本文化极其特殊，而且它没有包含一种可以传播到其他社会并因此能够与其他社会的人民建立文化联系的潜在的"普世"宗教或意识形态。所有这一切，都加强了其孤独性。我们认为，这里所说的孤独性，也可以理解为封闭性。亨廷顿的说法并非完全正确，但也有一定道理。

如同其他民族一样，在民族形成和发展过程中，日本人的先辈们当然进行了文化的创造，因此在许多方面具有自身的特点。不过，至少从公元 7 世纪开始，中国传统文化就开始对日本产生影响，而且随着与中国交往的不断增多，这个影响日益深刻，中国盛唐时期算是巅峰之一。日本最早是全盘借用汉字来表达本民族语言的，后来根据汉字创造了日文的字母。此外，日本的宗教、服装、绘画、建筑、律制等也都带有浓重的中国文化色彩。只是到 19 世纪下半叶，日本才走上了"脱亚入欧"、全盘西化的道路，目的在于成为一个欧洲型的民族国家，加入欧美强国的行列。明治维新之后不久，为了加入西方大国的行列，日本政府效仿欧美，出资建造西方风格的鹿鸣馆，以便承办各种派对和舞会，让本国的精英人士穿着西装跳舞，用英文与欧美高级官员交流，从而"更好地吸收西方文明"。具有讽刺意味的是，这个日本政府借以使自己的文化欧美化的西式俱乐部的名字，并非日本民族文化自生，也非从其仰慕的欧美国家的典籍中搬用，而是出自中国文化经典《诗经·小雅》中的"鹿鸣"篇。

完成"脱亚入欧"进程后，随着国力的逐渐增强，包括福泽渝吉这样的熟谙中国传统文化的思想家在内的许多日本人日益自我膨胀，不仅歧视中国，而且歧视整个亚洲。但是，无论怎样认"西"为宗，日本似乎总也脱不掉自己身上那永远去不掉的"黄皮"，政治上特别是文化上的自大与自卑始终交织在一起。近代以来，日本曾多次对周边国家发动侵略战争，犯下连纳粹德国的希特勒都自叹弗如的惨绝人寰的罪行，而且时至今日都不能正视历史问题，军国主义的幽灵始终挥之不去，文化个性的封闭和扭曲不能不说是一个更深层次的原因。

由于某些西方国家始终奉行"绥靖"政策，或者出于所谓地缘政治利益考虑而采取的实际上的怂恿态度。其实，在发动第二次世界大战的德、意、日三个法西斯轴心国中，只有日本被美国放行，而从此以后一直到今天，日本对其侵略罪行始终采取回避、遮盖甚至美化的态度。近年来，随着右翼政权的建立及其积极发挥的激发和推动作用，曾经有所自我收敛或受到某种程度抑制的日本右翼势力快速崛起。一批右翼极端分子发动颇具规模的文化战和意识形态"圣战"，置日本国内主流民意于不顾，挑战最起码的行为底线，践踏受害国人民的尊严和感情，侮辱国际社会的道德良心，美化日本侵略史和殖民统治史，故意歪曲第二次世界大战史，为日本军国主义的亡灵招魂，企图免除日本的罪责，引起亚洲国家政府和人民的极大愤怒，也引发国际社会包括日本国内爱好和平人士的严厉谴责。日本右翼极端分子表现出的民族主义的病态自恋，与40多年前联邦德国总理勃兰特在波兰犹太人死难者纪念碑前的"惊世一跪"相比，与今天德国总统高克访问希腊时仍然不忘为纳粹罪行道歉相比，确实存在天壤之别。有人说，跪着的德国总理要比站着的日本首相高大得多。因为正是勃兰特满怀虔诚的"惊世一跪"，使德意志民族真正站了起来；也正是一代代德国政治家发自内心的忏悔和道歉，使德意志民族赢得了世界的理解和尊重。日本右翼势力的泛滥和崛起，当然是与一些国家的默认和培育分不开的，但最根本的原因还是应当到其反复畸变的文化中去寻找。正如有研究者指出的，日本文化就像"菊"与"刀"，具有鲜明的二重性特征。菊是日本皇家的家徽，刀是武士文化的象征。日本人爱美而又黩武，尚礼而又好斗，喜新而又顽固，服从而又不驯，忠贞而又易于叛变，勇敢而又懦弱，保守而又求新。美国人类学家露丝—本尼迪克特在第二次世界大战胜利后的 1946 年撰写的《菊与刀》一书中曾作这样的比较："和西方比起来，信仰基督教的民族有原罪感，他做错了，知道自己有罪就会承认，就会忏悔。日本的耻感文化就是做什么事都没有好坏之分。只有羞耻之别。他作了恶，犯了罪，只要这个事情没有被发现，没有被揭穿，没有让他感觉到羞辱，他就不会认错。他只要感觉到羞耻，他又会选择包括自杀、切腹这些激烈的行为自裁。"

我们并不完全赞同历史上曾经持续多年的"小日本"这样的称谓，因为我们不能因为国土面积、自然资源、人口数量或公民身高而厚待或轻视一个国家或民族。但是，我们可以肯定地说，即使日本在经济和军事上再强大，如果在文化上日益趋向病态的自恋，如果其文化个性极度膨胀，如果仍然是文化上的矮子，如果不能真正地脱胎换骨，那是难以融入国际社会，更谈不上自立于世界民族之林的。日本政客罔顾民意或读不懂世界似乎还是小事，但不能深刻反省和正确对待本民族的历史和文化，很可能是引导日本走上一条不归之路的症结所在。无论怎样自吹为"大"，都将始终居于"小"的位置；无论怎样自诩为"和",都将永远成为动乱和战争的制造者。如此,也就挖掉了自己的文化之根,那么这个民族是没有什么前途的,不仅将失去自己的现在,而且将葬送自己的未来。

五 全球化时代的文化个性

如何看待当今世界的发展趋势,经济的全球化趋势是否带来文化的全球化,各个民族国家之间在文化上的相互影响和相互激荡,包括文化产品市场份额的争夺,究竟意味着文化的一体化、全球化,还是导致文化霸权和文化不平等?在国际交往日益频繁密切的情况下,如何坚守民族国家的文化个性?这都是摆在我们面前的迫切需要回答的重大问题。这些问题,既涉及对当今时代世界范围文化格局的现实情况的判断,以及由此而引发的各个民族国家的文化政策的选择,也涉及有关文化以及文化与政治经济的关系等一系列基本的理论问题。

前美国总统国家安全事务顾问布热津斯基曾直言不讳地说:"削弱民族国家的主权,增强美国文化作为世界各国'榜样'的文化和意识形态的力量,是美国维持其霸权地位所必需实施的战略。"在美国政界和学界,持有此种观点的并非少数。实际上,早在"二战"结束后,美国等西方发达资本主义国家在不断强化军事实力的同时,把更多的精力放在了发动包括文化和意识形态战、价值观之战等在内的"没有硝烟的战争"上面。多年来,美国始终把文化战略作为其国家战略的重要组成部分,把对外文化扩张和渗透作为维护其全球霸权地位的重要手段。自20世纪末以来,在东欧、中亚等地区相继发生的一系列"颜色革命",是与美国等国家在推销其生活方式、政治制度、社会制度、价值观念等方面下的"苦"功夫分不开的。

就美国而言,其文化战略包含两个方面的内容,一是经济上的考虑，主要是壮大文化产业，增加文化产品的出口，因此自20世纪90年代以来，其文化产品的出口就超过航空航天工业，成为第一大出口创汇产业，占其GDP的比重要超过四分之一。二是政治考虑，即以文化交流交往的名义，向其他国家主要是发展中国家灌输、推销其意识形态和价值观，侵蚀和消解这些国家的文化自信、文化自尊和文化主权。当然，无论是经济考虑还是政治考虑，都是为了美国的国家利益，而且两者始终都是相互支持和彼此交织在一起的。毫无疑问，美国在政治上采取的举措是为其经济开路的，而其销往世界各地的品质繁多的文化消费品，也大多负载着美国生活方式和核心价值观的"密码"。它们在很大程度上冲击着不同国家、民族特别是发展中国家、民族的文化和价值观，改变着人们地思维方式、生活方式和行为方式，甚至使一些国家和民族的文化受到巨大侵蚀，更严重的是一些具有悠远历史的少数族群的文化遭遇灭亡的命运。即使是在发达国家和地区之间，也存在文化的侵蚀问题。法国、德国、加拿大等国家一直致力于维护本国本民族的文化，并为此制定了不少法律或制度规定，抵御美国文化的"入侵"，抵御好莱坞和可口可乐的"进攻"。例如，为抵制美国文化的入侵，保护法国文化，针对美国在关贸总协定乌拉圭谈判中提出的文化产品贸易自由化，法国坚持"文化例外"政策，反对将视听产品纳入世贸组织贸易规章制度中，并最终使欧洲议会采纳"文化例外"原则。

毫无疑问，经济全球化对世界不同民族的文化个性造成了一定冲击甚至相当大的冲击。但是，我们也应认识到，经济全球化是一柄双刃剑，具有两面性。正如有的学者所主张的，全球化并不单独倾向于文化的共性或个性，而是共性与个性的同时扩大。它推动了不同文化之间更深入的交流和理解，为不同文化吸收借鉴其他文化精华以发展壮大自己提供了前所未有的便利和机遇，同时也推动了整个人类文明的发展。

文化的演变是一个极其复杂而漫长的过程。人们可以设想经济全球化条件下人类文化交流增多可能带来的文化上的"趋同",当然也可以预见它可能带来的文化上的"趋异",即文化个性、文化自觉、文化自信、文化自尊的增强。法国文化人类学家莱维·斯特劳斯曾深刻质疑"世界文明"的概念,认为它"是一个非常贫乏而简略的概念"。即使有一天来临,"世界文明只能是各种保存各自独特性的文化在世界范围的联合,而不可能是别的什么"。这也是我们应该有的自信心。

六 品牌与文化个性

关于品牌,人们通常是这样界定的:品牌是指消费者对产品及产品系列的认知程度,是人们对一个企业及其产品、售后服务、文化价值的一种评价和认知,是一种商品综合品质的体现和代表。从中外知名产品和服务品牌的发展历程看,品牌问题不仅仅是或并非主要是经济或商业领域的问题,从根本上说,它是一个文化问题,是一个国家软实力范畴的问题。文化或文化个性是品牌的灵魂和内在支撑,品牌则是文化或文化个性的载体和外在表现形式。没有文化,没有文化个性,也就无所谓品牌,或即使在一个时期有影响,也不会持久。

从国际上看,一些具有世界影响的知名品牌,无论是公司、产品还是服务、管理,无一不是凝结着个性文化在其中的。人们从中体验到的最深刻的是它们所展现出的文化个性,而且有的甚至是无可替代、不可复制的。作为全球最成功的公司之一,微软公司为全世界数以亿计的用户提供了无数杰出的软件产品。微软不断成功的原因应该是多方面的,除了在于科技创新和优异的经营管理外,最重要的原因在于比尔·盖茨营造了一个个性文化的王国，坚守"充满激情、迎接挑战；自由平等、以德服人；自我批评，追求卓越；责任至上、善始善终；虚怀若谷、服务客户"的价值追求。

全美最大的户外用品公司巴塔哥尼亚（Patagonia）是一个具有传奇色彩的个性品牌，一家比微软更创新环保、比谷歌（google）更自由活泼的公司，一家将自然环保、宽松环境、创意工作与永续经营真正结合在一起的公司。这里有最另类的老板，一年中几乎有 6 个月不在办公室，而是在世界各地攀岩、冲浪或者钓鱼。在他的带领下，每一个员工都可以在浪高六尺、阳光普照的日子里下海冲浪；在他的带领下，即使工作才满一年的员工，也可以申请两个月的带薪假，去执行"环保实习计划"。这里有最另类的公司，被《财富》杂志誉为"全球最酷的公司"，不做广告，不求获取利润，不想扩大规模，拒绝了华尔街一次又一次的上市诱惑，即使面对美国大选时副总统候选人佩林的赞誉也不屑一顾。在普通人的眼中，乔伊纳德和他所领导的巴塔哥尼亚就像商界中一个任性的孩子，自然随意，不思进取，而当你走进他们共同打造的世界，你就会发现：巴塔哥尼亚是不折不扣的完美主义者——它所生产的高品质户外用品被誉为"户外的古奇"；巴塔哥尼亚是彻头彻尾的环保主义者——它不计成本，率先带动有机棉风潮，用实际行动影响了耐克、李维斯、沃尔玛等许多新潮公司；它废旧利用，第一个使用回收的汽水瓶制造人工毛料；它默默地为地球请命，第一个自我强征"地球税"。如何在不失去灵魂的同时让企业保持盈利，如何在可行的绿色模式下让企业永续经营，这就是巴塔哥尼亚实现的传奇。

在德国和法国，在英国和意大利，在世界若干各国家，无论是所谓奢侈品大牌生产企业，还是日用消费品创制作坊，我们都不难发现类似的既取得辉煌成就又具有世界影响者。同样，我们也会很容易地体味到其极具个性的品牌文化。仅仅有品质保证还是不够的，关键是要有文化的凝结和展现。正是因为有个性文化或文化个性的支撑，一些品牌才能延续数百年之久而不衰，并且不断发展壮大。人们由此可以联想到我们的近邻日本，在 20 世纪 80 年代，"日本制造"以质量可靠而著称，几乎横扫全世界。但他们走了多远又持续了多久呢？"日本制造"退出历史舞台的根本原因在于消费者不认同它的价值，而价值的核心就是文化，就是个性化的文化。

七　中国品牌战略及其问题

基于对经济和文化关系的新的深刻认识，近年来，一些国家把品牌发展战略提升为国家战略，把品牌建设作为国家经济建设和文化建设的重要任务，相继设立了协调推进和组织实施品牌发展战略的专门机构，品牌的保护、推广和发展走上法制化、制度化的轨道。可以说，一个国家品牌的多少及国际影响力的大小，既标志着一个国家经济实力的强弱，也显示出一个国家文化影响力的高低。

中国品牌文化传统源远流长，拥有众多已经延续数百年甚至逾千年的古老品牌。改革开放 30 多年来，我国经济社会持续快速发展，已经跃升为世界第二大经济体，对世界经济的发展做出了重要贡献，同时涌现出数以万计的产品和服务品牌。但是，与西方发达国家相比，甚至与周边某些国家相比，我们对品牌重要性的认识还不够深入，对品牌形成过程和发展规律的把握还不够准确，对品牌价值的挖掘还不够充分，所拥有的具有世界影响力的品牌还不够多，品牌对经济发展的贡献还不够大，关于品牌保护、推广和发展的法律法规、制度机构还不健全，还缺乏总体性、系统性、前瞻性、宏观性的国家品牌发展战略，等等。近年来，有一些政府部门和民间团体也说品牌或品牌战略，但其认识和视域还存在诸多片面性，大多局限于"经济"或"商业"的狭隘范围，较少从文化角度思考，更没有上升到国家战略高度。同时，学界近年来在文化产业问题上付出辛苦很多，也提出过一些有价值的意见和建议，但是从大文化、大经济角度思考国家品牌战略问题似乎不多，有决策参考价值的研究成果和对策建议也嫌不足。上述两种倾向，与没有注重探寻文化与经济的结合点、互动点有很大关系，也是因为没有真正把握经济与文化常常互为载体和中介这一当今时代的显著特点。从这个意义上也许可以说，既有和现有的经济发展战略或文化发展战略都是不完整的，都是缺少总体思维和统筹思维的。因此，在打造真正具有世界影响力的知名品牌方面，中国还有很长的路要走。应该从更宽阔的视野看国家品牌和国家品牌战略问题。顾名思义，所谓国家品牌战略，就是把品牌发展战略提升到国家经济社会发展战略的位置。目前我们面对的现实是，在国家或政府层面，在宏观管理和决策层面，负责经济领域工作的对文化问题关心不够，而负责文化领域工作的则不甚关心经济问题，或者机械地将某些文化问题与经济问题画等号。

最近十多年来，文化软实力概念在我国得到普遍认同和广泛传播。在党和国家有关文献中，"文化""文化软实力"和"品牌"等词汇出现的频率越来越高。党的十七大报告明确提出"提高国家文化软实力"的口号，把它作为一项长远的战略任务提升到前所未有的高度。党的十七届六中全会通过的《中共中央关于深化文化体制改革推动社会主义文化大发展大繁荣若干重大问题的决定》中，"文化"这个词出现了496次，"文化软实力"这个词出现了3次，而且明确提出"打造知名品牌"。党的十八大以来，我们党高度重视文化建设，将其纳入中国特色社会主义五位一体建设布局。此外，党中央反复强调要进一步提升国家文化软实力，将其作为增强综合国力和国际竞争力的一项重要战略任务。我们认为，打造具有世界影响力的知名品牌是其中不可或缺的内容。

　　无论从经济建设还是文化建设角度考虑，制定和实施国家品牌战略都是一项值得推动的事情，都是一项从政府到社会各界应积极投身的事业。但是，应当承认，制定和实施这一战略，无论单靠哪个政府决策部门都是难以做到的。国家品牌战略既是一项重要的经济发展战略，也是一项重要的文化发展战略，其中经济、文化甚至政治元素是交织在一起的。从扩展一些的意义上说，所谓品牌既包含产品和服务，也包含文化、理论和价值观，它们是互相附着，互为表征，互为实现形式的。通俗地讲说，产品和服务可以赚钱，文化可以赚钱，理论和价值观可以帮助赚钱，产品和服务也可以传带文化和价值观。对任何一个民族和国家来说，只有渗透和融入自己的文化、展现和凝结自己文化个性的品牌，才称得上是真正的国家品牌。国家品牌的多少及国际影响力的大小，既标志着一个国家的经济实力，也显示出一个国家的文化实力。

　　为推动国家品牌战略的研究制定和组织实施，国家应成立由经济工作相关主管部门和文化宣传等相关工作部门组成的国家品牌战略推进委员会，由国务院相关领导同志担任委员会主任；起草推进和保护国内品牌的法律法规和制度，制定国家品牌发展战略，将实施国家品牌发展战略写入党和国家有关文献；成立一个由国内知名企业和国家研究机构共建的品牌战略和品牌文化研究机构，研究品牌企业提出的问题，向党和国家提供有价值的决策建议；成立国内知名品牌企业组成的品牌协会，在品牌战略实施过程中有效发挥沟通、协调和中介作用。

八 作为综合国力重要组成部分的软实力

软实力（Soft Power）是与文化、文化个性、品牌密切相关的概念范畴。按照一般的解释，软实力是指一个国家所具有的除经济实力、军事实力以外的第三方面的实力，是一个国家依靠文化和理念方面的因素来获得影响力的能力，主要是文化、价值观、意识形态等方面的影响力。我们认为，一个国家的软实力除了包括其文化、价值观和意识形态的影响力外，还应包括其经济制度、政治制度、社会制度、法律制度、发展道路和内外政策的影响力，以及参与国际事务、解决国际问题、制定国际规则的能力和拥有的国际话语权，等等。

最初，软实力是国际关系领域的一个概念，由美国哈佛大学教授约瑟夫·奈在 1990 年提出。约瑟夫·奈指出，一个国家的综合国力既包括由经济、科技、军事实力等表现出来的"硬实力"（Hard Power），也包括以文化和意识形态吸引力体现出来的"软实力"。而另一位美国学者尼古拉斯·欧维纳则认为："军事以外的影响力都是软实力，包括意识形态和政治价值的吸引力、文化感召力等。"此外，国内外专家学者对软实力还做出了其他种种解释。当前，软实力已成为风靡全球的流行语和关键词，深刻地影响着人们对国际关系的看法。有越来越多的国家从关心领土、军备、武力、科技进步、经济发展、地域扩张、军事打击等有形的"硬实力"，转向关注文化、价值观、影响力、道德准则和文化感召力等无形的"软实力"。

约瑟夫·奈说，一个国家的软实力主要包含三个方面的内容：一是文化，在能对他国产生吸引力的地方起作用；二是政治价值观，当这个国家在国内外努力实践这些价值观时起作用；三是外交政策，当政策需被认为合法且具有道德威信时起作用。约瑟夫·奈认为，传统的经济手段和军事资源已经不足以解释当下的种种现象了；硬实力依然重要，但在信息时代，软实力正变得比以往更为突出。他呼吁，在建构世界新格局的过程中，不要过分运用军事、武力、暴力等硬实力，只有通过文明、文化、价值观念、生活方式等软力量的桥梁，才能在国际政治舞台不断取得成功。在此前的几十年中，美国利用文化和价值观方面的软实力，成功地获得了很大的国际影响力，但后来越来越多地使用"硬实力"，尤其是军事力量和经济手段，影响力反倒日趋式微。在一定意义上说，这也许正是约瑟夫·奈提出软实力这个概念的历史和时代背景。

中外学界普遍认为，软实力虽然"软"，却是可以感知的潜在的隐性力量，具有超强的扩张性和传导性，可以超越时空产生巨大的影响力；从人类历史发展趋势看，软实力将成为一种终极竞争力和核心竞争力；与所谓硬实力不同，软实力不可复制、模仿、交易和转让，只能依靠一个国家或民族自己去建构和掌握；与硬实力建设相比，软实力建设更缓慢，更具长期性；提高硬实力要相对容易，提升软实力则困难和复杂得多；软实力与硬实力相互依赖、相互支撑，软实力的建设和形成必须以一定的硬实力为基础，而硬实力的维持和实现必须有软实力作保障。

九 对亨廷顿的误读

亨廷顿1993年发表的《文明的冲突？》一文，在世界范围内产生了相当大的影响，同时也引发了学术理论界非常激烈的争论，而且赞同和反对的声音都很大。为了向人们提供一个了解其关于世界政治所作分析的更全面、更精确和更详尽的版本，1996年他又出版了《文明的冲突和世界秩序的重建》一书。

亨廷顿强调，该书的"主题是文化和文化个性（或从最宽泛的意义上说是文明的个性）"，因为"文化个性对于大多数人来说是最有意义的东西"。在专为中文版撰写的序言中，亨廷顿特别提出，中国学者对他1993年发表的《文明的冲突？》一文所做的评论，总的来说是精深而富有洞见的，虽然有时也误解了其论证中的政策含义，并对之持相当批评的态度。其实，时至今日，我国学术理论界关于亨廷顿在上述文章著作中提出的理论观点的争论从来就没有停止过。其中，既有基本赞同者，也有坚决反对者；既有基本准确理解者，也有片面理解或误读者。有人甚至认为，亨廷顿是"中国威胁论"的始作俑者，至少是普世文明和普世主义的倡导者，是以美国为首的发达资本主义国家实行的文化帝国主义和文化侵略主义政策的"帮凶"。

我们认为，亨廷顿提出的关于世界政治的思维框架，无疑带有为美国全球政治战略辩护或为美国政府出谋划策的浓重色彩，而且一些理论观点和政策主张有失偏颇甚至是错误的，但其中也不乏可资借鉴或具有启发意义的内容。

亨廷顿提出，文化在塑造全球政治中具有重要作用；在全世界，人们正在根据文化来重新界定自己的个性；在未来的岁月里，世界上将不会出现一个单一的普世文化（文明），而是将有许多不同的文化和文明相互并存；普世文明或普世主义不过是西方对付非西方社会的意识形态；在人类历史上，全球政治首次成了多极的和多文化的；唤起人们对文明冲突危险性的注意，将有助于促进整个世界上"文明的对话"，等等。

亨廷顿还说，在冷战后的世界中，全球政治在历史上第一次成为多极的和多文化的；现代化有别于西方化，它既未产生任何有意义的普世文明，也未产生非西方社会的西方化。一些人认为，现时代正在目睹奈保尔（V. S. Naipaul）所说的"普世文明"的出现。那么普世文明的含义是什么？这一观点暗示，总的来说，人类在文化上正在趋同，全世界各民族正日益接受共同的价值、信仰、方向、实践和体制。普世文明或普世主义不过是西方对付非西方社会的意识形态。

亨廷顿认为，实际上在所有的社会里，人类都具有某些共同的基本价值，如把谋杀看作是罪恶；也具有某些共同的基本体制，如某种形式的家庭。大多数社会的大多数人民具有类似的"道德感"，即"浅层"的关于什么是正确和谬误的基本概念的最低限度道德。如果这就是普世文明的含义，那么它既是基本的又是根本重要的，但是它既不是新鲜的也不是相关的。如果人们在历史上共有少数基本的价值和体制，这可能解释人类行为的某些永恒的东西，但却不能阐明或解释人类行为的变化所构成的历史。此外，如果普世文明对于所有的人类存在都适用，那么我们用什么词来称呼人类种族层面之下的主要的人类文化群体呢？

亨廷顿强调，简言之，现代化并不一定意味着西方化。非西方社会在没有放弃它们自己的文化和全盘采用西方价值、体制和实践的前提下，能够实现并已经实现了现代化。西方化确实几乎是不可能的，因为无论非西方文化对现代化造成了什么障碍，与它们对西方化造成的障碍相比都相形见绌。正如布罗代尔所说，持下述看法几乎"是幼稚的"：现代化或"单一"文明的胜利，将导致许多世纪以来体现在世界各伟大文明中的历史文化的多元性的终结。相反，现代化加强了那些文化，并减弱了西方的相对权力。世界正在从根本上变得更加现代化和更少西方化。西方的影响在相对下降，非西方文明正在重新肯定自己的文化价值。西方国家的普世主义日益将其引向同其他文明的冲突。亨廷顿还明确告诫他所处的西方世界：西方的续存，取决于美国重新肯定它的西方个性。

从上述言论和主张认识，我们难以说亨廷顿是文明冲突的策划者或普世文明的鼓吹者，结论可能正好相反，他是文化或文明对话的推动者和多元文化的倡导者。关于这个问题，我们似无必要选用"表面上"或"实质上"这样一些词语去解读亨廷顿的上述思想。其实，我们也正是在亨廷顿所说的文化个性化和多样性的意义上，否认有什么普世文明或普世价值的存在。

品牌创新与文化生态*
——国家品牌建设的文化驱动力

在一定意义上说，"品牌建设的文化驱动力"是一个同语反复的命题。因为无论品牌还是品牌建设，无论是国家品牌建设还是企业品牌建设，归根结底是一个文化范畴的问题，应当到文化领域中去寻找问题与答案。当然，为了学术研究的便利，尽可能弄清两者之间的因缘与关联，可以暂且把品牌与文化两个概念分开加以论述。在以前进行的相关研究中，我们曾经提出，从国际国内知名产品和服务品牌的发展历程看，品牌问题不仅仅是或并非主要是经济或商业领域的问题，从根本上说，它是一个文化问题，是一个国家的文化实力或文化软实力问题。文化是品牌的灵魂和内在支撑，品牌则是文化的载体和外在表现形式。没有文化，没有文化个性，也就无所谓品牌，最多在某个阶段或某个时期有影响，是难以持续和长久的。今天再谈创新国家品牌战略问题，我们仍然坚持这样的立足点。此外，我们还要强调指出，在当今时代，世界知名且赢得广泛认可的所谓知名品牌，几乎无一例外地是科技与文化、科技与艺术、科技与生活完美结合的产物，而且从根本上说，是与激发创新、创造的文化生态与文化氛围密

* 此为科技部重大项目"创新品牌战略研究"成果之一。

不可分的。

一　品牌的灵魂

文化是一个国家或民族的血脉和灵魂，滋养着一个国家或民族的世界观、人生观、价值观，影响着一个国家或民族的思维方式、行为方式、交往方式。古往今来，任何国家或民族的发展与振兴，总是以文化的兴盛和繁荣为支撑的。一个没有精神力量的民族难以自立自强，一项没有文化支撑的事业难以持续长久。无论国际国内，应该说这都已形成广泛的共识。我们不赞成什么文化绝对论或文化决定论，不认为文化会解决人类社会所有问题，但也必须承认，政治、经济、社会、生态、外交等几乎所有领域发生的变化或出现的问题，都可以在文化中找到其根源或因子。换个角度说，是否有深厚的文化积淀，文化生态的状况如何，对于政治生态、经济生态、社会生态、自然生态等，都产生着直接或间接的影响和作用，有时是极为重要的影响和作用。对于一个国家或民族的发展来说是这样，对于一个国家的品牌建设而言也是如此。

文化对于品牌建设的作用，有时是直接的，有时是间接的，但同时又是不可或缺、无可替代的。也可以说，文化是品牌的灵魂。至少百年来国内外经济社会发展特别是品牌建设的实践一再证明，如果没有深厚的文化积淀，没有文化的基础性作用，没有良好的文化生态和文化氛围，没有对文化应有的虔诚与尊重，没有文化实力的高歌猛进，一个国家的品牌建设是不可能成功的，也是不可能持续和长久的。历史上和现实中，能够对人类文明进程产生重要影响的国家或民族，能够赢得世界普遍认可的国家或民族，往往不是因为其疆域广阔、人口众多，也不是因为其经济实力或军事实力多么强大，而是因为其深厚的历史文化积淀，因为其卓尔不群的文化实力与风格魅力。

国家或民族因为文化底蕴深厚而成为品牌，城市也是因为其独具特色的文化而令人神往。文化是一个城市的软实力，是其核心竞争力所在。一个懂得尊重文化的城市，才称得上是真正意义的城市；一个拥有文化的城市，才可以说有自己的灵魂。有不少专家学者指出，巴黎之所以成为巴黎，并不在于她拥有什么发达的工业，而只是因为塞纳河左岸所散发出来的浓重的文化气息足以迷醉整个世界。法国西海岸诺曼底的吉维尼之所以吸引全球众多旅游者的目光，并非只是因为她绝美的田园风光，而更多的是因为印象派大师莫奈选择在此终老一生。都柏林之所以成为都柏林，并非只是因为她是欧洲最具活力的城市，而更多是因为这里曾经创造了世界闻名的文学史，这里流淌着叶芝的诗歌、乔伊斯的小说或者萧伯纳的智语。同样，北京之所以成为北京，并非因为她是世界或中国著名的政治经济中心，而主要是因为她拥有绵长而厚重的历史文化。我们难以想象，如果北京没了四合院和胡同，上海没了石库门和弄堂，到处都是现代化的高楼大厦；如果北京没了京腔京调，上海没了自己纯正的"沪语"，那里的居民都讲一口标准的现代普通话，那么北京还是北京，上海还是上海吗？那些新兴的、后起的城市可以在经济增长上实现"跨越式"发展，但无法在人文精神的培育和塑造上找到什么捷径，不可能在几年、几十年甚至百年的时间里打造出令人仰慕和敬重的文化，因此也不可能成为真正意义上的城市品牌。

对于经济领域而言，无论是跨国公司还是本土企业，其产品要能够成为具有世界影响力的知名品牌，同样是与文化分不开的。也就是说，但凡知名品牌，都是基于一个国家或民族历史传统的文化符号，无不凝结着无可替代、不可复制的文化内涵，无不展现出其独有的文化个性和文化品位。无论在世界上哪个地方，都可以按照相同的工艺流程、相同的原材料去一比一地复制某个知名品牌的产品，包括堪称奢侈品大牌的产品，但是，无论如何细致和逼真，甚至内在和形式与真品完全一样，"山寨"也毕竟是"山寨"，"赝品"也毕竟是"赝品"。原因就在于，该品牌产品所蕴含的文化是植根于特定国家、民族或企业历史传统的，是不可移植、不可复制的，其中所隐藏的文化密码是难以破解的。我们常常说，购买某个知名品牌的产品或服务，既是为了得到了它的使用价值，也是为了鉴赏和享受它所体现的特定文化，既是物质消费，也是文化消费，甚至有时后者要重于前者，应当就是这样一个意思。一个城市搞建设也是如此，即可以花费几百万、几千万甚至几个亿复制出"白宫""国会大厦""埃菲尔铁塔""凡尔赛宫""苏格兰小镇"，但复制毕竟是复制，既提升不了自己的档次和品位，更难说真正掌握了其他国家和民族文化的精华，归根结底是缺少文化自信的表现。当今时代的中国，从所谓地标性建筑到各类品牌服装，从知名品牌汽车到掌中手机，山寨和奇葩的货色很多。例如，国内不知有多少企业在产品外观或名字上是抄袭其他知名品牌的，对于被抄袭者和社会的指责，不仅满不在乎，而且还理直气壮，甚至渴望别人跟自己对簿公堂，因此不用投入太多资金使自己"出人头地"。但是，这些抄袭或效颦者也许应该记住，他们的复制品也不过是外观或名称或标志上与人家相似而已，是没有内涵的，永远不会成为真品或珍品，也不会成为中华品牌文化的标志性符号。从根本上说，一个懂得尊重品牌的民族，才会诞生伟大的品牌。一个拥有伟大品牌的国家，才能拥有不断前行的力量。

品牌作为"别人脑子里的图景"，其生成和发展无疑必须有深厚的文化积淀、良好的文化生态和文化氛围作支撑，否则，品牌建设或品牌的生成和发展也就无从谈起。换句话说，文化对品牌的生成和发展有着直接的影响和作用，甚至是决定性的影响和作用。从另一个方面说，品牌对于一个国家和民族文化的继承、弘扬和传播也起着重要的推动作用，或者说，品牌的传播也就是文化的传播，品牌"走出去"也就是文化"走出去"，品牌走向世界也就是一个国家和民族的文化走向世界。宝马、奔驰、奥迪、大众、福腾宝（WMF）、菲仕乐（FISSLER）、双立人（ZWILLING）等，是具有典型意义的德国文化符号。人们从中感受到的不仅仅是德国工业的实力和德国工艺的严谨，而且更重要的是德国人的思维方式和生活方式。即使面对德国制造或德国创意的其他日用消费品，哪怕是一只小小的汤勺，相信也会有同样的体验。"苹果"、微软、IBM、戴尔等，无疑是美国创新文化的标识性符号，代表着当今时代科技发展的先进水平。当然，看到可口可乐、麦当劳、肯德基等，人们也会想到它们是美国流行的消费文化的标志性符号。

二　历史的辉煌

中华民族是一个拥有五千多年灿烂辉煌文明的民族。至少在汉、唐、宋、明四个朝代，中国曾经是世界上当之无愧的强国，傲立于世界民族之林，呈现出其他国家或民族无可比拟的盛世繁华。宋朝时期，中国的 GDP 曾一度占世界的五分之一强，人均 GDP 更是高居世界榜首。所谓世界强国，并非单指中国历史底蕴深厚，亦非疆域广阔或人口众多，而更多是因为它所具有的包括政治、经济、文化、科技等在内的综合实力，是软实力和硬实力的相加使然。"中华帝国"或"中国"本身，就是古代社会世界上最响亮的品牌。

早在两千多年前，我们的祖先历尽艰辛和曲折，开辟了辉煌的丝绸之路，走在古代世界各民族友好交往的前列。当年，大漠戈壁之上，"驰命走驿，不绝于时月；商胡贩客，日款于塞下"；"使者相望于道，商旅不绝于途"。汪洋大海之中，"云帆高张，昼夜星驰"，"连天浪静长鲸息，映日帆多宝舶来"。我国陆上和海上丝绸之路沿线许多地方，"千门日照珍珠市，万户烟生碧玉城"。在长达数个世纪的漫长岁月里，在古老的丝绸之路上，东西方的使节、商队、僧侣、学者、工匠络绎不绝、川流不息，沿途各国互通有无、互学互鉴、平等相待、和睦相处，共同推动了人类文明的发展和进步，谱写了不同文明之间对话交流的壮美诗篇。经由陆上和海上丝绸之路，中国与其他国家和地区之间建立了互惠互利的商贸和经济关系。

伴随着愈益频繁的人员往来和与日俱增的货物交换，文化和科学技术方面的交流更是丰富多彩、美不胜收。尤其值得注意的是，在欧洲近代文明产生之前，中国曾经是众多科学发明和科学发现的诞生地，有很多值得中华儿女引以为豪的科技成果。我们的造纸术、印刷术、火药、指南针等，通过丝绸之路传入西方，对欧洲由封建社会向资本主义社会的转变，产生了有力的推动作用。英国哲学家弗兰西斯·培根曾经说，印刷术、火药、指南针这三种发明已经在世界范围内把事物的全部面貌和情况都改变了：第一种是在学术方面，第二种是在战事方面，第三种是在航行方面，并由此又引起难以数计的变化来。它们对整个世界的改变是如此之大，以至没有一个帝国，没有一个学派，没有一个显赫有名的人物，能比这三种机械发明在人类事业中产生更大的力量和影响。它们对于彻底改造近代世界并使之与古代及中世纪划分开来，比任何宗教的信仰、任何星象的影响或任何征服者的伟业所起的作用都要大。中国的这些发明和发现往往远超过同时代的欧洲，特别是在 15 世纪之前更是如此。

在后来的几个世纪中，欧洲人对中国的了解要比培根时代广泛和深刻得多。公元 12 世纪末 13 世纪初，我国的指南针是由海路传入阿拉伯，并于十字军东侵时由阿拉伯传入欧洲的。西方学者亚布曾经说："罗盘针是中国人最重要的发明，它开阔了我们的眼界，引导我们走向世界。我们近代的世界观的形成，全靠深入异邦文化的精神。只有罗盘针的发明，才能够帮助我们到这种境界。"正是指南针的传播及应用打破了欧洲中世纪的闭塞状态，为以后哥伦布对美洲大陆的发现和麦哲伦的环球航行创造了必要前提，为随后世界贸易的开展奠定了重要基础。也就是说，指南针的传播是世界经济和文化交流进程不断加快的一个重要条件。

马克思也曾明确指出："火药、指南针、印刷术——这是预告资产阶级社会到来的三大发明。火药把骑士阶层炸得粉碎，指南针打开了世界市场并建立了殖民地，而印刷术则变成了新教的工具，总的来说变成了科学复兴的手段，变成对精神发展创造必要前提的最强大的杠杆。"虽然马克思在这里没有直接提到造纸术，但是正是它为印刷术的产生和推广提供了必要条件。可以说，中华民族的"四大发明"是对整个人类文明的发展进步产生革命性影响的科技和文化品牌。

在绵延五千多年的文明发展进程中，中华民族创造了闻名于世的科技成果。我们的先人在农、医、天、算等方面形成了系统化的知识体系，取得了以四大发明为代表的一大批发明创造。除了世人瞩目的这"四大发明"外，中国领先于世界的科学发明和发现还有100种之多，还有更多作为标识性文化符号的中国制造或中国创造的产品。中国的丝绸和陶瓷一度成为域外众多国家王公贵族争相享用和收藏的奢侈品，中国更是被誉为丝绸之国和陶瓷之国。甚至一直到近代的1820年，中国的贸易额占全球贸易总额的比例尚高达30%，显然超过当时的欧洲。实际情况是，从16世纪到18世纪，欧洲只能用银子买进中国生产的生丝、绸缎、陶瓷和漆器等工业品，欧洲却拿不出什么工业品向中国出口。

有学者指出，近现代西方科学、工业革命与现代艺术是建立在中国科技、文化、体制与思想的成果基础上，如果没有中国的这些成就，同样不会有近现代西方文明。没有中国印刷术、指南针和火药的发明，没有中国这三大发明传入欧洲，欧洲的文艺复兴和宗教改革，世界新航路的发现至少要晚上百年。英国学者赫德森曾经说，在欧洲已经开始对中国进行侵略的 18 世纪，欧洲各国还没有能力占领东方工业品市场。相反，拥有工业品的却是中国。就从古代至 18 世纪末中国与欧洲的相互影响而言，赫德森认为中国给予欧洲的影响要比它接受欧洲的大得多。美国学者费正清也持有相同的看法，他认为，直至一个半世纪前，中国在西方的生活中所起的作用，要比西方在中国的生活中所起的作用大得多。也就是说，无论对当时亚洲的日本等国，还是对当时的欧洲来说，中国都是一个先进国家，与其说是中国在吸收外来文化，不如说是中国向外输出文化。

英国著名科学家李约瑟（Joseph Needham，1900—1995）在其撰写的多卷巨著《中国科学技术史》中曾经指出："在公元 3 世纪到 13 世纪之间，中国曾保持令西方望尘莫及的科学技术水平"，"中国的这些发明和发现往往超过同时代的欧洲，特别是 15 世纪之前更如此"。在 1946 年 10 月于巴黎联合国教科文组织发表的一次演讲中，李约瑟说："中国人最伟大的三项发明无疑是造纸及印刷术、磁罗盘和黑火药。""如果没有火药、纸、印刷术和磁针，欧洲封建主义的消失就是一件难以想象的事。"英国学者罗伯特·坦普尔（Robert Temple）在其《中国——发明和发现的国度》一书中也指出，现代世界赖以建立的基本的发明创造，迄至 15 世纪有一半以上源于中国，这充分说明中国古代科学技术的辉煌成就。他认为，如果诺贝尔奖在中国古代已经设立的话，各项奖金的得主，就会毫无争议地全都属于中国人。

中国古代的发明和发现推动了整个世界科学技术的进步，为世界其他国家和地区人民的物质文化生活和社会发展做出了巨大贡献。中国古代在科学技术方面取得卓越成就，在商业和贸易上保持长期繁荣，甚至一度接近了科学革命和工业革命的大门，无疑是与中华民族悠久的文化传统、深厚的文化积淀、独特的文化价值和别样的知识体系分不开的。当然，这种基于历史文化传统的优势也是不可模仿的。

三　衰落的迷惘

但是，16 世纪以后，欧洲诞生了近代科学，而且科技发展的步伐不断加快，而中国文明却没有能够产生与欧洲相似的近代科学和工业革命，没有再产生具有世界影响的科技成果，相反却被远远地抛在了西方国家的后面。据有关统计资料，从公元 6 世纪到 17 世纪初，在世界重大科技成果中，中国所占的比例一直在 54% 以上；自 17 世纪中叶之后，中国的科学技术陷入停滞和衰退；到了 19 世纪，所占比例只有 0.4% 。而在文艺复兴运动的强烈激荡之下，一批批大师巨匠横空出世，欧美国家和地区进入了工业文明时代，经过六百年的不懈努力，终于彻底超过了中国。

当然，与在科学技术领域的发明和发现一起走向式微衰落的，还有众多中国制造和中国品牌。

在 20 世纪二三十年代着手研究中国科学技术史的时候，李约瑟就提出了这样一些问题：如果我的中国朋友们在智力上和我完全一样，那为什么像伽利略、托里拆利、斯蒂文、牛顿这样的伟大人物都是欧洲人，而不是中国人或印度人呢？为什么直到中世纪中国还比欧洲先进，后来却会让欧洲人后来居上呢？尽管中国古代对人类科技发展做出了很多重要贡献，但为什么科学和工业革命没有在近代的中国发生呢？这就是著名的"李约瑟难题（Needham Puzzle）"，引起国内外学者的广泛关注和热烈讨论。

在《中国科学技术史》等著作中，李约瑟一直试图破解这个难题。他认为，之所以出现这样的局面，一是中国不具备有利于科学成长的自然观；二是中国人过分讲究实用，很多发现停留在经验阶段；三是中国的科举制度使人们的思想束缚在古代经典之上，把注意力放在追求"学而优则仕"上，在很大程度上扼杀了对自然规律探索的兴趣。面对李约瑟提出的谜题和追问，数十年来，国际国内无数专家学者从不同研究领域和学术视角，从政治体制、经济体制、教育体制、社会结构甚至语言文字等方面做出了各不相同的解释。我们认为，关于曾经远远领先世界的中国科学技术自 16 世纪起走向衰落，纵然有着种种原因甚至可以说是多种因素共同作用的结果，但文化上的核心差别或者说缺少有利于科技发展的文化氛围可能是更具有根本性的。正如有专家学者指出的，从文化竞争模型可以看到，冒险精神利于多元和创新，避险倾向利于稳定和赶超，而中国的儒家、道家、法家各流派的主导思想无不是以规避风险、明哲保身为思想主导的。

四 现实的困窘

经过近 40 年的改革开放，中国经济实现了跨越式发展，已成为世界第二大经济体。但是，有些煞风景的是，中国尚无进入福布斯全球最强势品牌榜和全球最佳品牌榜的国际品牌。两个榜单均被名列前茅的美国公司，如苹果、谷歌、可口可乐、微软、IBM 和麦当劳占据，榜单中也包括几家欧洲、日本和韩国的公司，但中国公司不在此列。

世界品牌实验室主席、诺贝尔经济学奖得主罗伯特·蒙代尔（Robert Mundell）教授告诫说："现代经济的一个重要特征就是品牌主导，我们对于世界经济强国的了解和认识大都是从品牌开始的。政府官员应该和企业首脑一样，加强品牌策略研究，因为品牌是区域经济中鲜活的生命体，也是其核心竞争力的最直接体现"。

2016年12月26日，世界品牌实验室（World Brand Lab）依据品牌影响力（包括市场占有率、品牌忠诚度和全球领导力三项关键指标），从全球8000个知名品牌评出了2016年度（第13届）《世界品牌500强》。2016年《世界品牌500强》排行榜入选国家共计28个。从品牌数量的国家分布看，美国占据500强中的227席，接近总数的50%，继续保持品牌大国风范，其中苹果、谷歌、亚马逊位居前三；英国、法国均以41个品牌入选并列第二；日本、中国、德国、瑞士和意大利是品牌大国的第二阵营，分别有37个、36个、26个、19个和17个品牌入选。由此不难看出，即使经历了危机之后的持续经济低迷，欧美国家的超级品牌依然挺立。中国虽然有36个品牌入选，但相对于13多亿人口和世界第二大经济体的规模，中国品牌显然还处于"第三世界"。

我们再来看另外一个数据。截至目前，中国本土获得诺贝尔科学奖的科学家屈指可数，不过因为没有博士学位、留洋背景和院士头衔而被称为"三无"科学家的屠呦呦先生一人。好在还有十几位身在异国他乡的华裔科学家获得了诺贝尔科学奖，让我们在心理上多了一些平衡，也多了一些自豪感。而与中国隔海相望的只有1亿多人口的日本，却是超过英国、德国和俄罗斯仅次于美国的诺贝尔奖大国。2016年诺贝尔奖生理学或医学奖授予日本分子细胞生物学家大隅良典，以表彰他对"细胞自噬"机制的发现。我们应该知道，大隅良典是日本第23个诺贝尔奖获得者，也是第6位医学奖获得者。我们也不赞成把获得诺贝尔科学奖的多少作为衡量一个国家科学发达程度的唯一指标，但应当承认，它至少可以从一个方面反映了一个国家科学研究的水平。无论怎样，获得诺贝尔科学奖的科学家如此之少，不仅与中国在世界人口中所占的比例很不相称，更与我们科研队伍的规模极不协调。

2011 年 10 月 5 日，史蒂夫·乔布斯的去世成为真正引起世界关注的重要事件。曾经有人说过，有三个苹果改变了我们这个世界。其中，夏娃的苹果让这个世界的人们有了道德，牛顿的苹果让这个世界的人们有了科学，而乔布斯的苹果让这个世界的人们有了生活。40年前乔布斯与自己的伙伴靠费心筹集的 1300 美元创办的苹果公司，如今已是全球市值最高的公司。数十年间，从地下车库制造出的麦金塔电脑，到如今风靡世界的 iPad、iPhone，乔布斯总是以领先至少一个身位的优势引领世界 IT 业的潮流。他是美国最伟大的创新领袖之一，拥有非凡的勇气去创造不同的事物，并且以大无畏的精神改造着这个世界。同时，他卓越的天赋也让他成就了许多能够改变世界的人。乔布斯是一座灯塔，是创新精神的航标。

正如苹果公司另一位联合创始人斯蒂芬·沃兹尼亚克所说：乔布斯的去世，就好比我们失去了再也找不回来的东西。他将诸多创意转化为具体产品，而这些产品受到了全球公众的喜爱，这也意味着他改变了全球公众的生活。我们可以更进一步地认为，若干年以后，能够留在人们记忆中的不是向世界奉献了哪一款 iPhone、iPod 或 iPad 的乔布斯，而是作为创新文化和创新精神领袖的乔布斯。人们说，乔布斯有三大精神遗产，一是创新精神，一是跨界思维，而更主要的是改变世界的使命感。因为如果你不去改变世界，世界就强迫你就范。这是乔布斯年轻时就"骄狂地"立下的誓言。在一定意义上说，乔布斯不是一个企业家，而更像是一位布道者，即创新精神的"教主"。

而且，值得指出的是，引领美国科学创新的并不止乔布斯一个人，还有像微软的比尔·盖茨、甲骨文的劳伦斯·埃里森、谷歌的谢尔盖·布林和拉里·佩奇、Facebook 的扎克伯格等一大批智慧的大脑在创造着科学的奇观，更有像乔布斯及其伙伴、布林和佩奇当年那样在车库中不懈探索的数以万计的科学青年——他们中注定会诞生出与乔布斯等前辈一样优秀甚至比他们更为优秀的人物，加入到引领美国和世界科学创新的队伍中来，创造改变世界、改变生活的更大的辉煌。这或许正是世界格局发生巨大变化的条件下美国政府和美国学界乃至美国社会仍然抱有大国自信的真正原因所在。换句话说，美国之所以强大，是由于美国是世界科学创新的领跑者，而苹果公司恰恰是美国科学创新的领路者，而乔布斯则是苹果的灵魂。

始终坚持将确保创新能力作为保持美国核心竞争力的美国人，当然非常清楚乔布斯对于美国的重要意义。而对于其他国家而言，要思考和追问的可能更多是这样一个问题：究竟是什么使得乔布斯具备了非凡的勇气、大无畏的精神，究竟是什么环境和条件使他能够充分展示和发挥他过人的天赋？多年来，我国社会各界各领域，无论是政府官员还是专家学者，无论是 IT 精英还是社会大众，则是更直接地反思和发问：已经成为世界最大的产品制造国，拥有世界上最大的苹果用户群，而且是苹果第一大代工生产国，中国为什么出不了自己的乔布斯，为什么出不了乔布斯和比尔·盖茨这样的人物？

我们赞同这样一个观点：破解"李约瑟难题"，尤其是当今时代的"李约瑟难题"，既是一种历史担当，同时也是一项文化使命。早在十几年前，钱学森先生同样以提出问题的形式，寻求与上述质问相关问题的答案——被学术界称为"钱学森之问"。2005 年，当着看望自己的国家领导人的面，钱学森先生曾经感慨地说："这么多年培养的学生，还没有哪一个的学术成就，能够跟民国时期培养的大师相比。"他还提出了这样一个问题："为什么我们的学校总是培养不出杰出的人才？"他认为，现在中国之所以没有完全发展起来，一个重要原因，就是没有一所大学能够按照培养科学技术发明创造人才的模式去办学，没有自己独特的创新的东西，老是"冒"不出杰出人才。

应当说，钱学森先生的感慨和质疑是有根据的。2000年，国家设立最高科学技术奖，主要奖励在当代科技前沿取得重大突破，或者在科技创新和科技成果转化中创造巨大经济或社会效益的杰出科学家，这是中国科技界的最高荣誉。该奖项自正式设立至今，已有27位科学家获奖。值得注意的是，获奖者平均年龄超过80岁。由此不难推算，大多数获奖者是在1949年之前也就是民国时期从大学毕业的。如同要找到"李约瑟难题"的谜底一样，破解"钱学森之问"，也既是一种历史担当，更是一项文化使命。之所以说是一项文化使命，原因就在于应该把探究隐藏在科技进步背后的文化密码或文化奥秘作为政府、学界和社会的重要任务，找出"钱学森之问"的有说服力的答案。

五　也许不是问题的答案

如前所述，在2016年发布的《世界品牌500强》中，中国有36个品牌入选，而且国家电网（第36位）、工商银行（第40位）、腾讯（第43位）、CCTV（第62位）、海尔（第76位）、中国移动（第79位）、华为（第81位）、联想（第90位）还入围其中的百强。虽然这与我们作为世界第二大经济体的地位还不相称，与几乎占据500强品牌50%数量的美国更是相去甚远，但毕竟有36个品牌入围，应该说也是不小的成绩。但是，值得注意的是，进入百强的中国品牌，有一半属于具有垄断性的大型国企，而且排名都在30名以后。我们不能说入围的中国企业没有创新或不依靠创新，也不能说它们没有文化或不依靠文化，但是与位居前列的苹果、谷歌、亚马逊、微软相比，甚至与处在第 35 位的甲骨文相比，我们在创新方面，在科技与文化、科技与艺术、科技与生活的完美结合方面，无疑还有不小的距离。

经过改革开放近 40 年的积累，作为世界第二大经济体，作为世界经济的发动机，中国为什么没有产生与自身综合实力和国际影响力相称的世界知名品牌？在世界品牌 500 强中，中国入选品牌的数量为什么这样少呢？剑桥大学制造业研究院教授斯蒂芬·埃文斯（Steve Evans）认为："中国制造大而不强，必须技术和品牌两条腿走路"。哈佛大学商学院教授约翰·戴腾（John Deighton）认为："中国品牌的原产国战略应尽可能避免，美国 90% 的鞋都是中国制造，但都贴的还是美国品牌。应该将品牌建立在消费者所关心的品质之上，而不是原产地。"我们这样理解两位教授的话：所谓技术和品牌两条腿走路，最根本的就是科技与文化、科技与艺术、科技与生活的完美结合。所谓避免原产国战略，说的其实也是品牌问题。有了我们自己的具有世界影响力的品牌，在哪里生产是很次要的问题，把生产车间和工厂设在欧美发达国家岂不更好。如果没有自己的品牌，那么在产业链上我们就会一直处在低端，是没有话语权的，不可能平等地与别人谈论分享什么利益的问题，更不可能实现自身利益的最大化。世界工厂再大，如果核心技术不是自己的，附加值不是自己创造的，那就只能是给人家打工，是靠出卖自己的劳动力谋生活，超额剩余价值当然进了人家的腰包。

美国的《新闻周刊》就曾刊登封面文章，标题就是"中国为什么没有世界级的品牌？"文章把中国描述成一个没有世界级品牌的巨人。因为没有世界级的品牌，中国就始终只能成为世界工厂。据说，一顶标有"中国制造"的帽子，中国人做好了卖给美国人是 1 个美元，但美国人贴上自己的牌子卖给全世界是 25 美元。中国企业为耐克公司生产一双运动鞋，挣到手的银子不过 1 美元。富士康是苹果公司最大的电子产品代工企业，但代工一部苹果手机，只能获利 4 美元左右，也就是差不多 25 元人民币，而苹果手机卖多少钱，相信即使没用过这个品牌手机的人都知道个大概。习近平总书记曾经强调，要推动中国制造向中国创造转变，中国速度向中国质量转变，中国产品向中国品牌转变。这实际上也是中国经济发展的战略。但是，从现实情况看，要实现总书记说的这三个转变，确实还有很长的路要走。

关于为什么中国没有世界级的品牌这个问题，学界、政府、企业和社会上议论了许多年，有这样那样各不相同的说法。但是，缺少创新，没有建立起有利于创新的文化氛围和文化环境，是其中最重要的原因。当然，我们实行改革开放还不到 40 年，也就是说，真正走出去看世界的时间不长。中华人民共和国成立后的第一个 30 年，我们确实也在搞建设，但是走了很大的弯路，有相当多的精力花在搞政治运动上了。所以，在第二个 30 年，我们不得不把解决十几亿人的吃饭和温饱问题作为头等大事。在这样一种条件下，重数量轻质量是完全可以理解的。一个饥肠辘辘的人关心的是填饱肚子，不可能去过分纠缠饭菜的好坏。市场经济是西方发明的，已经搞了两百多年，许多规则也已经逐步建立起来并成为共识。严格说来，我们提出建立市场经济体制还不过二十几年的时间。在一定意义上讲，市场经济的一些规则和精神，我们是自上而下灌输的，还不能说已经深入渗透到全体国民的脑海之中。但是，在市场经济大海中遨游和搏击，必须学会遵守这个体制之下的规则，学会创新，学会尊重创新。因为没有创新是不可能有世界级品牌的，重复的技术跟随和抄袭模仿永远不可能让我们的企业出人头地。因此，正如许多学者强调的，现在是时候树立正确的品牌思维了，是时候跟"山寨"说再见了，是时候严格立法保护创新了，是时候让抄袭模仿付出无可挽回的巨大代价了。如果不必创新就可以赚钱，不必在研发和设计上投入资金就能赚钱，那谁还会再去创新，再去"浪费"自己口袋里的银子呢？

著名品牌战略家李光斗先生曾经在一篇文章中给我们讲述发生在美国唐人街的一个小故事：一家从事华人丧葬业务的商店里有些标有奔驰、保时捷 LOGO 的纸车模型。大家都知道，这些东西主要是在华人举行葬礼或祭奠活动时焚烧用的，图一个心理慰藉，可以说形式大于内容。但就是这些纸车，却给丧葬店老板带来了牢狱之灾。美国警方以侵犯商标权等罪名逮捕了这家丧葬店的老板。不少人一定会觉得，不过是用纸糊了个模型，又没仿造实实在在的真车，美国人何必小题大做、大惊小怪。不必每逢清明节，就是在中国大小医院周围开设的众多丧葬用品店里，恐怕比美国华人做得要精致的类似产品多的去了。还可以更进一步说，就是明目张胆地仿制国外知名品牌的汽车，而且批量推向市场，你不是也奈何不了我吗？可是，李光斗先生强调，在欧美发达国家，就是这样保护知识产权、保护创新的。我国正是因为缺乏严密的知识产权保护机制，导致盗版和剽窃现象比比皆是。有人曾经讥讽道：中国虽然出不了乔布斯，但却遍地都在"创新"，也就是说，中国大江南北似乎都在"山寨"。当然，现在的盗版和剽窃不只针对国外知名品牌，而且还有国内知名不知名的品牌。只要你做出来，也挣了钱，我也要做一样的，而且价格要比你便宜得多，管他侵权不侵权。不想费力的，一比一原样复制；稍微"聪明"些的，可能在哪个细节上稍微改一下，或者为复制品起一个新名字。总之，抄袭、山寨、复制甚至偷窃是最省事的，成本支出是最低的。

当年，有一个制鞋之都的企业曾经自豪地说，欧美某个品牌的产品一上市，只要觉得"合意"，就可在一周最多10天的时间里逼真地复制出来。在许多人那里，甚至在不少企业乃至地方政府那里，是你搞什么我就搞什么，你搞什么挣钱，我立马跟进，美其名曰"竞争"。福建德化、浙江龙泉、江西景德镇、湖南醴陵等地方的不少陶瓷艺术大师，如果有什么新的创意和新的作品，往往都是秘而不宣、藏而不露，一定不敢在各类媒体甚至自己的网站上发表和展示，否则，不出一周时间，就会有仿制的山寨作品冒出来，而且可能以比你自己更快的速度、更低的价格占领市场。如果能够给你留点情面的话，也是被部分剪切和移植到与你的原创作品没有直接关联或冠以其他名号的作品上，确实令人啼笑皆非。

诸多洋人常常感到不理解而我们自己人却乐此不疲的"窝里斗"，无疑也是中国产生不了世界级品牌的一个重要原因。几乎在所有行业领域，不少中国企业多年来的习惯做法是不惜血本地进行不正当竞争，竭力以价格取胜，以量取胜，即使没有利润甚至赔本赚吆喝也无所谓，只要把对手打趴下就行。这样的做的结果，是一些企业没有也不愿把更多资金投入到产品的研发、设计和创新上，从而陷入一个无法摆脱的恶性循环，得到的只是"价廉质次"的坏名。不仅是砸了别人的饭碗，损害了整个行业的利益，而且自己也很受伤、很痛苦，甚至最终走上破产的境地。应该说，这在始终坚持一丝不苟、精工制造的德国、瑞士等国，简直就是不可想象的，在任何一个国家和民族的历史上也是不多见的。

虽然"窝里斗"的劲头很足，但对洋人或许要客气许多。一些中国企业对洋人提出的产品标准严格遵守，而对自己同胞使用的东西则可在标准上打折扣，甚至大打折扣。在中国纪念抗日战争暨世界反法西斯战争胜利70周年期间，包括那年的春节，我们一些同胞去日本旅游，同时抢购了不少马桶盖。马桶盖品牌可能是日本的，而产地却在中国，好像就在浙江。对于国人到日本抢购马桶盖，我们的媒体和社会上议论不少。有人说，没必要"打飞的"从那么老远的地方往家背几个马桶盖回来，国内市场上就有该企业生产的同类型的产品。

其实，即使东西再小再不值钱，从哪里买是人们的自由和权利，实际上也不存在什么崇洋媚外的问题，更不必拿爱国不爱国去吓唬人家。关键是弄清楚人们为什么要从别的国家往回背他们生活中需要的东西，特别是那些本来在中国生产的东西。有人说，即便是同一个企业、同一个车间生产的东西，外企定制的主要在海外销售的，与在中国内地销售的相比，执行的标准不一样，甚至所用的材料不一样，连包装都不如外销的精致。原来以为同胞们从日本往回背马桶盖是以为国内买不到相同质量的东西，后来才知道并非完全是这个原因，甚至主要不是这个原因。除去国人普遍存在的外销的东西一定比内销的质量要好，以及是日本企业定制贴牌从而使质量更有保证这样一些因素外，还有一个大家忽视的因素，也就是产品的价格。据说，相同或相近型号的马桶盖，如果在国内购买，价格要超过在日本的 4 倍，也就是说，根本不在一个价格区间里。直接到海外购买或通过朋友和网络代购世界知名奢侈品的热度已经比前些年有所下降，但是，原来之所以热度那么高，除去在海外购买质量上更有保证外，价格上的悬殊也是人们不得不考虑的重要因素。因此，无论是在产品质量上还是产品价格上，真正把国人视为二等公民的似乎不是洋人，而是某些中国本土的企业家或经销商，虽然他们在商品的价格上往往把国人奉为一等甚至特等公民。当然，我们不想把责任全都记在企业身上，到底谁还要承担责任或者承担更大的责任，自然不必直接言说。

中华人民共和国成立 60 多年来，特别是改革开放近 40 年来，中国现在已经拥有了世界上规模最为庞大的博士、硕士、学士队伍，从事科学研究人员的数量估计也是世界上最多的。我们认为，如果要谈什么软实力的话，数以亿计的受过高等教育的人口，包括各类大中专院校的毕业生——无论他们身居学术殿堂、政府机关、各类企业，还是自主创业或为私企老板打工——是中国最大的软实力，是支撑中国发展和崛起的最重要的依靠力量，其实也是让美国等发达国家最为忧心的。但是，为什么没有产生更多民国时期那样的学术大师？为什么没有产生更多的获得诺贝尔奖的科学家？为什么相同教育背景、相当科研水平的学者，在西方国家可以获得诺贝尔奖或其他大奖，在中国却只能默默无闻？为什么中国的教育培养不出杰出的拔尖人才？为什么中国出不了乔布斯和比尔·盖茨这样的人物？这些问题其实是同一个问题，中国人问过，外国人也问过，甚至连美国国会都问过，只不过问的角度和怀抱的目的不一样而已；20 世纪问过，21 世纪也问过，只不过一直没有找到谜底或答案，或者说明明知道谜底和答案所在，但由于要顾及脸面或其他难以言说的原因，不好坦然地承认和接受罢了。我们认为，无论怎样，文化和教育上的问题是最值得关注的原因。

我们有绵延五千多年而从未中断的灿烂文化，而且在 16 世纪之前，我们也曾在科技等诸多方面远远领先于包括欧美国家在内的世界其他国家。关于中华传统文化中有没有创新精神或者有多少创新精神，学界一直存有不同的甚至截然相反的看法。中国科学院院士席泽宗先生曾专门以"中国传统文化中的创新精神"为题发表演讲，对中国古代传统文化的科学意义做出比较清晰的梳理和全面而准确的评价。有的学者认为，在中国传统文化中，是有一些关于变革或创新的思想，但不足以构成对科技发展的激励和推动作用。有的学者则认为，正是以儒家学说为代表的延续数千年的传统文化，抑制和阻碍了中国历史各个阶段科技的发展，导致中国与几次科技革命失之交臂。

关于上述观点的正确全面与否，我们暂且不作评价，因为它不是我们的主要任务。不过，我们似乎必须承认，尽管至少在古代，中国科学技术的发展走着一条与西方完全不同的道路，但是任何一个国家或民族科学技术的发展，任何一个领域的科学发现或技术发明，都是与特定的文化环境和文化生态相联系的，也就是说，都必然具有一定的文化条件。而且，从广义上讲，科学本身就是文化的一个有机组成部分。我们也要强调，绵延五千多年的中国传统文化中，既存在推动和促进科技发展的因素，也有抑制和阻碍科技发展的成分。由于种种原因，从 16 世纪一直到当代，前者并没有继续发扬光大，或被作为激发因子注入有利于科技创新的文化生态和文化环境的塑造之中；后者也没有逐步减退和消失，而是如同基因一般被深深植入人们意识的深处。

乔布斯是一个敢于冒险超越、敢于挑战颠覆、敢于特立独行、敢于标新立异、敢于离经叛道的家伙，不崇拜任何人，也不顺从任何人。当然，他也敢于承受失败和嘲笑，始终坚持把创新、简约、精巧、华丽、唯美作为自己不懈追求的目标——我们在几乎所有苹果的产品上都可以深深地体会到这一点。正因为乔布斯展现出了一系列"特质"，使他成为一个备受争议的人物。有人这样说，如果你是乔布斯的朋友，会发现他过于以自我为中心，恃才傲物，狂放不羁，动辄出口伤人，咄咄逼人，情商极低。如果你是他的下属，会觉得他是独裁者和暴君，被他骂得狗血淋头，自尊心受到严重伤害甚至被他销蚀得荡然无存。如果你是他的老板，会为他的桀骜不驯伤透脑筋，恨不得分分钟把他开掉。然而，事实是，乔布斯没有因为自己的"个性"而被孤立。正是美国文化长期以来对创新的激励赐予了乔布斯非凡的勇气和大无畏的精神，让他充分张扬了自己的个性，发挥了自己的天赋，造就了苹果公司在商业上的巨大成功。奇虎公司董事长周鸿祎先生说得对，乔布斯之所以能颠覆我们的生活方式，却绝非因为他的狂放不羁，全世界的人之所以怀念他也不是因为他躁动多变，而是他特立独行的性格之下的那种不竭的创新精神。尽管他有这样那样的缺陷，但无疑他是当代最合格的企业家。就算他曾经陷入长达十年的事业低谷，也绝非由于因循保守使然，而是因为寻求创新和拓展所致。

但是，即便在当今时代的中国，经历改革开放近 40 年的洗礼之后，绝大多数国人好像也会脱口而出：乔布斯的"缺点"太多了，远远多于他的"优点"。因为，我们在古代文化典籍中，在学校里，在家庭里，被教导的几乎是与乔布斯所作所为完全相反的东西。在大中小学当下普遍使用的现代汉语词典里，"标新立异""离经叛道""特立独行"更多是贬义词。"枪打出头鸟""出头的椽子先烂"以及"师道尊严""中庸之道"等，是千百年来我国社会流行的做人的警世恒言。在现实生活中，如果谁像乔布斯那样"为人"，估计至少会被归为异类和精神不正常，不仅成功谈不上，可能连基本的生存都会成为问题。因为，我们的文化里很难容忍具有乔布斯这种明显"缺点"的人，很难容忍像乔布斯这样为人处事的方式。从总体上说，是不是我们至今尚未在全社会形成有利于科技创新的文化氛围，至少是一个需要深入讨论的问题。

鼓励创新，必须宽容失败。周鸿祎先生认为，成王败寇的文化不可能造就创新。我们认为，至少半个世纪以来中外科技发展的历史已经证明了这一点。不仅众多世界知名科学家包括诺贝尔科学奖获得者，是在经历了无数次失败才有了重大科学发现的，而且如乔布斯等人也是在遭遇了无数次挫折和低谷才取得成功的。虽然"失败是成功之母"是尽人皆知的道理，但我们社会的多数人好像更崇尚成功，而较少关注或不太在意取得成功的途径和手段。成功者往往在群体性狂欢中被捧到天上去，而失败者则很可能在来自各个方面的怀疑和责骂声中销声匿迹，再也没有出人头地的机会。这两年在中国闹得沸沸扬扬的所谓"韩春雨事件"就是最典型的例子。

2016 年，国际顶级学术期刊《自然》系列杂志《自然·生物技术》发表河北科技大学副教授韩春雨及其团队关于基因编辑新技术的文章后，国内外媒体尤其是国内媒体进行了铺天盖地的报道。因为河北科技大学并非美国常青藤名校，在国内高等院校排名中也绝非名列前茅，加上韩春雨先生本人非名校、非名人、无职位的副教授身份，使得这一则地方高校青年教师发明基因编辑新技术的消息更具冲击性和震撼性。于是，来自学界大腕、知名媒体和学界同行的各种褒扬和赞誉纷至沓来：该技术能够实现对基因较为精准和高效的编辑，被认为是遗传研究领域的革命性技术，其进展将为治疗癌症、艾滋病、血液病、遗传病等世界性难题提供一个极具潜力的工具，有着非常广泛的应用前景；韩春雨团队发明的新一代"基因剪刀"，能够让基因编辑技术实现精准、简单操作，大幅降低了基因编辑门槛；韩春雨团队的发明成果是"中国创造"的尖端生物技术，打破了外国基因编辑技术的专利垄断；韩春雨的工作是国际一流的技术推进，国际一流基因编辑技术；尽管这种技术尚处于初期阶段，但其潜力有望超过近来被看作诺贝尔奖热门的美国 CRISPR-Cas9 技术，等等。

可是，学界和社会的激情燃烧不过几个月，因为有的同行提出该基因边际技术的实验结果具有不可重复性，曾经短时间内荣耀和光环加身的韩春雨及其团队的命运出现了重大转折，面对着同样来自学界、媒体和同行的质疑和非议，当然包括仅在几个月前还曾给予他们高度评价和无比夸赞的知名学者及媒体的质疑和非议，根本不想为这个曾经实验经费非常紧张、研究条件极其简陋的年轻的科研团队提供任何说明解释和重新论证的机会，即使这个团队表示已能重复实验结果也无济于事。韩春雨及其团队还多次收到不知来自哪里的电话骚扰和谩骂。一些质疑和非议者迫不及待，希望最好立刻有人站出来，以铁的论据和事实证明韩春雨及其团队是在欺骗国际社会，是在学术造假。一些高居殿堂之上的学界大腕或许没有胆量把自己的真实看法诉诸文字，但心里也许在醋意满满而且颇为不屑地想，一个二本院校，一个无名无分的毛头小子，还会搞出什么"诺奖"级的科学发现？倒是《自然·生物技术》杂志还保持着应有的淡定与沉着，表示会刊登经过同行评议后的批评意见，在论文被作者或编辑推断出基本结论无效的情况下会撤稿，但调查需要相当一段时间。

无论是极端的赞美，还是竭力的贬斥，相信都把韩春雨这个长这么大才刚刚坐了一次飞机的年轻学者吓坏了！我们不想也没有资格对韩春雨及其团队的研究和实验成果评头论足、说三道四。我们想问的是，即使这个年轻团队的所进行的探索是失败的，学界和社会能不能给予他们基本的理解和宽容，能不能给予科学研究和科学发现的规律以最起码的尊重，而不是让他们既赢不起也输不起，在群体性的狂欢和贬斥中断送他们曾经追求的事业？

破解"李约瑟难题"和"钱学森之问"，需要对我们的教育体制和人才培养体制进行彻底反思。谁都知道，比尔·盖茨大学都没读完，而乔布斯实际只读完了高中，虽然曾入读里德学院，但六个月后就因为经济原因退学。而且，与比尔·盖茨相比，乔布斯可能是极为不幸的。他生下来便遭亲生父母遗弃，养父养母也不过是一般的蓝领工人。此外，甲骨文的创始人劳伦斯·埃里森，也是私生子，父亲是俄罗斯移民。他从小在姑妈家长大，读了三个大学，但没得到一个学位文凭。至于 DELL 的创始人迈克尔·戴尔，也是退学后创造了令人惊羡的商业传奇。我们相信，有过他们这样经历的人还有很多。但是，我们要问的是，究竟是什么使他们成长为学界精英或商界巨子？再看我们自己，屠呦呦先生是以"三无"科学家（没有博士学位，没有留洋背景，没有院士头衔），确切说是以"三无"学者的身份获得诺贝尔科学奖的。她都已经 80 岁高龄了，既然与自己本应享有也是身外之物的学术荣誉无缘，一直过着安然的晚年生活。在她获得诺贝尔科学奖之前，除去她的老同事和学生，还有谁记得这样一个曾经以自己带领团队的科学成果拯救了无数生命的老太太？她连自己所在国家的学界"大雅之堂"都登不上去，怎么又能与公认的国际科学界的大奖结缘呢？还有与屠呦呦先生同龄的"杂交水稻之父"袁隆平，正是他和他带领下的研究团队，以自己的科研成果解决了数以亿计人的吃饭问题。可是，因为大家也许都知道的原因，这位耄耋老人三次落选中国科学院院士。我们想说，在为屠呦呦、袁隆平这样的科技工作者取得的成就给予迟至的感动和点赞的同时，是不是也应当对我们的科研评价体制做出更加深刻的反思？

如前所述，钱学森先生在去世前曾经有一句令人深思的话，就是中国还没有一所大学能够按照培养科学技术发明创造人才的模式去办学，没有独创的东西，缺乏创新精神。艾瑞予先生也曾有过与钱学森先生一样的慨叹：曾经照亮了中国学术天空的那批大学者，竟然都是民国时期的"出产"，而随着岁月的滚滚向前，他们已经渐次凋零。令今人难堪的是，他们所留下的位置，竟然找不出有谁可以代替，甚至稍稍与之比肩。迄今的科学史表明，重大科学突破几乎都是科学家自由探索的结果，而不是政府规划出来的，更不是资本运做出来的。

不少人说，我们所处的时代是一个可以产生大师的时代，是一个一定能够产生大师的时代。但是，大师的产生乃至一切人才的产生都是遵循一定规律的。在一定意义上说，大师和人才不是培养出来的。无论实施多么大的工程和计划，无论投入多么大的资本、创造多么好的条件，无论怎样一厢情愿，无论怎样自信，如果违背了科学发展和科学发现的规律，违背了人才成长的规律，缺少了激励创新的文化环境和文化生态，是不可能"打造"和"复制"出史蒂夫·乔布斯和比尔·盖茨这样的杰出人物的，也是不可能有更多诺贝尔科学奖获得者的。

　　叔本华说得好：一种纯粹靠读书学来的真理，与我们的关系，就像假肢、假牙、蜡鼻子甚或人工植皮。而由独立思考获得的真理就如我们天生的四肢：只有它们才属于我们。从根本上讲，只有我们独立自主的思索，才真正具有真理和生命。因为，唯有它们才是我们反复领悟的东西。他人的思想就像别人食桌上的残羹，就像陌生客人脱下的旧衣衫。如果我们的小学、中学、大学还是像过去那样把主要精力放在知识的灌输和应试技能的提升上，而不注重科学精神、批判精神、创新精神、怀疑精神、民主精神的培养，不注重独立思考能力的提高，即使拥有世界上最多的博士和最难的奥数，也是培养不出科技发展所需要的创新型人才的。而且，我们距离创造世界级品牌，距离诺贝尔科学奖，将不是越来越近，只会越来越远。

　　我们想借用周鸿祎先生的一段话结束我们的叙述：如果不花点时间重新去改变这个文化，那我们教育出来的人，大部分都会没有创新能力，不是因为没有这个智力，而是因为没有颠覆的胆量，而且更没有这个环境，少数"漏网之鱼"可能也在成长过程中被扼杀掉了。中国缺乏创业环境和创业文化，如果有了这种文化，再加上中国这么大的市场，这么多的聪明人，相信一定会出现乔布斯这样的人物的。